苏兴　著

吴承恩谱传

东北师范大学文学院学术史文库　主编：王确

中华书局

图书在版编目（CIP）数据

吴承恩谱传/苏兴著. —北京:中华书局,2015.8
（东北师范大学文学院学术史文库/王确主编）
ISBN 978-7-101-11013-5

Ⅰ.吴…　Ⅱ.苏…　Ⅲ.①吴承恩(约1500~约1582)-年谱
②吴承恩(约1500~约1582)-传记　Ⅳ.K825.6

中国版本图书馆 CIP 数据核字(2015)第 127898 号

书　　名	吴承恩谱传
著　　者	苏　兴
丛 书 名	东北师范大学文学院学术史文库
丛书主编	王　确
责任编辑	陈　洁
出版发行	中华书局
	（北京市丰台区太平桥西里 38 号　100073）
	http://www.zhbc.com.cn
	E-mail:zhbc@zhbc.com.cn
印　　刷	北京市白帆印务有限公司
版　　次	2015 年 8 月北京第 1 版
	2015 年 8 月北京第 1 次印刷
规　　格	开本/920×1250 毫米　1/32
	印张 8⅞　插页 2　字数 219 千字
印　　数	1-3000 册
国际书号	ISBN 978-7-101-11013-5
定　　价	39.00 元

总　序

学术本身成为目的才会有真学术

就在前几年，大学期间和年轻时代的记忆越来越多地被唤醒，经常想起给我们上过课或有过学术及其他交往的学术前辈。他们教书的样子，他们学术研究的事件，激起我们重读他们留给后人的那些沉甸甸的文字的热情。上大学的时候虽然就知道这些前辈都是非常了不起的学者，他们不仅是树在我们心中的一面面的旗帜，而且在全国乃至国际同行中享有盛誉。在重读这些前辈著作的时候，还是遭遇到了一种陌生和惊奇，不由得怀疑自己，怀疑我们这些后学的治学道路来。基于此，就想把前辈的学术选集起来重新与读者见面，以便更有效地释放榜样的力量。当时我作为学科带头人和院长，责无旁贷，便开始准备条件，与大家一起策划和推进这套书的出版事宜。现在，《东北师范大学文学院学术史文库》（以下简称《文库》）即将在中华书局陆续问世了，这意味着我们这些后学在实现着一种夙愿。

学术史不接受事实不清、更不接受罔顾事实的知识和观点。因为重读，领略到了前辈学者学术成就的不可多得。人文学术虽然不像科学那样，只有第一，没有第二，而是对一个问题的研究存在多种观点甚至不同结论的可能，但不论有多少结论，都是朝向事实的差异和依据事实的不同判断。我们常说，欲研究某个学术题材，必先知道其有什么，而后才可谈是什么或为什么，大概就是这个道理。

像孙常叙先生的《楚辞〈九歌〉整体系解》，从上世纪 30 年代开始，历时 60 年才拿出来出版；何善周先生的《庄子》研究虽在上世纪 70 年代末才与读者见面（《〈庄子·秋水篇〉校注辨正》载《社会科学战线》1978 年第 1 期），到他发表在《古籍整理研究学刊》2003 年第 3 期上的《〈庄子·德充符〉校注辨正》的时候就已经有 25 年的时间；王凤阳先生的《汉字学》历经 30 年时间，几经周折才最后完成，正如他所体会到的“事非经过不知难”（《汉字学·后记》）；逯钦立先生的陶潜研究从发表于《读书通讯》1942 年第 50 期上的《陶渊明行年简考》算起，到 1964 年载于《吉林师大学报》第 1 期上的《读陶管见》的 20 多年时间里，才完成了 10 万余字的陶潜研究文稿；苏兴先生的吴承恩研究从上世纪 50 年代到 80 年代的近 30 年时间里，除了订正增修了赵景深的《〈西游记〉作者吴承恩年谱》（1936 年）和刘修业的《吴承恩年谱》（1958 年），进而做成新的《吴承恩年谱》之外，也主要是完成了 10 万余字的《吴承恩传略》；孙中田先生的《论茅盾的生活与创作》，研究对象尽管是现当代作家，孙先生也与茅盾多有交往，但也花了 20 多年的时间才出版；张人和先生 1955 年就给杨公骥教授做助手，并参与了古代文学的一些研究工作，他的《西厢记》研究，仅从 1980 年投师《西厢记》研究泰斗王季思到他出版专著《〈西厢记〉论证》，有 15 年的时间。

我并不是说，研究的时间长就必然地会产生更出色的学术成果，但《文库》中的前辈活生生的研究历程和非凡的学术成就，却真的与他们长年累月的考索探求密不可分。学术史一再地告诉我们：研究的史料钩沉不仅需要孜孜不倦的努力，还要有可遇而不可求的机缘达成，这正如胡适喜出望外地得到《红楼梦》的“程乙本”，克罗齐等待多年发现了鲍姆加登的拉丁文《美学》(*Aesthetica*)一样；同时，对研究题材深层逻辑的发现，不仅仅需要反反复复地"入乎其内，出乎其外"，还需要历经长时间的发酵，才会得其要领，发现意义，超越前人。

张松如先生评价孙常叙先生的《楚辞〈九歌〉整体系解》是"集六十年治楚辞《九歌》的心得创获，裁云缝锦，含英咀华，结成新篇"（张松如《序》）。王国维大概是最早提出《九歌》为"歌舞剧"的人，但沿其提法展开，研究者一直未见作为戏剧应有的自觉性完整结构。孙常叙先生在发现东汉王逸《楚辞章句》之后《九歌》研究中的疑点基础上，大胆反思，扎实考证，洞察到《九歌》的整体有机结构，即由《东皇太一》、《云中君》两章构成的"迎神之辞"；由《湘君》、《湘夫人》、《大司命》、《少司命》、《东君》、《河伯》、《山鬼》七章构成的"愉神之辞"；由《国殇》构成的"慰灵之辞"；由《礼魂》构成的"送神之辞"。又如在与《九歌》相关的"庄蹻暴郢"问题上，作者"一时间疑窦丛生，百思莫得其解"（《楚辞〈九歌〉整体系解·自序》），被迫暂时搁置，在迂回路线，放开视野，沉淀发酵以及对文字的精深训诂中，终获新解。逯钦立先生对陶潜的研究真可谓一丝不苟，考版本，查史籍，对陶潜诗文真伪仔细辨别，明确了陶潜研究的许多问题，于是才有他特别为学界珍重的《读陶管见》等研究论文。冯友兰先生评价何善周先生的《庄子》研究说："《庄子校注辨正》已读数则，真是前无古人。《庄子》原文费解之处一经校释，便觉文从字顺，真所谓涣然冰释，怡然理顺者。"（《冯友兰先生的来信》）又说："闻先生的及门弟子中，唯有善周能继承闻先生研究《庄子》的衣钵，后来者居上，甚至能超过他的老师。"（《何善周先生传略》）闻一多先生1946年就离何先生而去，何先生的《庄子》研究新时期才开始发表，想想这是多么长久的积淀和承继。王凤阳先生的《汉字学》系统详实地深入讨论了关于汉字的知识、理论、历史文化等方方面面，建构了迄今为止最为系统、最为详实的汉字学体系，是一部在海内外汉学中具有广泛影响的著作。它的丰富性和学术力量，主要来自于它几易其稿，历久弥新，深究细琢，最大限度地激发自己的所能，更广泛地汲取到学界新的成果。孙中田先生的茅盾研究之所以被境内境外的同行高度认同，也是作者在长期的积累过程中，从众多机缘里获得了更多的学术素材、事实和思想启示的结果。他的《论茅盾的生活与创作》虽是只有近30万字的专著，但其研究背景却是全面而丰富的。关于茅盾的代表作《子夜》的讨论，在《论茅盾的生活与创作》中大体上集中在其中一节的内容里，可后来作者将这部分专门写成了一本高质量的专著《〈子夜〉的艺术世界》，先是在1990年由上海文艺出版社付梓，2014年又由中国台湾地区花木兰文化出版社再版。

《文库》的前辈作者中，大部分我都接触过，记得他们经常说起有关治学的方法、学术思想和学术价值等等，但我不记得他们谈到过治学的目的。现在想来，对他们而言，仿佛如此治学是天经地义的，学术本身就是不言自明的目的，可我们今天经常会追问"治学为了什么"，经常会有人质疑治学的现状，质疑当下的学术体制，质疑学术研究的急功近利。重读这套《文库》，让我看到了那个时代学术研究的缩影，他们把学术成果作为自我人生的目的，而不是作为手段，把学术研究活动作为某种生活的方式，而不是仅仅作为谋生的路径。时代迁移，学术的应有尺度却不会改变，当今学术界不可忽视的急功近利倾向如此普遍不应是时代的必然产物，而是另有其他的人为原因（人们多认为这个根源来自于学术体制的不当力量），警惕急功近利应是每个真正学人的长鸣警钟。

学术史是一个知识增量的过程，那些重复前人的知识是没有资格进入学术史的。我们常说，好的成果要么有史料的发现，要么有思想的发现，最好的是史料和思想都有发现，归根结底是要有发现。从前辈们的研究及其成果中，我们也许能够体会到，虽然对新的史料的发现也是一种学术价值，但一般而言史料的发现就可能会改变一种学术判断，生成一种新的学术思想，有时史料的发现又是在证明某种合理假设的过程中获得的，总之学术研究常常是综合的、复杂的，是史料发现与思想发现并存的。孙常叙先生不正是因为对王逸以后有关《九歌》研究"多所疑虑"，对"人神杂糅之解，君国幽愤之说，不能安矣"，才"尽屏旧疏，专绎白文，即辞求解，别无依附"（《楚辞〈九歌〉整体系解·自序》），对《九歌》展开了几十年的另辟蹊径的研究，从而发现了《九歌》11 章的内部体系，在此基础上发现了《九歌》的创作意图和"隐含读者"。苏兴先生在遍查有关吴承恩生平和创作《西游记》的史料过程中，发现了学界认为《西游记》是吴承恩晚年创作的通行说法是有问题的，遂提出四点证据证明《西游记》为吴承恩中年时期开始创作或者完成初稿的作品，从而发现《西游记》与其他文献的具体关联，也为重新认识作品本身与作品之间的关系留下了空间（苏兴：《吴承恩传略·吴承恩的中壮年时期及写作〈西游记〉》）。在重读汪玢玲先生的《蒲松龄与〈聊斋志异〉研究》的那些天，不仅因其民间文学视角的阐释引导我看到一部别有洞天的《聊斋志异》，如同何满子先生所说："从这个角度来研究蒲松龄，过去虽也有人作过零星的尝试，但都没有系统地进行过。汪玢玲同志是专攻民间文学的，因此她从自己的专业出发，描画出了由民间文学土壤中培养出来的蒲松龄艺术的轮廓。她的努力给研究蒲松龄开拓了一个新的疆域，特别是对研究民间文学与文人创作之间的关系，提供了她的实践经验。而这种经验，首先是她选取的角度，便有助于古代作家和作品的研究工作的展开。"（何满子：《蒲松龄与民间文学》小引）而且，不由得自心底生出另一种感慨，感慨那一代人在充满不幸和挫折的人生情境中，依然在其行动中始终释放着浓厚的人文情怀。重读《蒲松龄与〈聊斋志异〉研究》，胡适的"双线文学史观"总是在我的脑海中平行地显示，因为我清楚，汪先生的民间文学情结并非仅仅是一种学术题材和方向的选择，而是其历史观和人文态度的表现，这与作为五四文化先驱的胡适们对平民文学或民间文学的敬重来自于相似的思想动力。杨公骥先生的《唐代民歌考释及变文考论》所讨论的学术题材实际上也是民间文学。杨先生从《敦煌掇琐》发现 28 首混抄在佛教劝善歌中的唐代民歌，并从出处分析、断年依据和民歌所反映的历史生活进行了有力的考释：说明了 28 首民歌所反映的唐开元、天宝时代中下层社会的真实面貌；证实了这些民歌"正史书之不当，补文献之不及"的史料价值；考论了《旧唐书》和《新唐书》的错误，以及唐开元、天宝时代社会经济崩溃、阶级斗争尖锐的真实情况（杨公骥：《唐民歌二十八篇考释后记》）。我想《唐代民歌考释及变文考论》中的论文《论开元、天宝时代的经济危机和阶级矛盾》和《论胡适、杜威的历史伪造与实用主义的文学史观》两文，当是在上述 28 首民歌的考释基础上完成的。这两篇论文尖锐地质疑了胡适的看法，鲜明地提出了不同于前人的观点。其中的思想贡献自不必说，我们也不必去讨论学术观点的孰是孰非，只是这里的基于严肃考释、敢于怀疑和挑战权威的治学精神就显然特别值得我们后学追随，因为追求真理是治学的第一原则。张人和先生在谈自己的古代戏曲研究时，曾总结了许多有效的经验，其中的两个关键词"辨别真伪"与"贵在创新"，这给我的印象十分深刻。他在出版《〈西厢记〉论证》之后，经过仔细考证，深入思考，继续发表了关于《西厢记》版本系统，《西厢记》研究史，《西厢记》效果史等高屋建瓴的成果，进一步深化和拓展了他过去的研究。王季思先生在评价张人和先生时引用了《学记》中的"善歌者使人继其声，善教者使人继其志"这句话，我想就是在喻指张先生在继承与创新上的特别表现。知识的增量正是在怀疑、证实或证伪中实现的，波普尔把"可反驳性"作为科学的核心尺度，正是告诉人们真正的知识既是反驳的结果，也是经得起反驳的结果。

　　就学术研究而言，无论是自觉的预期或是"无用之用"，其中都存在着某种效果的实现。学术不仅是发现新史料和新思想，还应致力于知识的传递，以及传递的效率和方法。在这套《文库》中，一部分著作是以系统的知识构成的，诸如曾任中国语文教学法学会会长的朱绍禹先生的《中学语文教学法》，罗常培先生的入室弟子李葆瑞的《应用音韵学》，曾任我校古籍整理研究所所长、中国唐史学会副会长兼秘书长的吴枫先生的《中国古典文献学》等。这些著作里虽高屋建瓴、深入浅出地讨论知识，但字里行间蕴含着对更多读者的召唤，蕴含着传递知识的方法，蕴含着教学经验。尽管这样的著作有更多的读者阅读，这里的知识有更多的学者和教师一代接一代地研究和思考，因而更新升级的速度也相对快些，但他们的学术史价值是不可磨灭的。

　　东北师范大学文学院创建于 1946 年，最初成立于辽宁本溪。1948 年秋，东北大学与吉林大学合并，首先设立文学院，由张松如教授任院长，吴伯萧教授任副院长。历史上，古典文学专家、中国人民解放军军歌作者、著名诗人张松如，著名中国文学史家杨公骥，著名语言学家孙常叙，闻一多先生的高足、《庄子》研究专家何善周，中国现代诗人、鲁迅研究专家蒋锡金，现代著名小说家、学者李辉英，汉魏六朝文学研究家逯钦立，早期创造社成员、现代诗人穆木天，词学家唐圭璋，明清小说研究专家苏兴，东北作家群经典作家萧军，左翼文学家舒群，中国古典文学和红学家张毕来，现代文学研究家孙中田，新中国第一代语文教学法专家朱绍禹，都曾在我院工作过。张松如、吴伯萧、萧军、舒群等均参加过延安文艺座谈会。这套《文库》只是收入了一直在文学院工作到退休的前辈学者的部分著作，我们将努力使更多前辈们的著作以新的面貌与广大读者见面。

　　重读前辈著作时的感动真的是言犹未尽，但我必须留一点文字来表达我对为此《文库》的编辑出版付出辛勤汗水的各位同仁的深深敬意。李洋院长一直作为编委会的前线推动者，为《文库》的编辑出版工作付出了非凡的努力，可以说没有他的付出，《文库》出版不会有如此效率和效果；解玲、王春雨、王军等老师为出版前的版权、编务等工作不厌其烦，辛勤工作；许多老师不辞辛苦，在肩负着繁重的科研、教学和其他任务的情况下，优先安排自己的时间来推进书籍的编辑工作，他们分别是：张世超、刘雨、付亚庶、苏铁戈、李德山、高长山、黄季鸿、宋祥、徐鹏等老师。在此，一并对他们的忘我工作致敬。

请允许我代表《文库》编委会特别感谢庞立生处长和社科处的同志们，感谢他们对《文库》出版计划的肯定，感谢他们在《文库》的编辑出版工作上给予的智慧和资金上的大力支持。

我还要代表学院特别感谢中华书局的申作宏编辑，他为《文库》的出版多次专程从北京来长春，商讨和处理出版前的各种问题，感谢他能以严谨认真的态度推进《文库》的出版工作。

《文库》真的要问世了。当我们这些后学的期待将要实现的时候，那种心情的确无法用喜悦能够释放出来。我们对《东北师范大学文学院学术史文库》的辉煌出版，翘首以盼。

在我这篇拙文准备收笔的此时此刻，前辈的学术生活在回忆和想象中仿佛历历在目，于是，耳畔萦绕着一种越来越强烈的声音，尽管我知道这声音原本是说给君主的治天下之道，但细细倾听，反复想来，直面当下学人学术，倒是深觉这声音亦是引学人和学术去光明之处的呼唤。如此，我不妨把这并不陌生的声音录在这里，与大家分享："非淡薄无以明德，非宁静无以致远，非宽大无以兼覆，非慈厚无以怀众，非平正无以制断。"（《淮南子·主术训》）

王 确

2015 年 4 月 26 日 于北海新居

目　录

序

《西游记》作者吴承恩的年谱，据今知有赵景深的《西游记作者吴承恩年谱》（收 1936 年北新书局赵著《小说闲话》中）和刘修业的《吴承恩年谱》（收 1958 年作家出版社刘著《古典小说戏曲丛考》；古典文学出版社《吴承恩诗文集》附录也收有刘谱）。另外，据云汪馥泉也有《吴承恩年谱》之作，未见发表。就已经发表的赵、刘两谱来看，赵谱较简略，刘谱较详博。但详博如刘谱，也大有可订正、补充之处，所以在刘谱的基础上重作新谱。

我的"年谱"对刘谱主要是订正了：吴承恩成岁贡是嘉靖二十九年，而不是二十三年；吴承恩当长兴县丞是嘉靖四十五年，而不是嘉靖三十二年，证明过去的成说是对的。所补充的主要点是：吴承恩作《西游记》是在他的中年，即嘉靖二十一年左右；吴承恩进学后曾在葛木办的龙溪书院就读过；吴承恩成岁贡后到任长兴县丞中间的十九年，一直是南京国子监的太学生（并不是如有的说法，谓吴承恩流寓南京，卖文为生）；吴承恩之所以从长兴"拂袖归"，是因为他被认为有贪污嫌疑，投狱后加以释放；吴承恩的有名诗篇《二郎搜山图歌》约作于嘉靖十八年，正是产生《西游记》的同时；……等等。这样，吴承恩的一生行实，有了一个基本轮廓。然而这个年谱仍然是不完备的，尚有待于其他同志更多地搜寻资料，考订、排比，作出更加充实的新"年谱"。

作"年谱"，是为了给吴承恩作传做准备，因此，本谱多考证史实，繁征广引，琐细不遗。在年谱里用大量篇幅，引大量的似乎是烦琐的材料来考证一个问题——有的是小问题——是否必要呢？对于像吴承恩这样生平事迹遗存很少的人，是必要的，即或这样的考证只涉及他所熟悉的人物的生平，也有助于从侧面了解吴承恩，使吴承恩的生活领域在人们面前展现得更广阔。年谱里个别地方也有不太肯定、不太确实的推测，目的是希望同道者继续查阅文献资料，对此推测加以落实或推翻。如有这样的推测性想法不提出，那么人们可能不注意这一点，因而可能漏掉吴承恩一个生平事实的解决机会，比之现在的推测而不确实，得失相较，以为还是推测之为好。

"年谱"是"传"的长编。为了给一个人写传，先作此长编很有必要，尤其是对一个生平事实材料很少、很不确实的人，欲为之传，必先写年谱，否则他的传便无从着手。《年谱》之作就是为此。

附录中的"交往录"是对"年谱"的补充。从"交往录"可以见吴承恩的社会活动范围，欲知其人，先知其友，它有助于了解吴承恩的思想性行；同时它又提供了吴承恩的生平线索，按迹寻踪，从吴承恩的交往者身上，或许能找到吴承恩本人的活动事迹。

1977 年 3 月

年　谱

吴承恩，字汝忠，又字以忠[1]，号射阳居士。"先世涟水人，然不知何时徙山阳。遭家穷孤，失谱牒，故三世以上莫能详也。"（《先府宾墓志铭》，下引皆同）高祖吴鼎；曾祖吴铭，余姚训导；祖吴贞，天顺八年(1464)顷仁和教谕，即卒于任所。父吴锐，字廷器，晚号菊翁，生天顺五年(1461)七月二十一日。"方仁和君教谕仁和时，先君四岁矣。仁和君梁夫人则挈之如仁和。数月，仁和君丧，则又挈之归山阳。""弱冠昏于徐氏，徐氏世卖采缕文縠，先君遂袭徐氏业，坐肆中。"嫡母徐氏，生母张氏。姊吴承嘉，徐出，嫁沈山。

弘治十七年甲子(1504)。

吴承恩约生于本年，一岁，[2] 在淮安。

〔考证〕通说：吴承恩约生于弘治十三年庚申(1500)，不妥。以约生于本年较近于实际。(1)吴承恩自少友善的好友朱曰藩生于弘治十四年辛酉(1501)，沈坤生于正德二年丁卯(1507)。如吴承恩生于弘治十三年，则大于朱曰藩一岁，比沈坤大七岁。

---

[1]　今常见的记载吴承恩无又字以忠。据新发现的朱曰藩书诗歌字卷的吴承恩跋，钤有"吴氏以忠"白文印一方，故知其又一字"以忠"(《文物》1985年第10期徐邦达、石兆麟《吴承恩跋朱曰藩书诗歌字卷》并图版壹书影原跋)。

[2]　本书中所涉及人物年龄，均以虚岁计算——编者注。

由朱日藩赠吴承恩诗（诗见嘉靖二十一年下）期望、责备的口气，似朱日藩应略长于吴承恩；由吴承恩《赠翰林院修撰儒林郎沈公合葬墓志铭》（《射阳先生存稿》，下简称《存稿》，卷三）："昔承恩与祭酒俱童稚，同试生儒郡县，一见相钦异，定交数百人中。"似吴承恩与沈坤年龄相仿，不应相差至七岁之多。

(2)吴承恩于嘉靖十九年庚子(1540)作《鹤江先生诔》（《存稿》卷三）云："昔受公知，昉于童孺，登龙识李，即以斯文见赏，有怀雅遇，二纪于兹。"吴承恩如生于弘治十三年，则"登龙识李"时的正德十二年丁丑(1517)左右，已经十七八岁，"昉于童孺"之说，未免不伦；而定生于本年，那么当时是十三四岁，较通于理。又，嘉靖二十五年丙午(1546)吴承恩作《石鼎联句图题词》（《存稿》卷三）回忆二十余年前事，说那是"少小时"，因此，吴承恩如生于弘治十三年，那么嘉靖二十五年前二十余年的嘉靖初年，至少应有二十岁，称二十岁的自己为"少小时"，是不可能的；如后推四年，则十六七岁，可以说作"少小时"。

如欲推断吴承恩生于正德元年(1506)左右（汪馥泉说。见刘修业《古典小说戏曲丛考》所收《吴承恩年谱》附录"汪馥泉先生来信"），则与朱日藩年岁相差较远（小于朱日藩五岁），似欠妥；如欲推断"吴承恩生年最早当在正德初年(1510顷)"(1964年游国恩等编《中国文学史》依鲁迅在《中国小说史略》的推断)，那么不仅小于朱日藩九岁之多，还比沈坤小三岁，更不妥，因为据《沈公合葬墓志铭》写吴承恩与沈坤结交的情景看，吴承恩无论如何比沈坤年岁要大一些。

文征明三十五岁（据梁廷灿《历代名人生卒年表》，下凡人物生卒不注明出处，皆据此年表）。

胡琏（南津）三十四岁（由胡琏卒于嘉靖二十二年，年七十三岁推知；胡琏年七十三，见嘉庆《海州直隶州志》卷二十三《胡琏传》）。

潘埙（熙台）二十九岁（据《存稿》卷三《潘公神道碑》）。

唐龙（渔石）二十八岁。

王宠（雅宜）十一岁。

张之象（王屋）九岁。

万表（鹿园）七岁。

文彭（寿承）七岁。

朱曰藩（子价）四岁（据桑维乔撰《行状》及罗洪先撰《墓志铭》，见道光版《山带阁集》附录）。

文嘉（休承、文水）四岁。

弘治十八年乙丑(1505)。

吴承恩约二岁，在淮安。

甫周岁，能从壁间以粉土画物。

〔考证〕陈文烛《花草新编序》（《二酉园续集》卷一）："（汝忠）生有异质，甫周岁未行时，从壁间以粉土为画，无不肖物。而邻父老命其画鹅，画一飞者，邻父老曰：'鹅安能飞?'汝忠仰天而笑，盖指天鹅云。邻父老吐舌异之，谓汝忠幼敏，不师而能也。"

〔按〕陈文烛讲到吴承恩刚刚周岁在墙上涂抹，在大人看起来很像某一件东西（禽、兽、桌、椅等）是可能的；至于命画鹅则画一天鹅事，应是三四岁时，不可能是甫周岁时的行为。

正德元年丙寅(1506)。

吴承恩约三岁，在淮安。

何良俊（元朗、柘湖）生（据何良俊撰《弟南京祠祭郎中大鐢何君行状》，见《何翰林集》卷二十五）。

归有光（熙甫）生。

正德二年丁卯(1507)。

吴承恩约四岁，在淮安。

沈坤生(据刘修业《古典小说戏曲丛考·吴承恩论著杂事考》引叶德均说)。

正德四年己巳(1509)。

吴承恩约六岁,在淮安。

何良傅(大壑)生(据前揭何良俊撰《行状》)。

黄姬水(质山)生。

正德五年庚午(1510)。

吴承恩约七岁,在淮安。

李春芳生(据申时行撰《光禄大夫柱国少师兼太子太师吏部尚书中极殿大学士赠太师谥文定李公神道碑铭》,见《赐闲堂集》卷二十一)。

正德十二年丁丑(1517)。

吴承恩约十四岁,在淮安。

吴承恩约在本年受到同乡名人蔡昂的赏识。

〔考证〕《存稿》卷三《鹤江先生诔》云:"有怀雅遇,二纪于兹。"诔作于嘉靖十九年(1540),二纪(二十四年)之始为本年。按《鹤江先生诔》说:"昔受公知,眆于童孺,登龙识李,即以斯文见赏。"《沈公合葬墓志铭》说:"昔承恩与祭酒(沈坤)俱童稚,同试生儒郡县,一见相钦异。"《禹鼎志序》说:"余幼年即好奇闻。在童子社学时,每偷市野言稗史,惧为父师诃夺,私求隐处读之。"——始受蔡昂赏识、与沈坤同试生儒郡县、在童子社学偷读野言稗史等,大约都在此年前后。

嘉靖元年壬午(1522)。

吴承恩约十九岁,在淮安。

《寿陈拙翁》骚体诗(《存稿》卷一)或作于本年六月。

〔考证〕据1979年冬由淮安出土的《明故拙翁陈君暨配沈孺人

合葬墓志铭》，陈拙翁(陈镅)生于正统九年甲子(1444)六月初

七日，卒于嘉靖三年甲申(1524)八月十九日，享年八十一岁。

刘怀玉《新发现的与吴承恩有关的几块墓志铭考略》(《东北师

大学报》1982 年第 1 期)说："《寿陈拙翁》应当作于嘉靖元年

(1522)，贺的是陈拙翁八十寿辰(老年人贺整生日都是提前一

年，所谓'做九不做十')。如果吴承恩生于 1504 年的话，其

时当为十九岁。即使不是贺的整生日，也应就是这前后几年。

再早几年，吴承恩还在少年时代，十几岁写出这样的作品也

不是没有可能的，但是，过迟了也不可能，陈拙翁于嘉靖三

年已去世了。"

嘉靖二年癸未(1523)。

吴承恩约二十岁，在淮安。

吴承恩父吴锐受到邻里的"敬恭"。

〔考证〕《先府宾墓志铭》："及承恩冠矣，先君且年老。见旧时

易侮先君者，尽改节为敬恭。里中有争斗较量，则竞趋先公求

平。面折之，亦欣欣去。或胸怀有隐匿难人知者，即不难公

知，且诉以臆。乡里无赖儿相聚为不善，卒遇公，一时散去，

皇皇赤发面也。承恩于是喜，从容言曰：'此殆痴效与?'先君

方食，投箸起曰：'儿以我为夷外钩中攫人情乎?'愀然不悦也。

承恩益惭愧，恐惧失言焉。"

嘉靖三年甲申(1524)。

吴承恩约二十一岁，在淮安。

八月，吴承恩为陈拙翁之逝世，作《挽陈拙翁》五言排律(《存稿》

卷一)。

〔考证〕刘怀玉《新发现的与吴承恩有关的几块墓志铭考略》：

"《挽陈拙翁》一诗，无疑是嘉靖三年(1524)的作品。'屋告惊淮

水，江哀夥楚词'，分明是说陈拙翁刚刚去世，而陈拙翁去世的那一年正是嘉靖三年。"陈拙翁卒之日为八月十九日，则吴承恩此诗当即八月内作。

嘉靖四年乙酉(1525)。

吴承恩约二十二岁，在淮安。

吴承恩大概是在这几年内和他夫人叶氏结婚。

〔考证〕刘谱："他在隆庆四年(1570)撰的《贺笛翁太丈七十寿词》(集卷四页二十三下)说：'承恩缔姻门下，余四十年。在行则甚卑，而翁固礼之为上客。''余四十年'的'余'字，恐有错误；若解作'四十馀年'，则缔姻于叶氏约在嘉靖初年，所以系在这年。"刘修业释"余"是"馀"的误植，且谓"余四十年"就是"四十馀年"的意思。并引向达说："余"或即"馀"字的误植，"馀四十年"古文中有如此句法。向达之说，于《存稿》即有证据。《叶太母挽诗序》(《存稿》卷二)："五十馀年之辛苦，可胜言哉！"是指叶太母守孀五十馀年；《寿叶太老夫人八十颂》(《存稿》卷一)："始终一德，馀五十年。"是指叶太母于归叶家五十馀年。后一例正是这样的句法。

嘉靖八年己丑(1529)。

吴承恩约二十六岁，在淮安。

春，撰《海鹤蟠桃篇》(《存稿》卷一)，寿漕督唐龙(渔石)母八十。①

吴承恩开始肄读于淮安知府葛木(厄山)所创办的淮安龙溪书院。

〔考证〕据光绪《淮安府志》卷十《职官表》，葛木于本年任淮安知

---

① 刘谱据《淮安府志》说唐龙任漕运总督为嘉靖七年，而《海鹤蟠桃篇》称唐龙于嘉靖八年"开督府于淮"，因此疑"此称八年方开督府者，大概是七年被任命，八年方到任"。按：刘谱所疑，据吴廷燮《明督抚年表》卷四引《国榷》、《明实录》，唐龙系嘉靖七年二月由太仆寺卿以右佥都御史督漕抚凤，并且在该年九月以漕督职上疏言事。可见《海鹤蟠桃篇》小序所云"嘉靖己丑，渔石唐公开督府于淮"，自是行文常套，并不是说唐龙在嘉靖八年才到漕督任

府。同书卷二十七《仕迹》云："葛木，嘉靖间知淮安府。……
毁淫祠为书院以训士子，文教蔚兴。""王凤灵，嘉靖间知淮安
府。……先是，葛木辟龙溪书院，凤灵因而宏之，又引淮水入
泮池，广征属邑士肄业其中，校其文艺，刻同文录。一时显士
多出门下。"

〔按〕《存稿》卷一《忆昔行赠汪云岚分教巴陵》诗云："忆昔龙溪
鸣鼓钟，后有王公前葛公。君方弱冠游其中……送君动我昔年
心，付与长安籴米春。莫笑狂奴仍故态，龙溪我亦法筵人。"因
此知道吴承恩是葛木创办的龙溪书院肄业士之一，大约开始肄
业于本年。其《祭卮山先生文》（《存稿》卷三）称葛木为"父师"，
自称为"门下士"，就是因为他曾预葛木的"法筵"。王凤灵于十
一年任淮安知府（见光绪《淮安府志》卷十《职官表》），十三年去
职（《明实录·世宗实录》卷一百六十五："嘉靖十三年七月壬
午，淮安府知府王凤灵为陕西按察司副使，提调学校。"）由《忆
昔行》，可知，吴承恩于王凤灵任知府时，仍在龙溪书院肄读。

吴承恩颇受葛木器重，其父吴锐也受到葛木尊重。而此时的吴承
恩由于"迂疏漫浪，不比数于时人"，受到时俗笑骂。

〔考证〕《先府宾墓志铭》（《存稿》卷三）谈到父吴锐受葛木尊重
云："郡太守卮山公闻之以为贤，乡饮召为宾，不至，三命然
后赴。"《祭卮山先生文》则具体描绘自己之"迂疏漫浪"情景：
"昔人有言，感恩易尔，知己实难。承恩淮海之竖儒也，迂疏
漫浪，不比数于时人，而公顾辱知之，泥涂困穷，笑骂沓至，
而公之信仆，甚于仆之自信也。"

本年三月，潘埙罢河南巡抚，归淮安（据《明纪》卷三十）。

嘉靖九年庚寅(1530)。

吴承恩约二十七岁，在淮安。

代知府葛木作《告先师庙文》（《存稿》卷三）。

〔考证〕据《明史》卷五十《礼志四》、卷十七《世宗纪一》及《明会要》卷十一引《三编》，本年十一月癸巳，大学士张璁提出更正孔庙祀典，题孔丘"神位"为"至圣先师"，去"王"号和"大成文宣"的称谓，改"大成殿"为"先师庙"，制木为神主，原有的孔丘塑像一律撤除，等等。辛丑（癸巳后八天），由皇帝下诏颁布如上议的命令给全国各地一体遵照执行。——观吴承恩代作的《告先师庙文》云："伏自唐宋以来，先师之宫，皆有像设。陋而不典，渎玩非经……皇帝神圣，志复古先，凡天下祠祀不如礼者悉正之。……于是下诏郡国，命撤塑像，奉安新主，我守臣兹用从事。"可以知道此告庙撤像，就是本年奉命更正祀典的活动。由"守臣"句知吴承恩是代知府所作，当时知府即葛木。

嘉靖十年辛卯(1531)。

吴承恩约二十八岁，在淮安。

朱曰藩举人中式（据前揭《行状》及《墓志铭》）。

沈坤举人中式（据光绪《淮安府志》卷二十二《贡举表》）。

李春芳举人中式（据前揭《神道碑铭》）。

〔按〕吴承恩平生要好的三位好友都在本年中应天举，吴承恩当然也去应举而落榜。

嘉靖十一年壬辰(1532)。

吴承恩约二十九岁，在淮安。

本年春，吴承恩父吴锐去世。年末（十二月二十九日），葬父于灌沟祖墓，为作《先府宾墓志铭》（《存稿》卷三）。

〔考证〕《先府宾墓志铭》叙父丧事说："（先君）生来寡疾病，一日买船泛城西大泽中，意欣欣出门去矣，归即不起，盖嘉靖十一年三月十九日也。……距生时为天顺五年七月二十一日，寿盖七十二云。以是岁十二月二十九日葬灌沟先垄。"

〔按〕《先府宾墓志铭》原石于 1975 年 1 月初在淮安吴家先垄出土，《文物》1975 年第 10 期"文博简讯"栏载南波介绍此事云："1975 年 1 月初，这块墓志在淮安县城南十公里许的石塘公社二堡大队出土。随后，清江市博物馆和南京博物院派人作了调查。这一带在明代叫灌沟。灌沟是一条接通大运河的东西向的灌溉渠，离葬地南半公里左右。墓志中说吴锐'葬于灌沟先垄'，则这里当是吴氏祖坟所在。当地群众说，这一带原是乱坟堆，后经平整为一片水稻田。吴锐的墓葬过去曾遭破坏，据当地农民回忆，原来是一椁三棺的合葬墓，三具棺木都经髹漆，头部档板上有红漆写的字，是'大明某某年''姓吴的'。椁外有浇浆结构，浇浆残迹至今尚存。墓向南面，偏西 10 度。这块墓志发现在离墓前约有 1 米多的地方，竖插在砖砌的墓座上，也是用浇浆的方法加以固定的。……墓志铭一合，石质，方形，长宽 63、厚 12 厘米。志盖刻篆书'明吴菊翁之墓'。志铭刻楷书，计 37 行 1141 字，文字简练，书法工整……这篇墓志铭见于《射阳先生存稿》(明丘正纲编刊，有故宫博物院编排印本)，而后，又收入《楚州丛书》中的《射阳文存》。与出土实物对照，仅个别字句稍有不同。"该期《文物》第 94 页附有《墓志铭》拓片，据拓片与《射阳先生存稿》原文对勘，其文字不同主要有两处，一是原石"然又荡游不学问"，刻本作"然又平时不学问"；原石"人或劝之讼理，乃窃叹曰：'吾室中孰非官者？……'"刻本作"人或劝之讼理，曰：'吾室中孰非官者？……'"

嘉靖十二年癸巳(1533)。

吴承恩约三十岁。

王宠卒。

〔按〕据桑维乔撰朱曰藩的《行状》，朱曰藩于嘉靖四年获交王宠，大约吴承恩与王宠相交也在嘉靖四年或稍后。王宠是诗人兼书法家，《存稿》卷一《赠雅宜王丈》诗称颂王宠的书法："丹绨绣绿字，宛宛龙盘纤。"称其诗："读之苦茫然，但觉辞旨殊。"王宠，《明史》卷二百八十七附《文征明传》。

胡琏于本年四月以南京刑部右侍郎致仕（据《明实录·世宗实录》卷一百四十九）。

嘉靖十三年甲午(1534)。

吴承恩约三十一岁，在淮安。

秋，吴承恩到南京应举，不第，归途游镇江金山寺，作有两首《金山寺》七律，并把其中一首书写到扇面上，赠给一位叫沫湖的人。

〔考证〕1978 年春，扬州博物馆收集到吴承恩书写的一幅扇面，写有一首吴承恩自作的七律。原扇竖写，诗及题署如下：

> 十年尘梦绕中泠，今日携壶试一登。
>
> 醉把花枝歌水调，戏书蕉叶乞山僧。
>
> 青天月落江鼋出，绀殿鸡鸣海日升。
>
> 风过下方闻笑语，自惊身在白云层。

甲午秋宿金山寺，射阳承恩为沫湖先生书。（下有"射阳居士"篆书印）

这一首诗不见于《射阳先生存稿》。《射阳先生存稿》另有一首《金山寺》诗，也是七律，诗如下：

> 几年梦绕金山寺，千里归舟得胜游。
>
> 佛界真同江月静，客身暂与水云留。
>
> 龙宫夜久双珠见，鳌背秋深片玉浮。
>
> 醉倚石栏时极目，霁霞东起海门楼。

从这两首诗的意境和咏述的自然时序（秋和天将破晓时），以及两首诗开头都讲多年想游金山寺今始偿愿等看，当作于同时。

本年是应举之年（午年），吴承恩又是于秋深之际"千里归舟得胜游",结合他的《祭厄山先生文》里说自己北归后卧病,以及讲什么"我实负公"等感伤的话(见下),可以知道吴承恩此游是从南京应举落第回淮安,途中在镇江金山寺的小留。

〔按〕吴承恩父亲是嘉靖十一年三月去世的,到本年八月已二年多,按封建礼法已完成了守制任务(不必足三年),可以应举。

至于吴承恩为之书扇的沫湖,暂未能考出是何人的字或号。

吴承恩由南京归后病于家。这时葛木由山东按察司副使升任山西布政司右参政,道经扬州,遣使到淮安,对吴承恩"锡以教言"。

〔考证〕《明实录·世宗实录》卷一百六十四:"嘉靖十三年六月己亥……升山东按察司副使葛木、陕西按察司副使沈圻,俱为布政司右参政。木,山西;圻,贵州。"《祭厄山先生文》(《存稿》卷三):"独念去岁之秋,公闻晋阳之擢,解镇南省,旌麾渡淮;未几,复道扬如晋。公之道淮也,仆方滞于外;公之道扬也,仆适病于家。前不得拜公于门,后不得从公于远,过承遣使,锡以教言。"

〔按〕《祭厄山先生文》作于明年,称"去岁之秋"葛木渡淮、道扬、如晋等等,是六月任命为山西布政司右参政,秋始赴任。《祭文》说:"我实负公",又说:"自今以往,亦愿努力自饬,以求无忝于我公知人之明,庶他日少有所树立,亦厄山公门下士也,持此以报公而已。"可见葛木对吴承恩所锡的"教言",不外功名进取等类,当亦包括对吴承恩落第的慰勉。

八月,万表正任漕运参将,吴承恩与万表获交当不后于这个时间。

〔考证〕《明实录·世宗实录》卷一百六十六:"十三年八月辛丑,漕运参将庶(?)都指挥佥事万表言……"可证万表在这之前就当了漕运参将,而吴承恩可能早已与万表有了交往。

嘉靖十四年乙未(1535)。

吴承恩约三十二岁,在淮安。

葛木病,脾脏肿大("痞",或即肝癌),卒于山西任所,丧还过淮,停灵月余,吴承恩作《祭卮山先生文》哭奠于葛木灵前。

〔考证〕葛木之死和吴承恩作《祭卮山先生文》是在本年,均由嘉靖十三年下所引《明实录·世宗实录》卷一百六十四和《祭卮山先生文》互证以明。《祭卮山先生文》说:"细问疾状,则云公卒于痞。"又说:"淮方之民,怀公之德,罢市而哭,鬻衣而奠。"关于葛木灵柩停淮期间的情景,刘修业《吴承恩交游考》引《上虞县志·葛木传》说:"木字仁甫,正德丁丑进士,历刑部郎中,寻知淮安府,为书院,进诸生月课之。淮士民戴如慈父。迁山东副使、山西参政,卒于官。丧还过淮,士民奔拥,停留月余,哭奠不辍。"

嘉靖十五年丙申(1536)。

吴承恩约三十三岁。

陈文烛生(据《二酉园文集》卷十三《先君行状》)。①

嘉靖十六年丁酉(1537)。

吴承恩约三十四岁,在淮安,可能去过南京。

《露筋祠同朱子价赋》(《存稿》卷一)诗约作于本年秋。

〔考证〕《露筋祠同朱子价赋》原诗为:

---

① 叶德均《戏曲小说丛考·西游记研究的资料》谓陈文烛生于嘉靖十四年。叶氏的根据是陈文烛《廷中诗》卷一《遣儿归省大人书怀》之三云:"嘉靖庚戌时,我生十有六。"又同卷《乙巳除夕拟杜七歌》之七云:"吁嗟我年三十五。"因而如是推定。但据《先君行状》:"丙申,(先君)历齐鲁泛江淮而归,登太和山祷子,至家得奇梦,而不肖生,小字武当,盖四月八日,先君又喜得子也。"又,《游太和山记》(《二酉园文集》卷九):"岁丙申三月,按察公(陈文烛父)再登(太和山)祷绝顶,得奇梦。四月八日,甫归,而不谷生,小字武当,人以为异云。"盖《书怀》诗系临笔误记;《拟杜七歌》诗乃陈文烛叹除夕过后"我年三十五"。

> 野庙丹青古，亭亭枕碧湖。
>
> 旗幡集风雨，香火闷菰蒲。
>
> 气与山河在，心将水月孤。
>
> 门前杨柳树，惟有独栖乌。

朱曰藩（子价）《山带阁集》卷七载《露筋祠》（按：朱集咏露筋祠诗此为仅有）原诗为：

> 水殿不生尘，荷花作四邻。
>
> 乞灵巫媪醉，失岁野甿贫。
>
> 行雨岂堪赋，分风又送人。
>
> 前林霜月白，千古见清真。

由吴、朱二诗所写到的节序：荷花盛开的时节；天气：风雨；时间：晚间月出，等等都是一致的，因此可以肯定两首诗为同时所赋。而《山带阁集》所收诗是按写作时间先后排列的，推知朱诗《露筋祠》作于本年，所以系吴承恩同赋的诗于此。露筋祠在高邮。高邮位于淮安、宝应南运河畔，是往来南京必经之路。由两首诗反映的情况看，似乎是朱曰藩在露筋祠送别吴承恩。

吴承恩表外孙丘度生于本年九月二十日（据清韩梦周《理堂文集》卷九《明亚中大夫光禄寺卿赠户部右侍郎丘公墓表》）。

嘉靖十七年戊戌(1538)。

吴承恩约三十五岁，在淮安。

吴承恩为唐龙辞刑部尚书职归家侍母作《寄渔石唐公》诗（《存稿》卷一）。

〔考证〕《明史》卷二百零二《唐龙传》："考尚书六年满（按：唐龙历为兵部尚书与刑部尚书），加太子少保，以母老乞归侍养。"《明史》卷一百十二《七卿年表二》，载唐龙辞刑部尚书在本年四月，因此，吴承恩为唐龙归养而作的《寄渔石唐公》诗，当在本年四月以后不久。诗云：

> 彩笔昔曾干幕府，十年淮海忆岩廊。
>
> 雄风共仰安边策，文斗遥明执法光。
>
> 春草南陔回衮绣，渔竿白石弄沧浪。
>
> 青山已信公真隐，肯为乾坤出野堂！

诗第一联是回忆十年前唐龙任漕运总督时，为寿唐龙母八十寿辰作《海鹤蟠桃篇》事；第二联叙唐龙为兵部尚书总制三边和转刑部尚书后执法正刘东山罪等事；第三联即咏唐龙归养，《诗·小雅》有《南陔》一篇，有题无诗，所谓"孝子相戒以养也"。末联是希望唐龙重新出仕。后来唐龙又被荐，起为南京刑部尚书。

吴承恩《答西玄公启》(《存稿》卷三)是马汝骥为南祭酒时间内(本年至十九年初)辞马汝骥征聘之作。

〔考证〕王世贞《弇山堂别集》卷六十三《南京国子监祭酒表》和黄佐《南雍志》卷五《职官表》，都记载本年马汝骥任南祭酒，十九年升礼部右侍郎兼侍读学士。唯何良俊《四友斋丛说》(摘抄本五)云："余丁酉(按：十六年)春至南都，见东桥求先公墓文，即往见西玄，此时西玄为南祭酒。"恐何良俊是误记。

吴承恩《答西玄公启》说："恭惟台下，海岳奇标，烟霞逸韵，羽仪天路，鼓吹儒宗。书传圯上，谷城黄石之精；经授关中，函谷紫云之气。鹏摇凤苑，鹭振鸾坡。玉杯繁露，翻甲观之虫编；天禄虾蟆，剔羽陵之蠹简。"这是对传经授道掌文运人物的颂扬，可知《答西玄公启》是作于马汝骥为南祭酒时间内。观《启》云："真怀下里之羞，讵意当涂之赏。既逢匠石，宁避瑕疵。""但念辞出应酬，本无可采，神分习业，未尽其长。""炙毂之谈，惭登孔席；叩辕之唱，惧入夔门。伎俩屈于多方，侏儒负其一节。但愿舍骊黄而求骏骨，由玄素以得深心，下堂以揖然明，倒屣而迎王粲。"等等，似乎是马汝骥赏识吴承恩的文笔，想请他为自己掌书记(秘书职务)，而吴承恩婉言拒绝。

马汝骥，号西玄，绥德人，当过两京国子司业、南国子祭酒、礼部右侍郎，有《西玄诗集》。《明史》卷一百七十九附《舒芬传》。

冯焕中进士(据光绪《淮安府志》卷二十二《贡举表》)。

嘉靖十八年己亥(1539)。

吴承恩约三十六岁，在淮安。

春，作《送陈梧冈水部》诗(《存稿》卷一)。

〔考证〕陈尧，字敬甫，号梧冈，南通州人，嘉靖十四年进士。据光绪《淮安府志》卷十《职官表》，陈尧于嘉靖十五年任职清江工部分司，本年离任，接替者郭乾也是本年任，所以吴承恩送别诗作于本年春。陈尧能诗，《明史》卷九十九《艺文志四》，载《梧冈文集》五卷、《梧冈诗》三卷，所以《送陈梧冈水部》诗说："古今工部总诗名。"陈尧在清江工部分司任内，深得漕运总督周金的称许，说他"博学"(见康熙《兴化府莆田县志》卷二十四《林汝永传》)。王世贞《弇州山人续稿》卷七十二有《陈司寇传》。

代蔡昂(鹤江)撰《祭章圣皇太后梓宫文》(《存稿》卷三)。

〔考证〕刘谱："按《明史》卷十八《世宗本纪》：'嘉靖十七年十二月癸卯章圣皇太后崩'，'十八年七月庚申葬献皇后于显陵。'"

十一月，胡琏又以户部侍郎致仕，因吏科都给事中薛廷宠等论劾不职(《明实录·世宗实录》卷二百三十一)。

吴承恩最有名的诗篇《二郎搜山图歌》应作于四月后的本年中。

〔考证〕本年二月嘉靖皇帝朱厚熜为母章圣皇太后死去而南巡承天(湖北安陆)，四月回銮。《二郎搜山图歌》的主要内容就是抨击此次南巡文武百官贪赃枉法的，可以证明诗作于四月后不久。诗的一部分是：

> 我闻古圣开鸿濛，命官绝地天之通。
>
> 轩辕铸镜禹铸鼎，四方民物俱昭融。
>
> 后来群魔出孔窍，白昼搏人繁聚啸。
>
> 终南进士老钟馗，空向宫闱啖虚耗。
>
> 民灾翻出衣冠中，不为猿鹤为沙虫。
>
> 坐观宋室用五鬼，不见虞廷诛四凶。

这一节诗是影射有明一代从洪武皇帝朱元璋到嘉靖皇帝朱厚熜的政治情景的。明代，阉宦把持朝政，干预政治的事件层出不穷。只有洪武、嘉靖两代阉宦的势力消煞。朱元璋鉴于前代宦官的患害，明令：内官不得干预政事。及永乐皇帝朱棣，由于建文帝的宦者私通于自己而终成靖难之功，所以对于宦官颇为崇信，郑和率领船队通西洋，是崇信宦官的一个高潮。以后正统皇帝朱祁镇、正德皇帝朱厚照时代又有王振、刘瑾专权把持朝政的新高潮。朱厚熜由藩王被推上皇帝宝座是处在正德皇帝惩办刘瑾后不太久，所以"即位后，御近侍甚严，有罪挞之至死，或陈尸示戒。张佐、鲍忠、麦福、黄锦辈，虽由兴邸旧人掌司礼监、督东厂，然皆谨饬，不敢大肆。帝又尽撤天下镇守内臣及典京营仓场者"。（《明史》卷三百零四《宦官传一》）上引诗的前四句是借黄帝、舜、禹等铸镜铸鼎事，说朱元璋时代信任大臣，抑制宦官，因此，"四方民物俱昭融"；"后来群魔"四句说永乐到正德时期宦官又横恣一世，如王振、刘瑾等的情况，官僚和士大夫们痛心疾首，总想从宫闱中把这些人除掉；"民灾翻出"四句则是吴承恩对当时政治局势的激烈抨击，是说嘉靖时代患害不在宦侍，乃在奸臣跋扈。君子与小人相对，衣冠人物与阉宦相对，吴承恩说：现在，本应是君子的衣冠士夫，却化成了阉宦式的小人。《太平御览》卷九一六引《抱朴子》："周穆王南征，一军尽化，君子为猿为鹤，小人为虫为沙。"（按：今传本《抱朴子》的《释滞》只有类似的几句，与此不同，王士禛《香祖笔记》卷十作："昭王南征，君子化为猿鹤，小人化为沙虫。"朱右曾辑录、王国维校补《古本竹书纪年辑校》引敦煌唐写本《修文殿御览》残卷作："穆王南征，君子为鹤，小人为飞鸮。"）吴承恩说："民灾翻出衣冠中，不为猿鹤为沙虫。"正是以周穆王南征喻朱厚熜南巡承天，说随行诸臣一个个都不是君子，而变成了小人。据记载，朱厚熜南巡给人民带来的灾害是相当大的。《明实录·世宗实录》卷二百二十一载嘉靖十八年二月丁未，即南巡前八天，左都御史王廷相谏疏云："伏自圣谕下议南巡以来，议止者众矣，然其说不过有三：有谓辇路所经，灾荒特甚，人相啖食，盗贼猖兴，恐有萑苻不逞，犯属车之清尘者；……有谓扈卫军校及内外从官人役，不下数万，粮草车马，供应不赀，而郡县仓库空虚，百姓窜避，有司无所措手者。……"南巡期间整个过程证明王廷相是有预见的，人民以各种方式加以抵制和反抗，《明实录·世宗实录》卷二百二十一、二百二十三记载，朱厚熜南巡没有出发的时节，有军人孙堂撞入皇宫，至奉天门下，登金台坐之，被捕以后说："闻沿途搭盖席殿，累死军民大半，因此我来拦驾。"朱厚熜启銮到赵州和临洺镇，二地的行宫在驾发后都起了火；到卫辉，夜四更，行宫火，朱厚熜险葬身火海，为陆炳背走，死宫人及侍卫等多人，并烧毁了许多法物及宝器。——所以行宫连续起火，当是一种更积极地拦驾，与随驾官员的为非作歹有直接关系。随驾官员贪污受贿，人人有份，霍韬说："南巡时，诸文臣多纳贿不法。人传文官惟袁宗儒，武官惟郭勋不受馈耳。"（《明实录·世宗实录》卷二百三十二）朱厚熜回銮月余的该年六月，左都御史王廷相给朱厚熜上表章说："臣观今日士风臣节，而知灾异之所由来矣。大率廉靖之节仅见，贪污之风大行。一得任事之权，即为营私之计。贿路大开，私门货积，但通关节，罔不如意：湿薪可以点火，白昼可以通神。……昔在先朝，盖有贿者矣，然犹百金称多，而今则累千巨万以为常；盖有贪者矣，然犹宵行畏人，而今则张胆明目而无忌。士风之坏一至于此，真可痛也。大臣贪浊而日在高位，则小臣仿效，将无不惟利是图矣；京官贪浊而安处无患，则外官鼓动，亦无不惟利是图矣。大小效尤，内外征利，由今之道，无变其俗，将民穷盗起，而邦之厉（原作"属"）阶由此启矣。……今日士风……一登仕宦之途，即存侥幸之念，谄谀贿赂，无所不为，要路权门，终日十至，每遇一官有缺，必有数人竞争，于是京师有'讲抢攘'之谣，而廉耻扫地矣。夫恬静，君子也；奔竞，小人也。奔竞进则恬静必退，由是以小人引小人而朝无君子矣，其为世道不祥莫大焉。……"（《明实录·世宗实录》卷二百二十五）由王廷相的说法，可证朱厚熜南巡时，确实是如同霍韬所说，诸臣无不纳贿不法者，袁宗儒、郭勋也不能除外。据《明史》卷一百九十四《王廷相传》，王廷相实际是"用以刺尚书严嵩、张瓒辈"。朱厚熜南巡中，除上述贪污受贿的一类官员，还有另一类官员，他们以借机弹劾别的官员，达到自己升官发财的目的。随驾御史胡守中，由于屡劾地方官吏"供张不备"、"供具不办"、"剥民膏脂"等等，罪两名巡抚都御史，一名布政使，以及其他府县官多人。从而使长吏慑恐，争先送贿赂，自己则大发其财，又在一个月内升为都察院右佥都御史，并且在此后一年半期间内递升为右副都御史、左副都御史、兵部右侍郎。——上述公开贪污受贿以发财和弹劾别人以发财又升官的衣冠人物，就是吴承恩说的"不为猿鹤为沙虫"的人士。

"四凶"、"五鬼"是嘉靖时代某些人送给当权人物的"雅号"。"四凶"指张瓒（兵部尚书）、严嵩（嘉靖十八年时的礼部尚书，后为大学士)、郭勋(武定侯)、胡守中(由御史超升兵部侍郎)。
《明史》卷二百十《谢瑜传》:"(嘉靖)十九年正月礼部尚书严嵩
屡被弹劾求去,帝慰留。瑜言:'嵩矫饰浮词,欺罔君上,钳
制言官……'居二岁,竟用嵩为相(按:嵩于嘉靖二十一年八月
为武英殿大学士入阁)。甫逾月,瑜疏言:'……昔舜诛四凶,
万世称圣,今瓒(按:张瓒)与郭勋、严嵩、胡守中,圣世之四
凶,陛下旬月间已诛其二,天下翕然称圣,何不并此二凶放之
流之,以全帝舜之功也。'"谢瑜疏中所说已诛的二凶,指郭勋、
胡守中。郭勋、胡守中之被系狱,分别见《明史》卷一百三十
《郭英传》附《郭勋传》,《明史》卷二百十《谢瑜传》附《王晔传》,
郭勋系狱为嘉靖二十年九月,胡守中系狱为嘉靖二十年十月。
至于嘉靖时的"五鬼",暂未能查明。但是明人作的《鸣凤记》
(传为王世贞作)第六出写夏言骂严嵩云:"皇上修真打醮,必
自小人导之。你就是个闭门修斋的王钦若了。"第九出周用也说
严嵩:"秉正莱公,嫉邪王旦,十年钦若藏深怨。"都是以严嵩
比宋代的王钦若。王钦若,宋真宗时为相,真宗好道求长生,
王钦若成为宋真宗祷天的有力助手,因而王钦若与丁谓等五
人,被时人称为"五鬼"。《宋史》卷二百八十三《王钦若传》:
"仁宗尝谓辅臣曰:'钦若久在政府,观其所为,真奸邪也。'王
曾对曰:'钦若与丁谓、林特、陈彭年、刘承珪,时谓之五鬼。
奸邪险伪,诚如圣谕。'"明世宗嘉靖皇帝朱厚熜之好道求长生,
不亚于宋真宗,当时大臣如严嵩、顾鼎臣,也包括《鸣凤记》中
的正面人物夏言,如同王钦若、丁谓等人,为朱厚熜作青词,
代祷祀,不免有奸邪之讥,被人诟骂,如有目之为"五鬼"的,
当属必然。因此戏曲家把严嵩比之为王钦若,恐怕是不无来
由,当时或许对严嵩式的为朱厚熜搞祷祀的臣僚某五人称为
"五鬼"的(万历时另有"四凶"、"五鬼",见《明纪》卷四十七、

卷五十，吴承恩不及见）。——由上可见，《二郎搜山图歌》说："坐观宋室用五鬼，不见虞廷诛四凶。"是针对嘉靖十八年朱厚熜南巡前后，"四凶"、"五鬼"得势胡为时而发的，"四凶"之二（郭、胡）的被系狱则是嘉靖二十年的事。

根据对前引的《二郎搜山图歌》十二句诗的探索，确证吴承恩这篇重要的诗，应是本年所作，即或可能有出入，也不会晚于嘉靖二十年九月。如果考虑到吴承恩对朱厚熜南巡印象之深且著，那么定为本年作，当更为有力。又，二十一年项下对《西游记》写作时间的考证，可证《二郎搜山图歌》是吴承恩写《西游记》同时的作品。

嘉靖十九年庚子(1540)。

吴承恩约三十七岁，在淮安。

秋八月，蔡昂卒，吴承恩撰《鹤江先生诔》(《存稿》卷三)。

蔡昂，字衡仲，号鹤江，《明实录·世宗实录》卷二百四十记蔡昂之卒并介绍他的生平经历说："十九年八月壬午，礼部左侍郎兼翰林院学士、詹事府府丞蔡昂卒。昂，直隶淮安人，正德甲戌进士，授翰林院编修。以武庙实录成，升右春坊右赞善；同纂修《大明会典》，升翰林院侍讲学士，充日讲官。寻以失误日讲，降调湖州府通判（按：降调通判为嘉靖十二年七月），逾年召复职，管录累朝及皇考宝训。《实录》成，升翰林院学士，随迁礼部左侍郎兼侍讲学士。会简宫僚，改翰林院学士、詹事府府丞。病卒，赐祭葬如例。"据《鹤江先生诔》称"夙承殊盼"，可知蔡昂对吴承恩颇多关注。

秋十月，撰《张凤原诸母姚挽诗序》(《存稿》卷三)。

〔按〕张侃，字巽卿，号凤原，淮安人，本年举人中式，二十三年中进士，仕至刑科都给事中。二十九年八月因丁汝夔案忤旨，杖五十，斥为民。隆庆元年恤赠太仆少卿。著有《凤原集》。张侃是沈坤的姐夫或妹夫。（以上杂据光绪《淮安府志》卷二十二《贡举表》、《射阳先生存稿》卷三《赠翰林院修撰儒林郎沈公合葬墓志铭》、《明史》卷二百零四《丁汝夔传》、《明纪》卷三十三）

撰《留思录序》（《存稿》卷三）。

〔考证〕刘谱："《序》云：'松山公守淮郡之明年，以事去郡，又明年改牧黎平。'按松山是孙继鲁的号。考《府志·职官表》，继鲁系嘉靖十六年任；明年改牧黎平。他之'以事去郡'，因为什么事呢？承恩不肯明说；徐𬤝的《孙清愍公继鲁墓志铭》却说得很明白：'公守淮，政成化孚。境内亦遘旱，公祷之又辄应。民间每晨焚香尸祝之。士曰我师，民曰我父。有《纪爱录》，载政绩为甚详。无何，中官奉命织造江南，道经淮，大作威福，公抗阻之，于是构疏于朝，械逮京师，赖执政夏公桂洲之力获解。……调知贵州之黎平。'先生作这篇序文，非常感慨；末了他说：'雅承国士之遇'，又说：'公既不以恒人遇我'，可见他是很受这位'郡公'的知遇的。又《存稿》卷三（页四下）有《郡公松山孙公遗爱录画像赞》说：'士曰我师，民曰我父，清风穆如，尚友千古。'可见徐𬤝所引用'士曰我师'云云，便是承恩作的赞语。"①

代万表作《谖堂永日图序》，寿宁波知府沈恺母。

〔考证〕《序》云："谖堂永日图者，为吾郡牧凤峰先生寿母作也。

---

① 刘谱列撰《留思录序》于嘉靖十八年下，今移系本年。因为《留思录序》说："松山公守淮郡之明年，以事去郡。"既然孙继鲁是十六年始任淮安知府，则以事去郡，当然是十七年；《留思录序》接着说："又明年，改牧黎平。"可见这是嘉靖十八年；序文接着又说："百姓知公之不复于淮也，于是俯仰叹息徘徊焉以抒其衷，而歌谣兴矣。或辑之以为帙，以示其门下士承恩，承恩则序之曰……人情多笃新急旧，而况违隔二年，遥遥五千里外，而民之歌之……"可见这序文之作，只能是本年。孙继鲁十七年离开淮安，"违隔二年"，当然到了十九年。已改牧黎平，然后歌谣兴，又辑之以为帙，那么并不可能是当年（十八年）事是自然的。

先生之牧于兹也，太恭人余七十矣，实奉以偕，康嘉燕喜，士大夫交遍庆之，于是有《谖堂》之什。鹿园山人闻而乐焉，托之图以昭永也。""故润泽千里，明人士赖焉，而实太恭人杯圈之余沥；……。"可知《谖堂永日图序》是代万表（鹿园）作，寿宁波知府（宁波在明初称明州府）凤峰之母的，而凤峰牧于宁波不久。按：凤峰是沈恺的号。沈恺，字舜臣，华亭人，进士，是嘉靖十九年即本年任宁波知府（据雍正《宁波府志》卷十六、十八），所以系序文于本年。

本年为淮安府学教授陶师文（未斋）膺奖，作《贺学博未斋陶师膺奖序》。

〔考证〕天启《淮安府志》卷五《职官》"府学教授"项载："陶师文，会稽人。"康熙《绍兴府志》卷三十五《选举志三》"举人"项载："陶师文，应天中式，终同知。初令宜都、铅山，并祀名宦。"乾隆《铅山县志》卷五《秩官》"县令"项载："陶师文，会稽人，嘉靖十五年任。"同治《宜都县志》卷三下《政教·职官·治绩》第七载有陶师文的小传云："陶师文，字纯夫，号未斋，浙江会稽人，举人。嘉靖二十五年任知县。到官搜奸剔蠹，酌定儒学师生廪饩折色，新学宫，广学田至八百余亩，岁租给贫士。县旧无书院……乃核儒学西隙地旧为豪强侵卖者，谕令其子若孙赎之，给半价，其半官给之，命幕僚吴子钥董其事，堂舍门庑蔬圃备具。始丁未冬，成戊申春，额曰清江书院。己酉建西城……社学六……任宜六年，升扬州府同知去，去时栽竹，题云：'临去还栽竹，凭人笑道憨。清风与高节，留待后来看。'县人为建感德祠。"又，载下一任知县唐朝德小传云："唐朝德……嘉靖二十九年任。……陶师文去官，民谓后来难乎为继。及得朝德，大喜过望，谓之陶父唐母。"由上知淮安府学教授陶未斋即会稽陶师文。吴承恩序文说："先生龃龉不逢，信道违时，再为令尹，与世乖忤。""先生之来兹也，岂格当然耶？心为乎小民，而力抗夫强家，大吏因之请于铨而左授，夫是以以庠易邑尔。"知陶师文是当县令被贬为淮安府学教授的。既然康熙《绍兴府志》说他终同知，又初令宜都、铅山，而同治《宜都县志》说他任宜都知县六年，升扬州府同知去，可以知道陶师文并非由宜都任贬职为淮安府学教授。其嘉靖十五年任铅山知县，下一任铅山知县朱选是嘉靖十八年任，由嘉靖十八年离铅山知县职到嘉靖二十五年任宜都知县，中间七年去向不明。潘埙《熙台先生诗集》卷八的第一首诗题为《送郡博陶未斋赴宜都令》，可证成陶师文离铅山令到任宜都令中间七年，是在淮安府学当教授的。去铅山为嘉靖十八年，吴承恩序文说："未斋先生来掌吾淮教事，期年而化成，于是抚巡诸使者数腾檄褒焉。"则此膺奖事自应发生在嘉靖十九年，即本年，吴承恩的序文也当然是本年作。吴承恩此时是府学生员，所以称陶未斋为"陶师"。吴承恩还有《柬未斋陶师》(《存稿》卷一)七言绝句，也应是本年或稍后作。

嘉靖二十年辛丑(1541)。

吴承恩约三十八岁，在淮安。

吴承恩《赠沈十洲》诗(《存稿》卷一)，为沈坤状元及第(据光绪《淮安府志》卷二十《贡举表》)作。

〔考证〕刘谱说《赠沈十洲》诗当作于本年沈坤状元及第时，根据诗的内容看是对的，诗云：

> 东风朝马散鸣珂，北极晴光带玉河。
>
> 寒食中官传画烛，春衣侍吏捧香罗。
>
> 蓬莱雪后烟花满，阊阖天心雨露多。
>
> 染翰朝朝供研滴，凤池新绿酌恩波。

何良傅中进士(据前揭何良俊撰《行状》)。

撰《约庵周公升南京刑部尚书障词》(《存稿》卷四)。

〔考证〕刘谱:"约庵名金,武进人。事迹详唐顺之撰的《周襄敏公全传》(《国朝献征录》卷三十一)。又考天启《淮安府志·职官表》,周金任漕运总督在嘉靖十五年,二十年去任。所以把这篇障词系于这一年。"据《明实录·世宗实录》卷二百五十,周金升南京刑部尚书为本年六月壬午。

十一月,冯焕以郭勋案谪广东茂名县丞,吴承恩为作《杂言赠冯南淮比部谪茂名》(《存稿》卷一)。

〔考证〕《明实录·世宗实录》卷二百五十三:"二十年九月乙未,翊国公郭勋有罪……法司奏:据勋罪当论死。……上复谕法司曰:'锦衣卫枷号人犯中,未必无可矜者。朕仰体上天好生之德,偶形梦寐,俱免枷号,即行发遣。郭勋先该言官论列,及经五城御史勘报,罪犯多端,累旨令追门(按:可能是"问")明白,乃该问刑衙门全不遵奉,以致情词截略,议拟不明。令三法司即同锦衣卫及科道官查照前言官疏,会审明确,奏治。'于是十三道御史周亮等因参镇抚司指挥孙纲,纳贿曲比;刑部尚书吴山,昏耄依违;该司郎中钱德洪,不谙刑名;本部主事冯焕,任意供招,与镇抚司掌印指挥倪旻,扶同推鞫,故将勋结党乱政……等项重情,俱隐饰不究。乞将……吴山等罚治。……得旨,下纲、焕法司逮问。……已,都察院拟德洪罪,上。有旨:'刑官不习法律,必致狱情冤枉,为害非细。昨法司初拟勋狱,但知置人重典,全不审究狱情,何以厌伏罪人之心?有旨令卫司宽刑散收,如何又敢违旨?即与不领敕者罪同。钱德洪仍执下镇抚司再加拷讯……冯焕降边方杂职。……'"至光绪《淮安府志》卷二十八《冯焕传》则说冯焕:"出严嵩门下,授刑部主事。有勋臣某以罪下狱,嵩当国,属勿推,焕执法不挠,忤嵩意,以中旨诏逮赴都堂狱,御史杂治之。""再越月,无他状,

乃得释。谪茂名县丞。"——由前述《明实录·世宗实录》和光绪
《淮安府志》的记载知冯焕于本年十一月谪茂名，吴承恩诗应作
于十一月或十二月。冯焕居粤三年，升德清知县，又以忤郡守
罢职。①

嘉靖二十一年壬寅(1542)。

吴承恩约三十九岁，在淮安。

吴承恩本年正在撰写《西游记》，或者已经完成初稿。本年春，吴
承恩的好友朱曰藩作《赠吴汝忠》诗(《山带阁集》卷九)给吴承
恩，吴承恩作答诗《赠子价》(《存稿》卷一)，对《西游记》的写作
进行探讨。

〔考证〕关于吴承恩本年正撰写《西游记》，其主要证据是朱曰藩
和吴承恩赠答的诗篇，先列朱曰藩《赠吴汝忠》诗：

眼前时态日纷纷，物外心期独有君。

最喜相思无远道，即从欣赏得奇文。

春归学圃经芳草，雪压淮涛滚莫云。

珍重大才行瑞世，少年人谩比终军。

吴承恩《赠子价》诗是：

我爱朱郎龙凤种，即今诗思逼刘曹。

玉鞭紫气瞻风骨，金殿春云照羽毛。

绝世飞扬人未识，致身儒雅道何高。

投君海上三山赋，报我花间五色袍。

对这两首诗所要论证的问题是：第一，朱曰藩诗的写作年代；
第二，两首诗是互相赠答之作，即同时所作；第三，互相赠答
的内容是关于《西游记》写作的，从而推断《西游记》的写作时间。

---

① 刘谱于冯焕谪茂名，误县丞为知县。吴承恩诗明确提"毋卑茂名尉"，光绪《淮安府
志》则直书"谪茂名县丞"。

（1）朱曰藩《山带阁集》今传本三十三卷，是朱曰藩去世后于万历元年经别人之手编辑刊行的。但是朱曰藩生前曾自编有三十卷本（桑维乔《行状》和罗洪先《墓志铭》云如此），可知今传三十三卷本基本是朱曰藩自己编辑的，而前二十五卷的诗歌部分则是按写作时间顺序的编年诗。由有纪年的诗的排列，可以证明这一点。《赠吴汝忠》诗属第九卷，现在先证成第八卷和第十卷诗的写作年代，以定第九卷诗的年代范围。第八卷共二十五篇诗（同一题目的数首诗算作一篇诗），其第二十二篇题《驾幸承天作》，这当然是嘉靖十八年二月到四月中间作，以后的三篇诗都写夏日景象，当然是十八年夏作。第十卷的开头几篇诗，写到的节候是春天，接着的几篇诗描写夏、秋，而由《秋日卧病水亭有怀》至本卷最末的《有司举饯北上病中书怀》计九篇诗，据卷二十八《宝应朱氏世录序》云："癸卯冬得病且死……逾年，幸不死，适当北上……"按癸卯为嘉靖二十二年，二十三年春朱曰藩北上应举成进士，所以知道上述九篇诗是嘉靖二十二年秋冬作。由此前推，十卷其他诗都是二十二年春夏之作。——根据第八卷、第十卷诗写作时间上下限，可知第九卷诗是嘉靖十九年、二十年、二十一年等三个年头的作品。第九卷共三十一篇诗。其中十九、二十两篇能考定都是作于嘉靖二十年。第十九篇题《观音阁和王给事韬孟》，王韬孟即王晔，《明史》卷二百十说王晔于"（嘉靖）二十年九月偕同官上言：'外寇陆梁，本兵张瓒及总督尚书樊继祖、新迁侍郎费寀，不堪重寄。'帝下其章于所司。居两月，复劾瓒，因及礼部尚书严嵩、总督侍郎胡守中与巨奸郭勋相结纳。"王晔上书时正为南京吏科给事中。《观音阁和王给事韬孟》有句："白下池台厌钟鼓，青春章奏入烟花。隐忧独抱筹边策，长啸唯看泛海槎。"所谓"青春章奏"、"抱筹边策"等，就是指九月顷偕同官上言参劾张瓒等人事，所以推知这首诗是二十年九月左右作。其第二十篇题《蔡子木改南曹遇赠》。据《明史》卷二百八十七蔡传，蔡汝楠（子木）徙南京刑部员外郎时，"尚书顾璘引为忘年友"。顾璘之任南刑部尚书，据《明实录·世宗实录》卷二百五十九为本年三月丙申。被罢归，卒于嘉靖二十四年。因此蔡汝楠改南曹遇朱曰藩而有赠诗，当也是本年无疑。第九卷的三十一篇诗，十九、二十两篇大体是中间的，以此两首为依据，那么本卷第一首《西归内人曲》写春，依次的八首写春、夏、秋，至第十篇《至北舍作》写秋末冬初，由上知这十篇诗都是同一年即嘉靖十九年作。由第十一首《兰泉》写春天开始，至第二十三篇《舟次诸友携酒来看》之写秋，其间包括《观音阁和王给事韬孟》、《蔡子木改南曹遇赠》在内的十一篇诗则有春、夏、秋节候的描叙，前已证明，这十三篇诗当是嘉靖二十年的作品。第二十四篇即《赠吴汝忠》，由"春归学圃经芳草，雪压淮涛滚莫云"句，知是对春的描写，其后的诗篇多写有春，最后一篇则是秋天作的，因此，由《赠吴汝忠》开始的第九卷的最后八首诗当是嘉靖二十一年即本年所作。最后八首诗中的《赠殷时训》尚可由旁证证明是二十一年的作品。殷时训，即殷迈。李贽《续藏书》卷二十二《殷迈传》说："辛丑（按：嘉靖二十年）成进士，授户部主事，乞南，改验封。"诗云："送君重入承明庐，计君休沐忽年余。"显然，殷迈昨年成进士，授户部主事，不肯到任，请了个长假一年多，然后根据自己请求，今年改派为南京吏部验封司主事，道过宝应，"十日淹留慰索居"，朱曰藩赠以诗。诗说"送君重入承明庐"者，是因为吏部验封司掌封爵袭荫衰赠吏算等职，有如侍臣之居承明庐，"重入"云者就是指殷迈不肯就户部主事职，而今肯于就验封职。——由上证明朱曰藩《赠吴汝忠》诗作于本年春。

（2）二诗乃互相赠答即同时所作的第一个证据是：这两首诗的语气和所涉及的问题都是针锋相对的。朱曰藩于吴承恩处"即从欣赏得奇文"，但是对此奇文不满意，却希望吴承恩"珍重大才行瑞世"，不要学"少年人谩比终军"。吴承恩则以为"投君海上三山赋"这样的奇文，从对方不应获回"报我花间五色袍"，对朱曰藩的态度不满意。不为朱曰藩激赏的"奇文"，既然和"愿受长缨，必羁南越王而致之阙下"的终军联系起来，那么这"奇文"必定有殊方异域的风味，而也就是吴承恩自称的"三山赋"了。所谓"五色袍"的"五色"，吴承恩在自己的诗文中屡次提到。《赠裴鹤洲晋列卿兼逢初度歌》云"五色华虫我亲补"；《杂言赠冯南淮比部谪茂名》云"应见一封裁五色"；《封通议大夫太常寺卿兼翰林院侍读学士双松丁公墓志铭》云："子裁子制，五色天衣；曰经曰纬，出父杼机。"花间五色的袍子是官服，朱曰藩希望吴承恩"珍重大才"在圣明的瑞世去当官，吴承恩则持不同的观点，说我投献给你的是"三山赋"，而你回报我的却是"五色袍"，我要你看的东西和得到你的评语，何其背谬！朱曰藩诗的末联与吴承恩诗的末联是针锋相对的。第二个证据是吴承恩诗说朱曰藩"绝世飞扬人未识，致身儒雅道何高"，证明吴承恩赠诗时，朱曰藩尚是"人未识"，未成进士的时期。民国重印《宝应县志》卷十一《朱曰藩传》："曰藩尝究心内典，注《楞严》、《法华》诸经。及年四十，大悟前非，与罗文恭洪先讲修身立命之学，六经之书，重经手录，各为纂注，惜不传。"朱曰藩四十岁时是嘉靖十九年，而他是嘉靖二十三年成进士。因此，吴承恩的诗一定是作于前此的二三年内，那么两首诗既有了是互相赠答的证明，此第二证便可成为第一证的补充佐证。

（3）朱曰藩、吴承恩的诗既然是互相赠答的同时之作，则进而探索所谓"奇文"、"三山赋"是何等样的作品，是否就是《西游记》？按："欣赏奇文"一语出陶渊明诗《移居》："邻曲时时来，抗言谈在昔。奇文共欣赏，疑义相与析。"陶渊明与邻曲共同欣赏的奇文是前代的作品，有许多疑义要互相探索、分析。这"奇文"是什么呢？陶渊明《读山海经》十三首的第一首序诗说："既耕亦已种，时还读我书。穷巷隔深辙，颇回故人车。欢言酌春酒，摘我园中蔬。微雨从东来，好风与之俱。泛览周王传，流观山海图。"陶渊明对"周王传"和"山海图"的泛览与流观是与故人共之的，所以《读山海经》的其他十二首诗，言西王母、夸父、精卫，言玄圃、丹木、三青鸟等等，正是从《山海经》、《穆天子传》中所得，而可以"疑义相与析"的。关于这一点，苏东坡也是如是理解的，苏东坡《和陶诗》中的《和〈读山海经〉十三首》的序言说："渊明《读山海经》十三首，其七皆仙语。余读《抱朴子》有所感，用其韵赋之。"苏诗的第一首也是序诗，有句云："开心无良友，寓眼得奇书。"以"奇书"称《抱朴子》，大约就是体会陶渊明以"奇文"称《山海经》和《穆天子传》，讲神仙殊谈的书就是奇书或奇文。苏诗第三首有句："奇文出纩息，岂复生死流。"第十一首有句："奇文二百篇，了未出生死。"第六首则更提出"三山"字样，说："三山在咫尺，灵药非草木。"苏东坡把"奇书"、"奇文"与"三山"联到一起，正可作为吴承恩、朱曰藩两首诗相呼应的旁证。那么"奇文"和"三山赋"既然是《山海经》、《穆天子传》、《抱朴子》一类的作品，吴承恩与朱曰藩所互相探讨的"奇文"、"三山赋"不是《西游记》又是什么呢？作品是属于吴承恩的，朱曰藩则是评价者。然而，安知此奇文不是吴承恩的志怪传奇《禹鼎志》？回答是：不能。《禹鼎志》序文说："虽然吾书名为志怪，盖不专明鬼，时纪人间变异，亦微有鉴戒寓焉。昔禹受贡金，写形魑魅，欲使民违弗若。读兹编者，倘悚然易虑，庶几哉有夏氏之遗乎？"像《禹鼎志》一类寓有鉴戒的志怪作品，朱曰藩并不鄙薄。朱曰藩代别人作《七修类稿后序》（《山带阁集》卷二十八，今传本《七修类稿》不载）说："虞初九百，惠施五车，岂直为稗官小说哉！"意见与吴承恩前述见解相同。故此，朱曰藩如果欣赏的奇文是《禹鼎志》，不会说："这是浪费大才，浪费青春！"并且，谈三山或南越之类遐方殊域的书，《禹鼎志》不足以当之，只能是《西游记》。由此可以肯定在本年春（二十一年春）吴承恩正写《西游记》或已写成初稿。说《西游记》在本年已写成初稿或至少正在写作还有旁证。在此，先列叙前人对《西游记》写作时间的推测。前人基本有二说：一云年轻时作。清阮葵生《茶余客话》说："然射阳才士，此或其少年狡狯，游戏三昧，亦未可知。"（转引自《中国小说史料》，古典文学出版社版七十一页）日本学术界或者就是根据此说，推断《西游记》作于嘉靖九年（1530）左右。今见载此说的是昭和三十年（1955）东京小山书店出版《小山人文科学史年表》由小野泽精一执笔的中国文学部分（该年表对吴承恩的生卒年同于中国通说，即生于弘治十三年，卒于万历十年）。另一种说法是：吴承恩晚年家居时作，乃国内近今学术界的一般看法，文学史及论著凡涉及《西游记》写作年代都如是说。——前述二说，后者几成定论，所以申述旁证的时节有时便以之为对立面以驳辩是非。旁证约有三个方面：第一：由作品表露的思想与作者思想的发展变化来看，《西游记》不能是吴承恩老年即七十岁以后的作品。作品的主题思想与主要人物（孙悟空）的性行，都是吴承恩中壮年时期思想的反映。据吴承恩现有诗文，则中壮年时期思想具有激烈的反抗精神，不平不满气氛浓重，如《二郎搜山图歌》、《庚戌寓京师迫于归志呈一二知己》、《赠子价》等诗，《禹鼎志序》、《贺学博未斋陶师膺奖序》、《秦玺》、《申鉴序》等文；而老年趋于衰飒，如《瑞龙歌》、《邵郡公邀同郭山人饮招隐庵》等诗以及一些谀寿障词。以丞长兴为分界线，吴承恩的思想感情变化是很明显的。又，大凡中国古典长篇小说的主要正面人物多数是作者本人思想面貌的写照，《儒林外史》的杜少卿，《红楼梦》的贾宝玉莫不如此。按之"善谐剧"的吴承恩，在孙悟空身上不是有充分地反映吗？而创造孙悟空的吴承恩，不可能是老年人。——根据上述，说《西游记》是本年左右的作品，合理合情。第二，由《西游记》写到世俗生活的一个侧面，也可以证明《西游记》是吴承恩中壮年时期所作。《西游记》五次写到或提及年景荒旱，第三十七回乌鸡国王说乌鸡国五年前荒旱；第四十四回车迟国道士说车迟国二十年前民遭亢旱，第四十五回因一春无雨而有孙悟空与虎力大仙斗法祈雨事；第五十九回至第六十一回火焰山实际是天气干旱的曲折描写；第八十七回凤仙郡三年不雨；第九十一回金平府慈云寺和尚告唐僧四众："（灯油）若有一年不干，却就年成荒旱，风雨不调。"如此等等。相反，全书没有一处写或提及水灾事。据此，有充分理由认为吴承恩写《西游记》时对旱灾有深刻感受，而对水灾则相反。吴承恩长期生活的家乡淮安，就以水旱频仍著称。历史资料表明，淮安水旱灾有相对的周期性，即某段时期主要是旱灾，某段时期主要是水灾。据《明史》的《武宗纪》、《世宗纪》、《穆宗纪》、《神宗纪》、《五行志》、《河渠志》以及光绪《淮安府志》、《古今图书集成·庶征典》、《明实录》等一些记载的不完全统计资料（见附录四："正德元年至万历十年淮安水旱表"），知淮安地方于吴承恩少年到中壮年时期多旱灾（水灾特少），老年时则多水灾。关于上述情况，吴承恩的好友沈坤和同乡胡效谟（胡琏子，也与吴承恩相友善）曾各有文涉及淮安的水旱灾灾情，而与前述统计资料相吻合。沈坤《漕抚王公遗爱碑》(见光绪《淮安艺文志》卷三)说：
"嘉靖壬寅(按即本年)句曲克斋王公，以都察院右都御史奉命
总督漕运，兼巡抚江西四郡三州之地，即淮开督府。淮当畿辅
襟咽，名水陆冲要，而国家兵食所需在转漕为大计。……公扬
历中外，多显声……属频岁赤旱，心切然以为深忧，奔走群望
祷焉。祷辄雨，仍遍檄郡邑，令无重民灾。……故虽亢阳流
虐，而年亦不至大祲。……今年丙午(按：二十五年)，皇帝嘉
公之绩，征入为户部尚书。……"由此证明嘉靖中叶(二十几
年)淮安是频年亢旱的(按：沈坤碑文说王昞由嘉靖二十一年至
二十五年任漕运总督，吴廷燮《明督抚年表》卷四则说王昞任漕
运总督始于嘉靖二十三年十月)，连同前述统计资料，似吴承
恩三四十岁的嘉靖十几年至二十几年间，为十一年的周期性旱
灾年代(今天科学家已经证明灾祲有此周期性)。胡效谟《淮安
大水纪》(见光绪《淮安府志》卷四十)则云："淮安自嘉靖庚戌
(按：二十九年)以来，比年大水，至隆庆己巳(按：三年)岁为
最大。……明年庚午五月，河淮水又大发……"连同前述统计
资料，可知吴承恩生活的最后二三十年，淮安连年有水灾，而
晚年尤重。至于吴承恩本人文章所透露的情况，当然也与前述
一切资料记载相吻合。嘉靖二十三年作《大中丞白溪张公归田
障词》(见二十三年项下)说："楚玉流光，自息氛祲之气。"所谓
"氛祲之气"即指沈坤碑文的"频岁赤旱"。嘉靖四十年作《赠郡
伯养吾范公如京改秩障词》说："哀轸水潦之余，解息兵戎之
后。"万历元年作《贺邑侯念吾高公擢南曹障词》说："惠兹敝邑，
幸我疲民，属六年五潦之余，正十室九空之际。"万历五年作
《赠郡伯古愚邵公报政序》说："淮之患莫甚于水。"万历七年作
《瑞龙歌》说："忆昨淮扬水为厉，冒郭襄陵泅无际。"——由前
述说明吴承恩作《西游记》时对旱灾有切肤感，而对水灾则否，

因此说是中壮年时作，把年青时记忆加上现实的感受，于是写旱灾多次，合情合理。第三，由李春芳（华阳洞天主人）与吴承恩合作校《西游记》来看，又可证明《西游记》为本年前后写成。先证成《西游记》校者华阳洞天主人就是吴承恩好友、有明一代宰辅李春芳。据孙楷第《中国通俗小说书目》及傅惜华《内阁文库访书记》载，凡明代版本《西游记》大都有"华阳洞天主人校"字样（各种版本又都不标作者名号）。这个华阳洞天主人是谁？过去郑振铎先生编辑的《文艺复兴》杂志"中国文学研究专号"（下），载有汪浚《吴承恩与〈西游记〉》一文，该文已提出华阳洞天主人疑即李春芳。现在综合汪浚意见并且加上自己的看法论证如下：吴承恩于嘉靖四十一年为李春芳父亲七十寿辰作《元寿颂》说："建业龙盘，坤灵会萃，句曲神皋，良常地肺。"按："地肺"即指句曲神皋华阳洞天。于隆庆六年作《德寿齐荣颂》云："帝奠山川，龙虎踞蟠，建业神皋，华阳洞天。"按：李春芳五世祖由句容徙家兴化（见前引申时行《神道碑铭》），吴承恩在颂文里两次都把李家祖籍与神仙有渊源关系的华阳洞天，和李春芳父亲联结在一起。假如说这是寿词的常套，然而李春芳状元及第，吴承恩赠以诗，何以要说"移家旧记华阳洞"呢？可见"华阳洞"不仅是李春芳祖籍名迹，而且是李春芳移家后旧日记忆犹新的东西，因此吴承恩赠诗的第二句就说他"开馆新翻太乙编"。这可以证明李春芳在嘉靖二十六年状元及第之前就有"华阳洞主人"这个称号了。李春芳与吴承恩相知约在明年（嘉靖二十二年）。李春芳于"嘉靖辛卯（十年）以诗举于乡，偕计罢，从南雍受业增城湛公，吉水欧阳公。家故贫，归而教授江淮间以自给"（许国《李公墓志铭》）。教授江淮时与吴承恩相知，且是教授生徒时的有闲之际，不正是与吴承恩合作搞《西游记》的良时，哪里要到当完宰相致仕家居之时？吴承恩《元寿颂》

说在明年前后蒙受李春芳的"殊遇"，无疑问就是指校《西游记》这件事，否则，李春芳以举人身份能对吴承恩有什么"殊遇"？以吴承恩与朱曰藩互相赠诗为主要根据，旁及三证，可以确定吴承恩是在本年左右正在撰写《西游记》或已完成初稿。另外，由李开先的一段话也似乎可以证明《西游记》不是写在吴承恩的晚年。李开先《词谑·词套》一："小山清劲，瘦至骨立，而血肉销化俱尽，乃孙悟空炼成万转金铁躯矣。"孙悟空作为习称的名号，盖始于吴承恩《西游记》。宋人话本《大唐三藏取经诗话》名为"猴行者"，明初杨景言杂剧《西游记》和明无名氏杂剧《二郎神锁齐天大圣》都只有孙行者、齐天大圣的名号。元人话本《西游记平话》虽然说到玄奘收行者后"赐法名吾空，改号为孙行者"（《朴通事谚解》）。但，一则法名是"吾空"而非"悟空"，二则《平话》中习惯称谓仍然是孙行者，而不是"孙吾空"，可见孙悟空名字是吴承恩《西游记》盛行以后习惯的称谓。由此证明李开先讲此话是在吴承恩《西游记》盛行之后。至于孙悟空炼成万转金铁躯一说也不见于吴书以前的平话或杂剧（如前所引者），只有吴承恩《西游记》第七回太上老君说因为孙悟空吃了他炼的"九转金丹"，"所以浑做金钢之躯"。——李开先的《词谑》是嘉靖末年作（李开先卒于隆庆二年），并在嘉靖末即有刻本，他能运用吴承恩《西游记》中关于孙悟空的描述来评价元人张小山曲子的风格，足证《西游记》不仅不是作于吴承恩晚年，并且非在嘉靖末就广泛流布于世不可。

嘉靖二十二年癸卯（1543）。

吴承恩约四十岁，在淮安。

吴承恩与李春芳相知约在本年。

〔考证〕《存稿》卷一《元寿颂》："承恩蒙公（按：指李春芳）殊遇垂二十年。"《元寿颂》作于嘉靖四十一年，于四十一年将及二十年，则是本年，或至晚不超过明年。

本年五月，吴承恩曾从之受业的胡琏卒。

〔按〕《明实录·世宗实录》卷二百七十四："二十二年五月癸亥，户部右侍郎兼佥都御史胡琏卒，赐祭葬如例。"光绪《淮安府志》卷二十九《流寓传》说胡琏"深于经术，里居教授门徒甚盛，如邹守益、程文德皆受业弟子"。（罗洪先《程君文德墓志铭》："君幼聪敏，尝师山阳胡司寇琏。"）吴承恩为文屡称胡琏为"我师"，是曾从胡琏受过业的门弟子之一。但是，嘉庆《海州直隶州志》卷二十三《胡琏传》说邹守益、程文德都是"以童子传业成儒宗"。而邹守益、程文德则各于正德六年、嘉靖八年成进士，所以吴承恩受业于胡琏，不能是与邹、程同时在胡琏早期里居时节，当是嘉靖十二年四月以南京刑部右侍郎致仕至十六年四月起为户部右侍郎止，计四个整年家居淮安时。据《忆昔行赠汪云岚分教巴陵》诗，吴承恩于葛木、王凤灵任淮安知府时所创龙溪书院就读，王凤灵在十三年七月离淮安知府任，升陕西按察司副使（见《明实录·世宗实录》卷一百六十五），如果就在此期间胡琏在龙溪书院讲学，那么吴承恩师胡琏则是在十二年四月至十三年七月间。

胡琏，字器重（一作重器），号南津，沭阳人。沭阳，明时属淮安府。① 胡琏的儿子胡效谟，字汝顺（一说字帝猷），号警亭（此据《江苏艺文志·盐城卷·淮阴卷》，嘉靖间曾任云南澄江知府，有《西斋集》、《池亭集》、《射阳会编》等。胡效谟与吴承恩相友好，其《射阳会编》有《柬吴汝忠寓康氏山阁与予池亭相邻》诗，诗云："君阁夏开敞且幽，我亭春构在安流。同怜好月晴窗

---

① 刘谱于隆庆五年下介绍胡琏，说胡琏是江西新喻人，误。《明史》卷一百九十二之郎中胡琏，字重器，江西新喻人，与此沭阳胡琏是二人同名。新喻胡琏在同治《新喻县志》卷十一有传。

夜，共爱青山枫树头。每有诗篇劳唱和，独看花鸟乐沉浮。更言一事君犹羡（《山阳志遗》卷四引作"君须羡"），白藕花中坐到秋。"（《山阳诗征正编》卷五。关于胡效谟事迹杂见《山阳志遗》卷四、道光《云南通志稿》卷一百二十四、《二酉园续集》卷四）

嘉靖二十三年甲辰(1544)。

吴承恩约四十一岁，在淮安。

撰《寿魏国徐公子六十障词》（《存稿》卷四）。

〔考证〕据嘉靖甲寅(1554)作《广寿》，寿徐公子七十，知障词作于本年五月。据"淮海南飞，锦字相将，向楚云遥祝"句，又知吴承恩此时并不在南京，障词是在淮安所作。关于魏国徐公子事迹等，见嘉靖三十三年下。

又撰《大中丞白溪张公归田障词》（《存稿》卷四）。

〔考证〕刘谱："按嘉隆万三朝任淮安总督漕运的，有张景华、张瀚、张翀三人。瀚与翀去职后都升了官，惟景华归田，所以白溪应是景华了。我虽没考出景华号白溪，但相信这是不会错的。过庭训《分省人物考》卷九十五有《张景华小传》，说他总督漕运的时候'严氏柄国，荐绅贿赂辐辏其门，景华一无所馈，严以双缣遗之，报如其物，严氏大恨'。所以只好归田了。"

〔按〕万表《玩鹿亭稿》卷二《与白溪张公》书启云："某昔叨侍教，未久即违。……顷复被命承乏于淮，怀仰遗风，益兴山斗之望。淮人之思公，如凤鸟一鸣，为希世之瑞耳。……兹北上道过钟吾，咫尺不能趋侍教言，停舟耿耿，仅此专人奉候。……"万表的信写于嘉靖二十五年。他因北上护漕，道过钟吾（今江苏宿迁县北），距张景华老家的山东郯城不远，所以专人持信启候问。刘修业说白溪就是张景华，此为确证。《明实录·世宗实录》卷二百八十五，张景华被诏冠带闲住，在本年四月。被褫职的表面理由是说他对当时漕运总兵顾寰的不法监督不严，刑科给事中王交、吏科给事中何云雁劾之，所以被诏免职不免官，冠带闲住，障词说"衮衣故里"，即指此。障词是代郡学师儒等作。

祝沈坤母受封诰并诞辰的《介祉颂》(《存稿》卷一)盖作于本年。

〔考证〕《存稿》卷三的《赠翰林院修撰儒林郎沈公合葬墓志铭》说："甲辰秋，状元公修撰翰林书，三岁考，得赠父如己官，封母得如今号(按：封太安人)。"现在根据《介祉颂》"皇帝推汪涉之恩，锡命自天，适会初度"句，综合"授以采毫，置于金马，用其柯干，寻彼本根，燕喜于堂，承此渥恩"，"凤轴鸾函，实为天宝，宁假云签，始占寿考"等句考察，可以证明吴承恩献《介祉颂》应该就是"甲辰秋"。因为一则皇帝对人臣父母封赠，除著殊功者，通常都是任官后第三年，经考绩，无大错，则例行封赠；二则由"授以采毫"两句，知沈坤此时正在翰林院任职，是"修撰翰林书"时，而"凤轴鸾函"的正式锡命，也只有封太安人时的第一次封典才能有。① 沈母诞辰为十一月十五日(见《合葬墓志铭》)，即《介祉颂》说到的冬仲。盖秋考，冬仲始颁封赠令。

由此颂知吴承恩的儿子凤毛已经与沈坤女儿订婚。凤毛此时不超过十二三岁，因为嘉靖十一年冬吴承恩作《先府宾墓志铭》时凤毛尚未出世(按墓志铭例，如有孙某，应该写列)。

朱曰藩、张侃皆于本年成进士(据前揭朱曰藩的《行状》、《墓志铭》和光绪《淮安府志》卷二十二《贡举表》)。

〔按〕李调元撰《制义科琐记》卷二"考官作弊"条："嘉靖甲辰榜发，礼部员外郎钱萱、礼科给事中汪蛟言：会试主考官江汝璧

---

① 刘谱列《介祉颂》于嘉靖二十九年下，说《介祉颂》是颂沈母七十诞辰的。但颂文并无"七十"或"七裦"字样，而据吴承恩所作寿颂、寿序、寿障通例，凡属寿某人七十正寿，都有如是的字样。因此，此次沈母作寿显然并非六十或七十正寿，乃是因为皇帝恰有封赠的锡命，所以特为隆重办寿。基于正文的考证，故不从刘谱，系《介祉颂》于本年。

朋私通贿，大坏制科。……沈坤取陆炜，高节取彭谦、汪一中，皆通贿。疏入……沈坤、汪一中、陆炜，免议。"沈坤被劾受贿取中的陆炜是陆炳的弟弟，不知所谓受贿云者是否是事实，但张侃却是沈坤的姐夫或妹夫。

嘉靖二十五年丙午(1546)。

吴承恩约四十三岁，在淮安。

撰《石鼎联句图题词》(《存稿》卷三)。

万表任漕运总兵，吴承恩《赠鹿园万总戎》诗(八首七言绝句)盖作于此时。

〔考证〕《射阳先生存稿》卷一收载《赠鹿园万总戎》七言绝句四首，刘修业从明刻原本万表《玩鹿亭稿》辑出另外四首及诗前小序(见《吴承恩诗文集》的"补遗")。按：《玩鹿亭稿》的附录都是万表的友好给他的书信和诗篇。吴承恩诗前的小序是八首诗的序，八首诗的排列顺序为："牙门百尺"、"蕙袍萝带"、"储胥万舸"、"春茶夏笋"、"到处山僧"、"四海太平"、"风炉茗碗"、"交游海内"。由上可见原载于《射阳先生存稿》的四首诗是穿插在另四首中间的。万表《玩鹿亭稿》卷二《赠别大司徒克斋王公序》、卷六《患病乞代疏》都谈到本年养病中由皇帝敕命任漕运总兵事。吴承恩《赠鹿园万总戎》诗小序称："鹿园公藏真有融，应果无迹。再秉旄钺，功流我邦。贱子叨承下风，已是十年之旧，穆如愿献，寄在小篇。"又诗句有云"重为天恩出道场"等等。万表于嘉靖十三年已任漕运参将，到本年十多年，正是小序所说"十年之旧"的注脚，可以证明诗作于本年万表任漕运总兵时。[1]

---

[1] 《玩鹿亭稿》收载的吴承恩诗八首，今常见的《四明丛书》第七辑所收《玩鹿亭稿》未载。

唐龙卒。

〔考证〕刘谱："按徐阶撰的《唐公龙墓志铭》(《国朝献征录》卷二十五)说他卒在是年七月十九日。"

唐龙,号渔石,当过漕运总督和刑部尚书、吏部尚书等高级职位。《明史》二百零二有传。

嘉靖二十六年丁未(1547)。

吴承恩约四十四岁,在淮安。

吴承恩作《赠李石麓太史》诗,贺李春芳状元及第。

〔考证〕刘谱："是年春李春芳举进士第一。《存稿》卷一有《赠李石麓太史》:

> 瀛洲高步总神仙,道得由来况有传。
> 甲榜题金龙作首,春堂世彩凤相连。
> 移家旧记华阳洞,开馆新翻太乙编。
> 共许皇猷须黼黻,彩毫光丽玉京烟。

按石麓是李春芳的号,许国撰的《墓志》和王家屏撰的《行状》,都作石鹿。《明史》卷一百九十三本传说:'嘉靖二十六年举进士第一,除修撰,(简)入西苑,撰青词,大被帝眷。与侍读严讷超擢翰林学士。'所以我猜想这首诗应该是这年作的,也许在次年。"

二月,撰《送林户部还朝序》(《存稿》卷二)。

〔考证〕林户部,即林洙(光绪《淮安府志》卷十《职官表》作林株,误)。林洙,山东文登人,光绪《文登县志》卷八下引天启志:"林洙,字孔源,嘉靖甲辰进士。天资隽颖,笃于学,夜尝燎薪以读。任户部主事,饷边羡金,秋毫不染。督清江浦运粮,却常例,淮人佩德。升本部员外,委收十库料物,中贵讽以多入,洙正色拒之。转正郎,仅一月,卒。橐回,一无所有,清白之名,乡间叹服。"据序文,林四冈在"嘉靖丙午(二十五年)

以户曹监庾于淮,即清江分务",正是他于嘉靖二十三年甲辰中进士,以户部主事管边饷之后,督清江浦运粮的。序文又称:"今四冈之居于兹,其心则曰:民,郡民也,郡治之役于我者,隶也;士,郡士也,郡肆之交于我者,际也。故一毫不扰乎民,而一毫不敢慢乎其士。"又正是"秋毫不染"、"却常例"的另一种说法。由上述可见林四冈即林洙无疑。

序文:"凡户曹之莅于兹也,率以期而代。今年春仲,代者至,先生将复于朝。"因知序文乃作于本年二月。

秋,撰《寿叶太老夫人八十颂》(《存稿》卷一)。

〔按〕叶太老夫人系叶淇夫人孔氏,吴承恩曾岳母辈。嘉靖三十三年下将引刘谱的详细考证。

嘉靖二十七年戊申(1548)。

吴承恩约四十五岁,在淮安。

本年末万表离淮安总兵任。

〔按〕《明实录·世宗实录》卷三百四十三:"二十七年十二月甲寅,命漕运总兵兼镇淮安署都督金事万表金书南京中军都督府事。"

嘉靖二十八年己酉(1549)。

吴承恩约四十六岁,在淮安。

冬十一月,撰《赠卫侯章君履任序》(《存稿》卷二)。

〔按〕章汝隆于本年十一月任淮安卫中右所千户,吴承恩系章父淮洲好友,所以作这篇序规其初仕。章淮洲名黼,嘉靖十四年武进士第一,曾任福建行都司(见光绪《淮安府志》卷二十二《贡举表》)。序文说"(淮洲)遂感激而席戎阶,卒之以才艺魁天下。仗钺八闽之间……"即指此。据序,本年淮洲已下世。

本年曾任山阳县学教谕的裴方盛(裴永斋)成岁贡。裴方盛教谕山阳时，吴承恩尝为其膺奖作《贺裴永斋掌教膺奖障词》(《存稿》卷四)。

〔考证〕天启《淮安府志》卷五《职官》载山阳县学教谕有"裴方盛，南雄人"。南雄在粤北浈水北岸，唐置浈昌县。吴承恩《贺裴永斋掌教膺奖障词》说裴永斋"风高南国"，"浈昌巨姓"，"独高百粤之英"，都可证明吴承恩为之作障词的裴永斋即南雄人裴方盛，并且由障词的"有缘江左，载陟山阳"的话也可证明裴永斋是山阳县学的掌教，与天启《淮安府志》所载裴方盛是山阳县学教谕正合。道光《直隶南雄州志》卷七《诸贡》项载嘉靖二十八年有岁贡"裴方盛，府学，庐州学正，升沅陵教授"。不记裴方盛曾为山阳教谕，只记其州学正和府学教授，可以推想裴方盛出贡后即任山阳教谕，以后逐步升学正和教授，没有入国子监读书。若是，裴方盛任山阳教谕亦应在本年或稍后，吴承恩为之作障词当也在此后一两年内。吴承恩于明年即出贡，而他原是府学生员，因此就障词"诸生某等，喜集瑞于儒宫，遂征言于艺苑"等句看，自是代作。

嘉靖二十九年庚戌(1550)。

吴承恩约四十七岁，由淮安去北京，又返淮安。

春，在淮安，代耕叟作《赠学博郑东窗先生东归序》(《存稿》卷二)。

〔考证〕郑东窗名道夫，字立之，福建莆田人，嘉靖七年戊子举人，为淮安府学教授(康熙《兴化府莆田县志》卷十三《选举志》)。序文说："嘉靖庚戌春，东窗郑先生解淮南之组，而戒闽中之楫。""自先生之学于其家，举于乡。""东窗行矣，三槐可植矣，夹漈之泽，吾知其未渠央也。"郑东窗是福建人，且是举人，而夹漈山在莆田县西北，因此知郑东窗即郑道夫。序文又说："其为郡博也，膺文聘者二，动台褒者七，鉴明化显，有遄声焉。"由此更知郑东窗即《存稿》卷四《永遇乐·郑掌教膺奖》词所咏的郑掌教，掌教即府学教授。《永遇乐》词应作于此前不久。

耕叟疑是潘埙的别署。《通议大夫都察院右副都御史潘公神道碑》说潘埙"既退处，乃买田平河桥，以农自业，别号平田野老"。平田野老即耕叟。

夏，以岁贡入都，停留约两个月回南方。在北京作有《庚戌寓京师迫于归志呈一二知己》。

〔考证〕今见的几种"淮安志"和"山阳志"都说吴承恩是嘉靖时期的岁贡，具体年份失载。按李春芳《贻安堂集》卷十《忍庵丁翁传》云："予叨第官词林，射阳吴子贡入都。"是吴承恩之贡入都在李春芳成状元后官翰林院时（李春芳于举进士第一后即任翰林院修撰），这既不能在嘉靖二十六年前，又不能在李春芳官翰林院后太久（否则李春芳就不能说"叨第官词林"，"叨第"与"官词林"相连，正说明这个问题）。明代的岁贡少数可以立即选官（教职等），多数或绝大多数要入太学（北方诸省的岁贡入北监，南方诸省岁贡入南监）肄业。今知嘉靖三十三年吴承恩已在南监读书（光绪《淮安艺文志》卷三载潘埙于嘉靖三十四年正月作《淮郡文献志序》，称吴承恩为"太学吴子汝忠"，是吴承恩至少在三十三年已是太学生）。而《庚戌寓京师迫于归志呈一二知己》，则正足证明吴承恩是此时贡入都。诗云：

> 世味由来已备尝，鸥心宁复到鹓行。
>
> 纵令索米容方朔，未必含毫象子长。
>
> 六月车尘惊客鬓，连宵乡梦绕山堂。
>
> 明珠有赠惭无报，系在罗襦未敢忘。

所谓"鸥心宁复到鹓行"者，是说他此次入京有入"鹓行"的机会，吴承恩既然不是进士、举人，那么入京而能有机会被排入

"鹓行"之列，非贡入都是绝不可能的。——据上述，可以肯定
吴承恩之成岁贡在本年。① 由诗的五、六两句，知吴承恩归心
已定，结合后来的行踪，他是在作此诗不久便回南方了。很可
能是被立即编入南监学籍。

《存稿》卷一有《忆冯雪原时役于京》诗，当即本年滞京时作。
诗云：

> 弹铗归来梦采芝，灯前忆尔醉狂时。
>
> 风尘到处经双眼，丘壑何年借一枝。
>
> 宝带镫毯燕市酒，锦囊驴背灞桥诗。
>
> 还家好买西湖曲，万朵芙蓉映钓丝。

冯雪原身世未详，此时并不在京。诗中所谓"弹铗"、"双眼"
等，正是《庚戌寓京师迫于归志呈一二知己》中的"世味""备
尝"、"明珠有赠"，而"还家"的归志也相同。

吴承恩以岁贡入太学，非所愿，潘埙为之作《慰吴射阳》诗（七
律）。

〔考证〕潘埙《熙台先生诗集》卷八《慰吴射阳》诗：

> 万丈燕尘不染衣，飘飘征旆过南畿。
>
> 风云担上诗囊重，星斗光中萤火微。

---

① 定吴承恩成岁贡为嘉靖二十三年，国内外学术界均无疑议，刘谱亦明记于二十三年
下。实误。说此者盖始于董作宾，董氏于1923年2月5日写《读〈西游记〉考证》，据光绪《淮
安志》置吴承恩成岁贡于嘉靖二十三年甲辰下，并云："周豫才先生看光绪《淮安志》，遗漏了
这一条。"明年(1924)3月鲁迅整理出版《中国小说史略》，误信其谬。实际情况是光绪《淮安府
志》并无此记载。卷二十二《贡举表》三页下，明代山阳县贡生表前有修志人的一段说明：
"优、拔贡注明科分，副贡次入举人内，恩贡注明本名下，不注者皆岁贡。又，旧志岁贡无
年分，止依时代分题府县学。乾隆后有年分可考，已见各县志，此不复详。"细按《贡举表》，
则岁贡之只按时代分题府县学而加以排列，并非有具体年份，是明确的。该表第一个栏目
的纪年，只是标明进士或举人的年份，与岁贡栏无关。岁贡是由某一个皇帝开始纪年便顺次
列名，如某一岁贡恰好与第一个栏目的纪年相应，并不是说明该人就是某一年的岁贡，如再
复按同治《山阳县志》自便加明晓。因此，吴承恩在光绪《淮安府志》的《贡举表》上之在嘉靖二十
三年下，纯属偶合。

> 莫把文章争造化，好凭祸福验天机。
>
> 孔颜亦自钟情甚，智者何云子夏非。

诗的第一句就点出所慰的是从北京回来的人，正应吴承恩之贡入都，紧接着回南入南监。而《熙台先生诗集》是按写作年代顺序编的诗集（分古体诗、七律、五律等），这首《慰吴射阳》诗是卷八的第八十二首诗，其第七十八首《清口郊行》的诗后跋语明标是为本年（庚戌）天时不正而作；其第八十四首诗《辛亥元旦》，当然是明年元日作，因此可以肯定潘埙诗是慰的吴承恩贡入都后回南入南监心情不快之作。

《熙台先生诗集》卷八在《慰吴射阳》之前还有两首给吴承恩或涉及吴承恩的诗，其第二十三首题为《答吴汝忠书采儿便面拟赠之作》，原诗为：

> 浮海焉能逃盛世，移山元自笑愚公。
>
> 尊前白发江湖兴，门外红尘花柳风。
>
> 三赋未能惊海内，四休早已卧淮东。
>
> 曾于造化知何补，拟待枚皋笔奏功。

紧接的第二十四首题为《九日登紫霄宫同南津及汝臣文运汝忠三君子》，上二诗写作具体年代不能定，总是在胡琏逝世的嘉靖二十二年前。其《答吴汝忠》较重要。

徐中行本年举进士（据王世贞《徐公墓碑》）。

嘉靖三十二年癸丑(1553)。

吴承恩约五十岁，在淮安。

撰《赠宗万湖令江山》诗（《存稿》卷一）。

〔考证〕刘谱："按《江山县志》卷六《职官表》：'宗杰，清河人，举人，三十二年任。'则他所作赠诗应在这一年。"由诗云："经由驻乡井，云物丽秋昊。""过从乐朋旧，燕语喜父老"等句，知宗杰选江山县令赴任途中回家乡，在淮安吴承恩给予赠诗。

冬十月,为丁双桥(双桥主人)六十寿辰作《述寿赋》(《存稿》卷一)。

〔考证〕《述寿赋》中的双桥主人姓丁,由"丁由邈绵"及"开汉室之勋阀"以下四句诗可知。该人系"五湖名杰"的商人。赋云双桥主人拜手正襟而言曰:"吾幸履后皇之熙运,际仁寿之康时,览前哲之明范,借先人之余资。……吾方……奉公之义不敢后,周穷之惠不敢辞……则夫忍之一字,乃吾传世之宝,延年之药,而治心之师也。"可知丁双桥盖即丁忍庵之子丁可山(丁可山事见三十三年项下)。由"览岁名之始浃"句,知本年是丁可山的六十寿辰。关于《述寿赋》乃作于本年十月,是由赋中"时建丑标年,极阳纪月"推知的。吴承恩生活年代里,只有本年(癸丑)之"丑"年十月是极阳的癸亥月。

嘉靖三十三年甲寅(1554)。

吴承恩约五十一岁,来往于淮安、南京之间。

吴承恩本年之在南京系肄业于南监。

〔考证〕潘埙《淮郡文献志序》(载光绪《淮安艺文志》卷三)作于嘉靖三十四年(乙卯)正月,序称吴承恩为"太学吴子汝忠",因此知至少嘉靖三十三年前即已入南监。

夏,在南京,撰《广寿》,寿徐天赐七十。

〔考证〕序称:"嘉靖甲寅朱夏仲月……乃有仙翁号东园公,初晋七袠,言开曼龄。……会有京华旅游,淮海浪士,闻之欢喜。"知序是本年五月作。刘谱:"《广寿》是寿东园公七十的。何良俊的《何翰林集》卷五也有《奉寿东园徐公七十》的诗。考《金陵通传》卷五十,徐天赐,字申之,是徐辉祖的玄孙,能文章,喜宾客。在南京城的东角筑了一个别墅,叫小蓬莱,招名流来饮酒赋诗,有《东园雅集》诗集。……"

何良傅的《何礼部集》卷五也有一篇《东园徐公七十寿序》,由这序更可知道作寿的日子是五月十七日,并可看到当时游宴之盛。

又撰《叶太母挽诗序》(《存稿》卷二)。

〔考证〕刘谱："按：七年前(嘉靖二十六年，1547)曾为叶太母撰一篇八十寿颂。但叶太母是谁呢？现综合这两篇文字所载的，可知道她的生平：

一、她是'圣人之裔'，娘家应当姓孔。

二、是叶尚书的夫人。

三、守寡五十余年。

四、承恩娶她的曾孙女作夫人。

我考查淮安叶氏在这时期只有叶淇于弘治初做过户部尚书，但弘治十四年，他就死了。到嘉靖三十三年凡五十三年，正和第三项守寡五十余年的数目相当。我便猜想这位叶老夫人是叶淇的夫人，但没有旁证。蒙王重民告知：在李东阳的《怀麓堂文后稿》卷二十四，有一篇叶淇的墓志铭说：'公配何氏，赠夫人，继阙里孔氏，封夫人，皆有内行。'那么这位叶老夫人，便是户部尚书叶淇的夫人无疑了。因为她是继室，所以叶淇死的时候，她方才三十四岁，她的丈夫比她大四十二岁。"

秋，题陶云湖画菊卷子(题跋原文见刘修业依照《存稿》编的《吴承恩诗文集》的补遗部分)。

〔考证〕刘谱说这篇题跋与前边的《叶太母挽诗序》都应作于淮安，"这是他夏秋之间又回到淮安的证据"。

题跋所说的"可山契丈"盖即丁忍庵之子丁可山。据何良傅《何礼部集》卷三《丁可山乃翁挽诗》有句说丁可山乃翁是：

> 淮浦传芳誉，伊人表义风。
>
> 一真消俗累，百忍见深衷。
>
> 酿酒每留客，缗钱多赈穷。
>
> 旌门耀同衮，传世有荀龙。

可知丁可山父即丁忍庵。丁忍庵有子三人，长子丁环，次子丁

珮，三子丁璋，环、璋"并齿监胄"（李春芳《忍庵丁翁传》，见
《贻安堂集》卷十），可山是丁环呢？是丁珮呢？是丁璋呢？不
可知。刘怀玉认为是丁珮。吴承恩与丁家关系至为密切，丁忍
庵七十的时节，吴承恩为作障词和曲子加以称颂。对丁可山称
之为契丈，六十寿辰又为之作赋。丁忍庵死则为之作行状。所
题卷子涉及的王廷瑞，刘怀玉据朱应登《王使君廷瑞诔》，考证
出他是淮安"究心艺苑"的商人（《跋吴承恩〈云湖画菊跋〉》，《中
华文史论丛》1983 年第 3 辑）。

是年何良傅辞去南京礼部郎中职，仍居留南京（据前揭何良俊撰
《行状》及《何礼部集》卷五《卜朴菴七十寿序》）。

五月，沈坤以右谕德署掌南翰林院（据周应宾《旧京词林志》卷
二）。

嘉靖三十四年乙卯(1555)。

吴承恩约五十二岁，来往于淮安、南京之间。

本年初，吴承恩为潘埙编的《淮郡文献志》作后序，题作《淮郡文
献志后序》（《存稿》卷二）。

〔考证〕光绪《淮安艺文志》卷三载潘埙《淮郡文献志序》，末署嘉
靖乙卯正月，所以吴承恩的后序也应在此后不久的本年初作。
吴承恩曾参与《淮郡文献志》的商评校订工作。

〔按〕吴承恩作有潘埙八世祖潘思诚传，题《淮安路医学教授古
逸先生传》，不见《射阳先生存稿》。冒广生于 1921 年（辛酉）编
《射阳先生文存》，跋语提及这篇传，云"今亦未见"。今检潘埙
《淮郡文献志》，其第六卷录全文，谓载"家乘"，现在照录
如下：

先生姓潘氏，讳曰思诚。先世江南人也。宋末被兵，衣冠奔
越，不知何代祖始来山阳，谱牒散失，相传迁自新安云。先
生素儒者，元世左儒，且非其国人不任，而中华之士亦不乐

为元用，乃承祖业隐于医。未几，医大振，至正间以荐者上其名，因授淮安路医学教授，先生授（受）之安焉。平生既与世违，委蛇退匿，托神农黄帝之言，然终不能自隐，四方贤杰高其风者皆翕然与之游。先生日常坐肆中，得市药钱持入奉母，斥其馀击鲜沽酒，会宾客，谈古今道德，豁如也。故虽在韦布，而出入俯仰，望之若神仙云。身既殁，其名大著，郡中学者追称之曰古逸先生。

野史氏曰：余尝于先生八世孙中丞熙台公家拜先生画像，叹其容不乖物，服不诡俗，而焕然天采龙麟瑞世之姿也。使遂其逢，可量乎？杀机天发，海水四飞，唾彼戎腥，悬壶俟运，抑玩世之喟矣。於戏，儒医嗣业，不贰其风，自我几传，实钟名烈。岂惟桑梓，昭赞国家，仁者之泽，优哉！射阳吴承恩撰。

传既载《淮郡文献志》，当作于本年之前。吴承恩自称野史氏，与《禹鼎志序》自称同，此传之作盖与《禹鼎志》相前后。

代撰《寿熙台潘公八衮序》（《存稿》卷二）。

〔考证〕据吴承恩《通议大夫都察院右副都御史潘公神道碑》，潘埙卒于嘉靖四十一年，年八十有七，所以知道潘埙本年八十，吴承恩代作的寿序自亦本年作。

夏，在南京国子司业朱文石（大韶）宅，与朱文石、何良俊等人赋诗。

〔考证〕何良俊《何翰林集》卷三有诗题及诗小序为："朱文石司成坐上分得鸣字。在坐有文文水、吴射阳、张王屋、黄质山诸君。是日，招朱射陂驾部，以事不赴。"

〔按〕黄佐《南雍志》卷五《职官表》上，周应宾《旧京词林志》卷六《年表》，朱文石（名大韶，字象玄）于嘉靖三十四年（即本年）升南雍司业，三十五年七月署掌南翰院；就朱曰藩《山带阁集》所载诗文推知，朱曰藩于本年正任南兵部车驾司员外；张王屋于本年(卯年)在南京应乡试,秋战不利,朱曰藩为之作《赠张玄超下第还松江》诗(《山带阁集》卷二十一);文嘉与黄姬水则是本年为避倭而寄居南京(据《何翰林集》卷十二《独往生吟稿序》);何良俊本年正为南翰林院孔目。——由上可定本次集会的时间为本年夏。本次集会吴承恩当亦有即席诗,今佚。

秋八月,在何良俊宅听小伶李节鸣筝,作《金陵何太史宅听小伶弹筝次韵》三绝句(《存稿》卷一)。

〔考证〕三绝句为:

> 小堂留客醉瑶筝,一片秋襟万壑冰。
> 自笑输它何太史,酒才诗气两凭陵。

> 鹦鹉分明语绣帏,一声才彻客心飞。
> 主人似妒芳洲树,自把金笼闭雪衣。

> 玉柱银筝艳复清,吴儿歌曲更生情。
> 从今载酒来应数,醉听维莺和友声。

〔按〕何良俊《何翰林集》卷七有七绝二首,题及序为"乙卯八月余舫客清溪之上,坐有李节鸣筝,质山咏以二绝,因次其韵"。又,同卷另一首七绝题为《听李节弹筝和文文水韵》。观何良俊的"次黄质山韵"、"和文文水韵"的三首绝句,知吴承恩的第一首即是和文文水韵的,第二、三首则是次黄质山韵的。因为《射阳先生存稿》是吴承恩死后丘度等人搜集而成,所以将三首绝句合收同一标题下。据何良俊绝句,知吴承恩三首诗也是乙卯八月即本年八月作。今见《文氏五家集》(《四库全书珍本初集》本)所收文嘉《和州诗集》不载何良俊所称文嘉原诗,周晖《续金陵琐事》卷下"听筝"项记载本年八月李节弹筝及作诗事甚详,并载文嘉原诗。但是,周晖说第一个作诗的人是盛时泰

（仲交），文嘉也是和盛时泰诗，与何良俊所说不同。周晖云：
"教坊李节筝歌，何元朗品为第一人，盛仲交有《元朗席上听
筝》，诗云……"和诗者有文嘉（休承、文水）、张之象（玄超、
王屋）、黄姬水（质山、圣生）、周天球（公瑕）、何良俊（元朗、
柘湖），没有说吴承恩也在席并有和诗。

本年初万表又任漕运总兵官，八月以病乞休回籍（据《明实录·世
宗实录》卷四百十八、四百二十五）。

嘉靖三十五年丙辰(1556)。

吴承恩约五十三岁，在南京、淮安之间往来。

春，沈坤升南京国子监祭酒（据周应宾《旧京词林志》卷二为本年
正月；《明实录·世宗实录》卷四百三十二为二月）。

冬十月，撰《赠翰林院修撰儒林郎沈公合葬墓志铭》（《存稿》卷
三），由《墓志铭》知吴承恩儿子吴凤毛已夭死。

〔考证〕《墓志铭》云：沈坤母于太安人在本年八月十五日卒于南
京沈坤的官所，沈坤奉母柩还淮安，十月二十一日与父合葬，
于是沈坤请吴承恩铭墓。

《墓志铭》云："当祭酒请铭承恩，承恩私自念，彼我既羁，贯
友通家。我亡子凤毛，祭酒又尝许昏以女。其先太父母，我又
尝铭之矣，揆诸谊，得无辞乎。"由此知凤毛已死，并未与沈坤
女成婚，其死当不超过二十岁。又知沈坤祖父母的墓志铭也是
吴承恩所作，而此铭《射阳先生存稿》失收。

冬，代漕督蔡克廉作《平南颂》（《存稿》卷一）及《请□□公启》（《存
稿》卷三）。

〔考证〕刘谱："（《平南颂》）里的年月和人名都空而未刻，我因
研究所颂的人物，大概是指赵文华往浙江提督军务的事件。当
刻书的时候，严嵩、赵文华的案子已经坏了，所以不刻出赵文
华名字来。"刘谱如是推论和系《平南颂》于本年是正确的。据吴

廷燮《明督抚年表》卷四，本年六月以后漕督是蔡克廉。蔡克廉，福建晋江人，与赵文华同是嘉靖八年进士"以才见知于严嵩"（据光绪《慈溪县志》卷二十及民国《福建通志》总三十四卷福建列传二十四），所以颂文的序说："某与公同师共第，蚤岁有承。今叨督抚，况奉简书之会，则形容德美，抑又何辞焉。"赵文华是本年还至北京的，因此在冬仲十一月北上过淮安，于是吴承恩代蔡克廉作此颂。

《请□□公启》的名号亦空而未刻，据启文："恭惟幕府，一代鸿才……殊忠特简乎圣知，大抱久昭乎国瑞。属当倭扰，往督戎征。……廓清江海，界限华夷，诚为冠千百世之勋，岂止活亿万人之命。行瞻入相，先庆班师……京畿遥指，淮甸言经，抚兹建业之辰，况过旧游之地。某凤忝南宫谊故，深惭北道主人，愿暂假乎尊罍，冀少延乎节钺。"可知这篇启文也是代蔡克廉宴请赵文华的，启文主客名号空而未刻，原因同于《平南颂》。

撰《贺总制梅林胡公奏捷障词》（《存稿》卷四）。

〔考证〕刘谱："按：胡宗宪字汝贞，号梅林，绩溪人。他平徐海在是年八月，故定这篇障词作于是年。"

〔按〕由"某学剑无成，请缨有志，末由叨奉，私幸躬逢。况荷庇于一枝，念猥长于寸管。爰稽故事，用谱新声"等句观察，似吴承恩曾打算投笔从戎依胡宗宪幕而未成。

《寿俭庵杨公序》（《存稿》卷二）约作于本年。

〔考证〕由序知杨俭庵系杨鸥海父。杨鸥海名文卿，字子质，盐山人，仕南京都察院经历，也能诗。钱谦益《列朝诗集小传》载丁集上。又据民国《盐山新志》卷十五《明代封赠表》，杨俭庵名轼。朱曰藩《山带阁集》卷二十二有诗题为《杨鸥海经台乃尊暨其伯叔皆享高年征诗为寿》，首句为"三人二百五旬上"，即平均年龄在八十四岁左右。吴承恩序文则云杨俭庵本年八十加六，在三人为仲氏，而季氏年未及八十。由是可以推知杨俭庵之寿序当也是与朱曰藩的诗同时作，朱诗作于本年，所以断寿序也约作于本年。又，何良俊《何翰林集》卷四有《三寿图诗为杨鸥海赋二首》，约亦本年同时作。

万表卒。

〔按〕万表，号鹿园，是军事将领，又是诗人和理学家，曾在淮安任理漕总兵等职。本年正月二十六日卒，著有《玩鹿亭稿》。《吴承恩诗文集》中除有《赠鹿园万总戎》八首绝句外，还有代万表作《谖堂永日图序》一篇。

嘉靖三十六年丁巳(1557)。

吴承恩约五十四岁，避倭在淮安。

夏，在淮安作《宝应吴曰南避寇入淮投我四诗于其归也答赠一首》（《存稿》卷一）。

〔考证〕据《明史》卷十八《世宗纪二》，本年五月癸丑倭犯扬、徐。朱曰藩《山带阁集》卷三十三《跋蔡世卿藏韩晋公田家移居图》说自己在本年夏避倭入淮凡两阅月，其卷二十三有四首诗即宝应被倭攻陷逃淮安时作。由此知宝应被倭之灾，宝应人多逃至淮安避难。所以宝应吴曰南之避倭寇入淮投吴承恩诗，及其归也，吴承恩还赠一首事，当在本年夏末。

吴曰南名敏道，宝应人，与朱曰藩为忘年交（比朱曰藩年岁小一个辈数），《宝应县志》有小传，能诗，工书。王世贞曾序其诗集（见《弇州山人续稿》卷五十一）。

是年秋八月，黄鹄山人张羽雄飞刻成《董解元西厢》，并为之序。

〔按〕据张羽序，吴承恩是张羽雅游者好古知音士之一，并曾与张羽对曲子互相上下而议论之。序文又提及好古知音的友朋多人，这些人今知也是吴承恩友好相知者，计有：朱曰藩（射陂）、文彭（三桥）、沈仕（青门）、黄姬水（质山）、何良俊（柘湖)、何良傅(大礐)。

嘉靖三十七年戊午(1558)。

吴承恩约五十五岁,在南京及淮安。

春,何良俊辞去南京翰林院孔目职,有述怀之作,吴承恩在这之
后有和诗。

〔考证〕何良俊辞官时有述怀诗,步文征明过去赠自己任官南翰
林孔目时诗原韵,一些在南京的诗友如朱曰藩等皆有和诗。何
良俊及朱曰藩等人的诗均见《何翰林集》卷五。《射阳先生存稿》
卷一有《何柘湖太史大礐祠曹相继解官俱有述怀之作奉和一
首》,题虽如此,且亦与何良俊诗同为庚部韵。但吴承恩诗是
五律,韵脚为成、情、行、缨;何良俊等人的诗则为七律,韵
脚为京、清、情、莺、城,都是文征明诗原韵,排列顺序也一
样。至于何良傅辞官则在嘉靖三十四年,其述怀之作,《何礼
部集》失载。——据上述,知吴承恩诗并非何氏弟兄辞官当时
的和诗,乃以后补和者。

为黄日敬重刻《金陀粹编》作《重刻金陀粹编序》(《存稿》卷二)。

〔考证〕刘谱:"按:《存稿》没有标明是代人作的,可是我检阅
光绪九年浙江书局校刻的《金陀粹编》,这篇序文的署名是'嘉
靖戊午三月朔两浙运使前常德府知府南京户部总巡郎中莆田壶
涳黄日敬',所以知道是代黄日敬作的,而且是作于这一年。"

〔按〕据吴承恩序文最末几句说:"编为若干卷,浙旧刻于运司。
司长壶涳黄公,因其久而敝也,易焉。伻来以征序,然则是书之
粹,固非徒岳氏之家乘,而公之刻之也,亦岂徒浙司之故事已
哉?"知吴承恩序文是黄日敬派人征序,说得不清楚,吴承恩以自
己身份作后,黄日敬的本意却是请吴承恩代己作,因而稍事改动,
署以己名。又由上述吴承恩序文语,知吴承恩作序时不在浙江。

据光绪《淮安府志》卷十一,嘉靖十九年黄日敬任山阳知县,吴

承恩与黄日敬熟识当在彼时。

本年为朱曰藩昨年应罗希款索而书写的自己诗作字卷作跋。

跋语云："射陂诗无虑数变，晚乃入于魏晋，盖由鲁至道之时也，此卷所书是矣。且其纸尾系言，自嘲丈铁。夫兑戈卢矛，为宝永世，岂值寸金邪。吴承恩记。"钤有"吴氏以忠"白文印一方。（原文见《文物》1985 年第 10 期徐邦达、石兆麟《吴承恩跋朱曰藩书诗歌字卷》及图版壹书影原跋）按：原跋语未署年月日，罗希款的第一段题跋云："戊午，射阳跋焉。"

朱曰藩为之书字卷的罗希款，亦应是吴承恩的友人。字子愚，号昆仑居士，其室名为消摇书阁或芥子龛，由朱曰藩书字卷为丁巳仲夏，即该年避倭淮安时所书（见本谱嘉靖三十六年引朱曰藩《跋蔡世卿藏韩晋公田家移居图》项的论释）。该字卷又有二吴（承恩、从道）的跋语及所题绝句，可证罗系淮安人或在淮的职官。罗题跋云"溯此卷之由，则丙辰之年，周雪舫委邑人为之索拙赋者"，似罗为官于淮者的口气，但查淮志，未见记载。

嘉靖三十八年己未(1559)。

吴承恩约五十六岁，在南京及淮安。

作《和吴山人长吟阁因赠》（《存稿》卷一）。

〔考证〕何良俊《何翰林集》卷六有《用韵题吴之山长吟阁》诗二首，诗前有小序云："……近吴之山以长吟阁诗来示，强余同赋，偶一夕不寐，思得二首写去。……"何良俊诗作于解南翰林第二年，即本年。吴承恩自然也是此时在南京的和诗。周晖《金陵琐事》卷二的"佳句"项记吴之山《长吟阁述怀》两句为："城中艺圃甘遗世，屋里梯云好看山。"按之吴承恩和诗，乃是原诗的第二联。吴之山，名扩，字子充，是常常奔走于豪门士夫之宅，同时又好游山玩水的所谓"山人"。钱谦益《列朝诗集小传》丁集上吴之山小传说："本朝布衣以诗名者，多封己自

好，不轻出游人间，其挟诗卷、携竿牍，遨游缙绅如晚宋所谓
山人者，嘉靖间自子充始。……嘉靖中子充避倭乱，居金陵，
爱秦淮一带水，造长吟阁居之。"

代撰《贺少岩傅公晋秋卿障词》（《存稿》卷四）。

〔考证〕刘谱曾假定傅少岩即傅颐，因傅颐乃本年离漕运总督
任，所以系障词于本年。

〔按〕刘谱的假定是对的。陈文烛《二酉园文集》卷十四《祭表叔
尚书傅公文》云："吾叔少年高科，德器文章，金辉玉润，仁及
闾巷，待而举火。往尹庐陵，年财二十。……乃遭谗归田十
年，再起用亦晚也。"陈文烛表叔即傅颐。吴承恩障词则说少岩
傅公"桂林夺隽，冠三楚于英年；杏苑联芳，膺上都之妙选。
初试莺迁，畣制庐陵之锦；频经鹗荐，俄含汉署之香。……指
省闼之弘开，方期傅奕；叹方州之暂抑，咸惜君山。赐环喜报
夫地曹，鸣佩旋登乎仪部"。可知傅少岩即陈文烛表叔傅颐，
傅颐于本年离漕运总督职任刑部右侍郎，王世贞《弇山堂别集》
卷五十八载如此。障词所说的"地曹"、"仪部"就是指刑部。
《别集》卷四十八又载傅颐于万历三年任南京户部尚书，即陈文
烛祭文所提到终衔"尚书"。

陈耀文任淮安府推官，在此后一二年内与吴承恩纳交，二人计划
编《花草新编》或《花草粹编》。

〔考证〕据光绪《淮安府志》卷十《职官表》，陈耀文于本年任淮安
府推官。陈耀文《花草粹编》序文说："嗣以飘泊东南，纳交素
友淮阴吴生承恩，姑苏吴生岫，皆耽乐艺文，藏书甚富。余每
得之假阅，辄随笔位序之。久之遂成六卷。""渔猎剪耘，殆逾
二纪，敝帚亦不忍遂弃者。"陈耀文序文作于万历十一年癸未
(1583)冬月，上推二十四年(二纪)，恰是本年左右，所以知道
在此后一二年内陈耀文的《花草粹编》和吴承恩的《花草新编》都

在计划编辑。

刘修业于《吴承恩著述考》中认为陈耀文《花草粹编序》就是依据吴承恩《花草新编序》写成，而《花草粹编》或者就是《花草新编》的改编，等等。

〔按〕《粹编》和《新编》二书皆主要据《花间集》、《草堂诗余》编选，某些词自然共同入选，词的排列顺序也大体相同（《粹编》本与《新编》的上海图书馆藏抄残本三至五卷的比对就是如此），唯《花草粹编》所选的词一般多于《花草新编》，间亦有《新编》入选而《粹编》未选者，所以《花草粹编》是否依《花草新编》为蓝本，难于断言。由是，两篇序的情况也应如是观。

今知吴承恩的《花草新编》应有万历间刻本，陈文烛作序。刻本未见，陈文烛的序文载天启刻本《二酉园续集》卷一，兹录全文如下：

此亡友吴（原刻误做胡）汝忠词选也，命名以"花草"，盖本《花间集》、《草堂诗余》所从出云。夫词自开元以逮至正，凡诸家所咏歌与翰墨所遗留，大都具备，乃分派而择之精，会通而收之广，同宫而不必合，异拍而不必分，因人而重言，取艺而略类。其汝忠所究心者与！拔奇花于玄圃，拾瑶草于艺林，俾修词者永式焉。汝忠既没，计部丘君抱渭阳之情，深宅相之感，奉使九江，捐俸梓行。遇不佞，语曰："吾舅氏有属于先生否乎？"忆守淮安，汝忠罢长兴丞，家居在委巷中，与不佞莫逆，时造其庐而访焉。曾出订是编而幸传于世，汝忠托之不朽矣。汝忠讳承恩，号射阳居士，海内操染家无不知淮有汝忠者。生有异质，甫周岁未行时，从壁间以粉土为画，无不肖物；而邻父老命其画鹅，画一飞者，邻父老曰："鹅安能飞？"汝忠仰天而笑，盖指天鹅云。邻父老吐舌异之，谓汝忠幼敏，不师而能也。比长，读书目数行下，督学使者奇其文，谓汝忠一第如拾芥耳。汝忠工制义，博极群书。宝应有朱凌溪者，弘德间才子也，有奇子□子价，朱公爱之如子，谓汝忠可尽读天下书，而以家所藏图史分其半与之，得与子价并名，射湖之上，双璧竞爽也。子价后守九江，汝忠肮脏终身，仅以贡为长兴丞。长兴有徐子与者，嘉隆间才子也，一见汝忠，即为投合，把臂论心，意在千古。过淮，访之。谓汝忠高士，当悬榻待之，而吾三人谈竹素之业，娓娓不厌，夜分乃罢。汝忠舐笔和墨，间作山水人物，观者以为通神佳手。弱冠以后，绝不落笔。家四壁立，所藏名画法书颇多。人谓汝忠于王方庆之积书，张弘靖之聚画，侔诸秘府者可十一焉。且也，平生恬淡自守，廉而不秽。其诗文出入六朝三唐，而词尤妙绝，江湖宝之。其稿与所藏，泯灭殆尽，而家无炊火矣。余于汝忠有人琴俱亡之痛云。幸此编之行而述其大概，俟续高士传者采焉。

由陈序知：

(1)《新编》由丘度捐俸刻于九江。

(2)《新编》刻于具体何时不知，但由《二酉园续集》未收陈作《射阳先生存稿叙》，可以推知陈文烛的《花草新编序》应作于万历十八年之前，因此知《新编》刻成当也在万历十八年前（甚至可以说是吴承恩死后不久，因为吴承恩逝世就在丘度榷九江关时。

(3)序文对吴承恩幼年、少年作画以及平生藏画藏法书的介绍；关于督学使者、朱凌溪(应登，朱曰藩父)、徐中行(子与)对吴承恩赞赏、敬佩情况的介绍；以至陈文烛本人对吴承恩品行、学问的高度评价，晚年生活状况的描述等等，都是研究吴承恩的珍贵史料。

(4)序文"同宫而不必合"等四句关于选词标准的话，是照应吴承恩自己的看法的，看出陈文烛确是曾与吴承恩商评过《花草新编》。

朱曰藩任九江知府(据前揭《行状》及《墓志铭》)。

文征明卒。

〔按〕文征明是明代正德、嘉靖时期有名的画家、书法家、诗人。《明史》卷二百八十七有传，文彭、文嘉都是他的儿子。吴承恩与文征明何时交识不可考。《存稿》卷四有《风入松·和文衡山石湖夜泛》词一首，词云：

洞箫一曲倚声歌，狂杀老东坡。画船占断湖心月，杯中绿先酌嫦娥。试问沧洲宝镜，何如鸡鹊金波。　笔端万象困搜罗，无奈此翁何？玉堂回首惊残梦，无心记往日南柯。想见年来江上，桃花乱点轻簑。

今见民国十八年(1929)上海神州国光社出版之《文征明汇稿》诗余第五载文征明《风入松·泛石湖作》，原词为：

轻风骤雨卷新荷，湖上晚凉多。行春桥外山如画，缘山去十里松萝。满眼绿荫芳草，无边白鸟沧波。　夕阳还听竹枝歌，天远奈愁何？渔舟隐映垂杨渡，都无系来往如梭。笑道玉堂金马，何如短棹轻簑。

文词也是“风入松”牌子，用韵同，题目同，可见吴承恩就是和这首词的。文征明于嘉靖五年辞去翰林院待诏职(据《甫田集》卷三十六附录文嘉《先君行略》)，由吴承恩与文征明两首词综合观察，则皆作于文征明辞翰林院待诏后不甚久。

嘉靖三十九年庚申①(1560)。

吴承恩约五十七岁。

① 刘谱于本年系《贺金耻斋翁媪齐寿障词》、《寿王可斋七袠障词》(皆见《存稿》卷四)。实误。刘谱根据前障词说：“兹者金穰喜历乎庚申，玉历同周乎甲子。”后障词说：“兹者庚申已胜乎三彭，甲子载登乎七袠。”因谓：“这两个‘庚申’我疑是‘庚甲’之误，若是解作庚申年，那是嘉靖三十九年，但是不大可通。现在未见旧本，暂载于此。”按：郎瑛《七修类稿》卷四“庚申甲子”条说：“修仙家崇尚庚申、甲子者，盖甲为阳木而主生，应肝魂也；庚为阳金而主杀，应肺魄也。仙家欲炼气为纯阳，而魂魄常存于舍，故守之也。且甲子在六旬为始，庚申在六旬为终。修炼家以此为要日，而外丹亦用之也。”《红楼梦》第六十三回贾敬死，说贾敬“更参星礼斗，守庚申，服灵砂等”。——由上知所谓庚申、甲子是搞迷信修炼者的术语，与纪年无关。此两障词作于何年，不可考。

沈坤被构入狱，死。

〔按〕《明实录·世宗实录》卷四百八十二："嘉靖三十九年三月……戊寅，南京山东道御史林润等劾奏：新改国子监祭酒沈坤，居乡横暴，擅用非刑……等等。上览其疏而恶之，诏褫坤职为民，仍令巡按御史逮系来京讯治。……坤逮至，竟拷死狱中。士论冤之。"

嘉靖四十年辛酉(1561)。

吴承恩约五十八岁，在淮安。

撰《赠郡伯养吾范公如京改秩障词》(《存稿》卷四)。

〔考证〕刘谱："按《国朝献征录》卷八十三载陶望龄撰的《淮安府知府范先生槚墓志铭》：槚字子美，号养吾，会稽人，嘉靖四十年卒。又按《府志·职官表》，他是嘉靖三十八年任的。我推测所谓'如京改秩'的事，当是陶传里所说因上官劾奏他，夺去一阶，可是不久就罢职了。传里仍称他的终衔是淮安知府，可见罢职后不久就死了。① 此事应在这一年的春初，或前一年的年尾。"

朱曰藩卒于九江府知府任内(见前揭《行状》及《墓志铭》)。

〔按〕朱曰藩字子价，号射陂，又字或号少海，宝应人，与吴承恩自少友善，至老弥笃。二人互赠诗除前引者外，尚有《山带阁集》卷二之《别汝忠》、《淮阴览古赠吴子》二诗。二诗相联，后诗由内容考察，吴子即指吴承恩。此二诗约作于嘉靖八年或前一二年，彼时朱曰藩犹未中举。

---

① 刘修业说范槚卒于嘉靖四十年，误。明朱国桢《涌幢小品》卷十三："范槚，会稽人，守淮安。……卒岁，有降紫姑神者，诸孙就问寿，以诗呈公，诗有'半筹逢司马'句。公笑曰：'吾今死矣。半，文八十加一，吾寿数也；醉者，西卒，丁酉年也；马属午，在午日乎？'果以六月午日殁。"则范槚之卒在万历二十五年丁酉(1597)。康熙《会稽县志》卷二十三范传也说范卒时年八十一。今未见陶望龄的范槚墓志铭，但是，可以断定是刘修业把陶望龄的范槚墓志铭中云及范槚卒于丁酉，误看成辛酉。

嘉靖四十一年壬戌(1562)。

吴承恩约五十九岁,在北京。

本年在北京谒选。十一月撰《元寿颂》(《存稿》卷一),颂李春芳父
李永怀(允怀)七十寿辰。

〔考证〕隆庆六年吴承恩撰《德寿齐荣颂》,颂李春芳父母八十寿
辰,则此寿颂作于本年甚明。[①] 颂文说:李春芳父母于本年春
来京邸,所以此次作寿是在北京。由颂文"承恩蒙公殊遇垂二
十年,谒选来都,又出公之敦喻",知吴承恩这时正在北京
谒选。

撰《明堂赋》(《存稿》卷一)。

〔考证〕刘谱:"按:赋序说:'今年某月之吉,三殿告成。'又
说:'天子嘉靖万年,今方第四十载。'考《明史·世宗本纪》'嘉
靖四十一年九月壬午三殿告成'。则三殿落成,实为四十一年。
赋云:'今方第四十载'者,怕是因为行文的方便,不能举实数
的原故。"按:刘谱推论赋序说"今方第四十载"是因不能举实
数,所以去掉一个"一"字,恐非是。赋是晋献给皇帝的,不应
只是为了举实数而任意增减字数(尤其是表明时间的重要纪年
问题),本句是散体叙述句,没有多一字或少一字以照顾文气

---

① 刘谱系《元寿颂》于嘉靖三十一年,误。刘谱虽然声称"这颂是祝李春芳父亲的七十
寿辰",实际系三十一年是按颂六十寿辰的序列安置的。颂文是为李春芳父七十寿辰作无
可怀疑,颂文说"由是自七裹臻期颐",乃七十正寿;"光晋宫保","首居春卿"等语,都是
李春芳嘉靖三十九年以后的官爵。据朱曰藩《山带阁集》卷二十七《封儒林郎翰林修撰允怀
李公双寿序》,知李春芳父亲六十寿辰是嘉靖三十一年在家乡兴化操办的,李春芳正循例
归省中。刘谱所以把《元寿颂》系于三十一年,原因是颂文说"谒选来都,又出公之敦喻",
证明吴承恩此时还在谒选,并没有丞长兴,而刘谱则认为吴承恩丞长兴是嘉靖三十二年,
如是,就势必要把此颂文安排为祝李春芳父六十寿辰之作,系于三十一年下。刘怀玉考证
说,《元寿颂》非本年祝李春芳父亲七十寿辰作,乃作于嘉靖四十三年。这涉及吴承恩何时
谒选来都的问题。此颂文有"由是自七裹臻期颐"字样,似是寿七十,而本年又代人撰《明
堂赋》及《寿师相存斋徐公六十序》,是吴承恩已来都谒选。故把《元寿颂》仍系本年,不从
刘说。

的必要。因此有两种可能：一、"今方第四十载"是"今方第四十一载"的误植，刊漏"一"字；二、赋是嘉靖四十年的预作，当时有三殿告成的打算。三殿告成时即改称皇极、中极、建极，而此赋犹称奉天、华盖、谨身，可设想嘉靖四十年时还没有打算改名称。——现在因没有更多的证据证明《明堂赋》是嘉靖四十年作，所以仍系本年。

赋是代人作。刘谱推测为代荆王作，因刘谱说吴承恩本年补荆府纪善，实误，辨详后。赋当是代李春芳作。李春芳于嘉靖三十九年晋礼部右侍郎，掌翰林院事，寻还部，本年改吏部左侍郎。因为赋大约是预作，李春芳还是礼部侍郎，并且一直入直西苑，所以自称为儒臣。而说是荆王的口气便不应该了。

代人撰《寿师相存斋徐公六十序》（《存稿》卷二）。

〔考证〕刘谱："按：徐阶字子升，号存斋，卒于万历十一年，年八十一，是年九月辛丑，正是六十岁。"

潘埙卒（据《存稿》卷三《潘公神道碑》）。

〔按〕潘埙是吴承恩的乡先辈，对吴承恩颇奖掖。潘埙编《淮郡文献志》，吴承恩与之商评校订，并为作后序，吴承恩还为潘埙远祖潘思诚作《淮安路医学教授古逸先生传》（见嘉靖三十四年下）；潘埙卒后，神道碑即由吴承恩执笔；其后，潘埙儿媳杨孺人六十寿辰，吴承恩又为作寿序。如此种种，足见吴承恩与潘埙关系之密切程度。潘埙行实，具见吴承恩的《潘公神道碑》，又，《明史》卷二百零三有传。

何良傅卒（据前揭《行状》）。

〔按〕何良傅与吴承恩交往主要是嘉靖三十几年任南京礼部祠祭郎中时。何良傅《明史》卷二百八十七附《文征明传》。

嘉靖四十二年癸亥(1563)。

吴承恩约六十岁,在京挂选过程中回淮安。

撰《开府介川毛公德政颂》(《存稿》卷一)。

〔考证〕刘谱:"按:赵镗撰的《毛公行状》(《国朝献徵录》卷四十五),毛公名恺,字达和,号介川,江山人。《德政颂》序云:'嘉靖壬戌介翁督漕政于淮南',则嘉靖四十一年(壬戌,1562)毛恺做了漕运总督。序又云:'今年岁在癸丑,爰奉简命,入掌中台之宪'。是次年毛恺又内调。'癸丑'当为'癸亥'之误。"盖癸亥即嘉靖四十二年。

嘉靖四十三年甲子(1564)。

吴承恩约六十一岁,在淮安,冬,往北京。

撰《通议大夫都察院右副都御史潘公神道碑》(《存稿》卷三)。

《留翁遗稿序》(代淮安知府刘祐作,《存稿》卷二)作于本年。

〔考证〕刘谱:"按:谢丕字以中,号汝湖,又号留园野老;故此序称为留翁,序说:'嘉靖癸亥待罪守淮阴,汝湖公之子东岩君适倅兹郡。'兹考《淮安府志·职官表》,刘祐嘉靖四十二年(癸亥)任知府,谢用柸(东岩)四十三年任通判,可知这篇序文,是承恩代刘祐作的。"[①]

《两汉书抄序》(代漕刑钱之选作,《存稿》卷二)或作于本年。

〔考证〕据刘修业《吴承恩论著杂事考》,知此序乃代漕刑钱之选作,钱之选改吴承恩原作一部分加颂扬语,署己名。按吴廷燮《明督抚年表》卷四,王廷(南岷)嘉靖四十二年十二月辛亥以户部左侍郎总督漕运,四十四年四月癸未重为户部左侍郎。则此

---

① 刘谱列《留翁遗稿序》于嘉靖四十二年,显然是错误的。据府志,刘谱说谢用柸四十三年任通判,是对的,那么刘祐不能于四十二年请吴承恩代作《留翁遗稿序》,不言自明。

序当作于本年(或者作于明年春，但究以作于本年可能性大)。①
作《赠司理云泽王公钦选障词》(《存稿》卷四)。

〔考证〕司理云泽王公即淮安府推官王廷瞻。据光绪《淮安府志》卷十《职官表》，王廷瞻于嘉靖四十年任淮安府推官;《明实录·世宗实录》卷五百三十六载王廷瞻于嘉靖四十三年七月己未由淮安府推官选授为试监察御史，这篇障词说"在昔宁论，偿三载勤渠之债……花明冠佩，新依日月之光;柳拂旌旗，总带风云之气"，所以知道障词作于本年七月。障词说"谏省荣升，台司豫待"，就是指升试监察御史。王廷瞻兄王廷陈是当时有名的诗人，障词云:"雁序驰声，和埙篪于伯氏"，是指兄弟二人都有名声，伯氏就是指的王廷陈。王廷瞻，《明史》卷二百二十一有传。

本年约十月顷在北京为应天乡试主考孙世芳之卒，代人作《祭孙淳斋文》(《存稿》卷三)。

〔考证〕《祭孙淳斋文》之为应天乡试主考孙世芳而作，祭文本身没有明确记载，现在比合各种材料，推证如下:由祭文说:"当公之奉简命，司文衡，秉诚而南也，搢绅相贺，皆云必当

---

① 毛恺、王廷之任漕运总督的时间，前代文献记载互有抵牾。刘谱谓毛恺在嘉靖四十一年任漕运总督，四十二年离职;于《吴承恩论著杂事考》谓:据天启《淮安府志》，王廷开府淮扬为嘉靖四十一年至四十四年。显然，这两种说法本身就是矛盾的。光绪《淮安府志》则说毛恺是嘉靖三十九年任漕运总督。吴廷燮《明督抚年表》卷四列毛恺、王廷任漕运总督时间顺序较衔接。其引《列卿年表》说毛恺嘉靖四十一年任，又说毛恺于四十二年十一月回院，十二月王廷任，引《国榷》说王廷于四十四年四月离任。但是复按《明实录》卷五百五十和卷五百十六，则毛恺回院为四十一年十一月，而王廷任漕运总督则为四十一年十二月。唯《明实录》本身也有歧异，其卷五百四十五记嘉靖"四十四年四月癸未，升总督漕运巡抚凤阳户部右侍郎都察院左副都御史毛恺为刑部右侍郎"。似四十四年(乙丑)四月毛恺始离漕运总督任，自与前记各说不同。因此，曾疑《开府介川毛公德政颂》提及的"今年癸丑"也可能是"今年乙丑"之误。唯此前王廷又任漕运总督，吴承恩代钱之选作《两汉书抄序》，莫能明。所以暂依刘说，列《介川毛公德政颂》于嘉靖四十二年，认定其"癸丑"系"癸亥"之误，解为毛恺于四十二年十一月奉命调任(此从《实录》)，吴承恩为之作《介川毛公德政颂》;并按《明督抚年表》谓王廷四十二年任漕督，列《两汉书抄序》于本年(稍有可能是明年春)。

得真材，功劳未奏，竟以身殉焉，则是未收时英，而翻丧国宝，天乎！亦何酷哉！"知道孙淳斋是主应天乡试中去世的，明代只顺天、应天两乡试由中央特简主考。按嘉靖十年至万历十年间主应天乡试的孙姓主考，有嘉靖十年的孙承恩，二十五年的孙升，四十三年的孙世芳，万历元年孙铤（据《明实录》和《续文献通考》）。孙承恩、孙升、孙铤在主应天乡试后，都有任命或活动，甚至得高位，唯孙世芳情况不明。祭文又云："然姓名显于科目，黼黻光于禁林，师范重于成均，编摩著于史馆。"知孙淳斋任职翰林院为编修或修撰，且负责过国子监。兹由孙世芳可能即孙淳斋查同治《畿辅通志》卷二百二十四列传第三十二、乾隆《宣化府志》卷二十八、康熙《宣化县志》卷二十四，皆有《孙世芳传》，《畿辅通志》谓："孙世芳，字克承，宣化人，天资颖异，过目成诵。嘉靖二十六年成进士，选庶吉士，升检讨，分校会试，所取多知名士。侍穆宗读于潜邸，屡因讲义随时启沃，晋右中允，纂修实录，迁国子司业。偕翰林汪镗典试应天甲子试，未及榜发，卒，而程文咸出其手，人争传诵之。"由是知孙淳斋就是孙世芳。据《明实录》嘉靖四十三年七月己酉，命右春坊右中允兼翰林院编修孙世芳主应天府乡试（卷五百三十六）。祭文说"自某等聚官于兹，从公游处……今则漂摇江表，载殡还都，丹旐翩翩，恍焉疑梦"等等，可证是在北京对孙世芳致祭时，吴承恩代别人作的祭文，吴承恩此时已在北京，大约是十月左右。

又按：光绪《淮安府志》卷二十五安东县《贡举表》，于嘉靖二十五年（丙午）列举人孙继武，注云："贵州榜，后更名世芳。"于嘉靖二十六年（丁未）列进士孙世芳，注云："翰林院侍读学士。"据此看来，似吴承恩祭文所祭的孙世芳就是淮安府安东县的孙继武，因为《明实录·世宗实录》嘉靖二十六年进士中，名

列一甲、二甲能进入翰林院为庶吉士或检讨等职的，只有一个
宣化孙世芳，而没有另一个淮安孙世芳且是什么贵州榜举人又
名孙继武者。民国《贵州通志·选举志一》，嘉靖二十五年（丙
午）确有一清平籍（清平县属都匀府）举人孙继武，此孙继武没
有成进士，后以举人选授广东新会知县。道光《新会县志》卷五
《职官表》列孙继武为嘉靖三十七年任知县，注云："江南安东
人。""贾志作贵州人，阮通志、张府志作江南东安人。按江南有
安东县，无东安县。"——根据上边《贵州通志》、《新会县志》的记
载，隶籍安东县贵州榜举人孙继武并没有改名孙世芳而且当上
了翰林院侍读事。同样，光绪《畿辅通志》、乾隆《宣化府志》、康
熙《宣化县志》各《选举志》或《孙世芳传》又绝无别名孙继武，更非
嘉靖丙午举人（乃嘉靖十年辛卯举人）。显然，光绪《淮安府志》说
孙继武改名孙世芳，且为翰林院侍读学士，是混贵州榜举人孙
继武与宣化进士孙世芳为一人。但是，南北二孙，毫不相干的两
个人，为什么弄混了呢？乾隆《宣化府志》卷二十五《选举志》于嘉
靖二十六年进士孙世芳名下注云："万全都司学生。"表明孙世芳
的原籍并非宣化（当时宣化卫属万全都指挥使司），他的父祖可能
于万全都司（即万全都指挥使司）内任职，他随父祖在任所都司学
进学。那么孙世芳是否是祖籍淮安，因而弄混的？今天已无从确
知。如果按祭文所云："挥厄洒泣，失声相向，恻切而不能已者，
盖某等乡曲之情也。"而推祭文是代当时官于翰林院的淮安清河状
元丁士美作的，则孙世芳的祖籍可能即淮安。

因李春芳夫人徐氏卒于北京，迁枢回兴化，吴承恩作《祭石鹿公
夫人文》（《存稿》卷三）。

〔考证〕许国《李公墓志铭》（《贻安堂集·附篇》）："配赠一品夫
人徐氏，长公一岁……嘉靖甲子，夫人年五十六矣，是年八月
十六日先公卒。"吴承恩的祭文说因徐氏"仙舆南返，感动举

朝"，所以"瓣香卮酒，共荐精意"，写了这篇祭文。大约时间
应在九月或十月。

嘉靖四十四年乙丑(1565)。

吴承恩约六十二岁，在北京。

十一月在北京，为裴天祐升大理寺少卿兼逢初度，作《赠裴鹤洲
晋列卿兼逢初度歌》(《存稿》卷一)。

〔考证〕裴鹤洲应即裴天祐。裴天祐，淮安府海州赣榆人，字顺
之，嘉靖二十九年进士，曾为福建建安县知县。后为巡按御
史，巡山东，晋大理寺少卿，终光禄寺卿。嘉庆《海州直隶州
志》卷二十三有传。诗谓"主人本是瀛洲客"，因海州有云台山，
明时是与陆地隔绝的海岛(今已深在内陆，山距海岸约二三十
华里)，云台山有不少神话传说，绝类海外三山，此云裴天祐
是"瀛洲客"就是指他是云台山人(海州人)。"公今岂独吾邦秀"
者，因为明时海州(包括赣榆)属淮安府(清代海州不属淮安，
而为直隶州)，吴承恩和裴天祐乃是同乡，所以称裴天祐是"吾
邦秀"。"武夷又得烟霞宅"，指裴天祐为建安知县，建安属建
宁府，府正在武夷山下。"西巡三晋东齐鲁，揽辔风清扫豺
虎"，指为监察御史事，嘉庆《海州直隶州志》卷二十三裴天祐
小传称裴天祐"巡按山东，初出朝时，一权贵嗾之曰：'某州某
判官墨且酷，宜亟去。'既而廉知其贤，竟优奖之。罪人挟万金
赂免死，天祐籍其金于官，置之法。"据诗题，知因裴天祐晋列
卿，又逢初度(诞辰)，所以吴承恩写赠诗。列卿的职务乃是
"廷尉班行"、"法星高"者，而且"贺宾总是皋夔伍"，说明此列
卿是执法者。《明实录·世宗实录》卷五百三十九、五百四十七
载裴天祐为大理寺右寺丞、左寺丞，大理寺寺丞是执法人员，
但非列卿；卷五百六十三载裴天祐升光禄寺卿，是列卿，但又
非执法的"廷尉班行"。因此知道卷五百五十二记载本年十一月

癸亥升大理寺右少卿，所以吴承恩写诗相贺。大理寺少卿也是列卿。诗云："长安雪后瑞云暖，笑对梅花倾玉瓯。"正是北京十一月的景象，可以作为吴承恩赠诗是在本年十一月裴天祐升大理寺右少卿时所作的旁证。因为吴承恩本年十一月在北京，证明他仍然在候选，本年底或明年初便已选授长兴县丞。

归有光进士及第，被除授为长兴知县(据唐时升代王锡爵撰《明太仆寺寺丞归公墓志铭》等)。

陈文烛进士及第(据《二西园文集》卷十三《先君行状》)。

邵元哲进士及第(据吴国伦《甔甀洞稿》卷三十六《邵公墓志铭》)。

嘉靖四十五年丙寅(1566)。

吴承恩约六十三岁，去杭州和长兴。

吴承恩盖于本年任长兴县丞。

〔考证〕国内学术界几十年来通说如此，是对的，现在综合国内学术界已有的论证，辅以新证，考如下：

(1)近年(20世纪50年代)于长兴发现隆庆元年十月十日归有光撰、吴承恩书写的《圣井铭》、《梦鼎堂记》两块石刻可以证明这就是归有光任长兴知县，吴承恩任长兴县丞时两个人合作的物证，因此，吴承恩必于此稍前任长兴县丞。

(2)据吴承恩同时代人的记叙也应当认为是本年任长兴县丞。吴国荣《射阳先生存稿跋》称吴承恩"顾屡困场屋，为母屈就长兴倅；又不谐于长官，是以有荆府纪善之补。归田来益以诗文自娱，十余年以寿终"。李维桢《吴射阳先生集选叙》说："以彼其才，仅为邑丞以老。"据吴国荣说法，吴承恩当长兴倅和荆府纪善之补的时间都不长，辞官后十多年就老寿而终。一般认为吴承恩卒于万历十年(1582)，距本年十六个年头，较合乎吴国荣的说法，"仅为邑丞以老"也是这个意思，就是说吴承恩之为邑丞是他的垂老之年。这样，国内多年来都认为同治《长兴县志》"职官表"中所列县丞缺额为嘉靖三十九年至四十五年，自以四十五年为当，因为三十九年到四十四年吴承恩是在家乡和在京谒选（如前所证引）。

（3）陈文烛《吴射阳先生存稿叙》说："汝忠往丞长兴，与（徐）子舆善。"同治《长兴县志》卷二十二《名宦传》称吴承恩官长兴时与"邑绅徐中行最善，往还倡和"。徐中行自嘉靖二十九年进士及第后，一直为官在外，本年恰在家乡长兴，以后一二年也因母丧守制居乡。王世贞《中奉大夫江西布政使司左布政使天目徐公墓碑》（《弇州山人续稿》卷一百三十四）谓徐中行在嘉靖四十二年任汝宁知府时被京朝大察左迁回乡，在家奉母："公性好客，客时时满座，所恨惟罍耻，馔食取咄嗟办，而不问所自来。其童干亦喜客之至而娱之，冀以得自纾。即稍能缀韵语或操一艺者，问公衣则衣，问公食则食，问公所嘘荐则为草荐书，或数十函不倦。公以是益困。而太夫人从容谓公曰……公感，乃之吏部。选甫六日，得长芦之转运判官；为判官之三月，迁瑞州府同知。许安人老寿死……公奔归，恸欲绝。……时少师徐公与太宰胡公，内重公，超为山东按察金事，且欲进移公学职，会以丧闻，乃止。"又，王世贞《徐母许太夫人传》（《弇州山人四部稿》卷八十五）："汝宁君归里居可二载……（徐中行之吏部）六日为补长芦判运。两月，迁二瑞州，而太夫人已前卒于家矣。太夫人卒之逾月，汝宁君扶服归。"查《明史》卷一百十二《七卿年表二》，吏部尚书胡松系嘉靖四十五年（即本年）四月任，十月死于吏部尚书任内。由是知徐中行去北京，选得长芦转运判官，又迁瑞州府同知，前后不逾四五个月，即丁母忧，而这一切是四十五年四月后几个月内连续发生的，等到十月稍前就回了长兴。此后，徐中行以所谓"邑绅"身份留长兴。因而吴承恩得与"邑绅徐中行最善，往来倡和"。

（4）由陈文烛《花草新编序》（原文见嘉靖三十八年下）"忆守淮

安，汝忠罢长兴丞，家居在委巷中"的记叙，也可证成此点。

吴承恩罢长兴丞是隆庆二年，陈文烛任淮安知府是隆庆四年。①

---

①　刘谱谓吴承恩丞长兴为嘉靖三十二年，颇异于国内学术界通说。刘修业的根据是两点：第一，因为吴承恩是为母"屈就长兴倅"，如果吴承恩嘉靖四十五年才丞长兴而母还在世，那时他的母亲就要快到九十岁了。活到八九十岁的老人固然不少；但是有点可疑了。何况亲老不远游，他的母亲若还在人世，说是"为母屈就"也就更觉勉强。因而说三十二年为长兴县丞，则是"母亲渐老，（吴承恩）只好进京谋个小差事了"。第二，吴承恩"在长兴和徐中行倡和一节"，是因为嘉靖三十二年正月杨继盛入狱，徐中行到狱中慰问，触怒严嵩，不能在京师立足，欲乞南曹，"会决江北辟，便道归省"，因此认为"中行归省，当在三十二年办完了秋审以后，他到家乡的时候，应在年尾或次年春天了。""那时候先生正在长兴做县丞。至嘉靖三十三年先生即去金陵……"——兹驳其说如次：

（1）吴承恩同时代人既然说吴承恩"仅为邑丞以老"，"归田来……十余年以寿终"。那么嘉靖三十二年距卒年的万历十年约三十年，怎么能对应上同时人的说法？刘谱引吴国荣的话的全语应是："顾屡困场屋，为母屈就长兴倅；又不谐于长官，是以有荆府纪善之补。归田来益以诗文自娱，十余年以寿终。"但他只引了前两句"屡困场屋，为母屈就长兴倅"，便不顾后几句有历史连续性的提法。

（2）潘埙于嘉靖三十四年正月写《淮郡文献志》序文时，称吴承恩为"太学吴子汝忠"，陈耀文回忆嘉靖三十八年顷为淮安推官，与吴承恩交往编《花草粹编》时，称吴承恩为"吴生承恩"。都是证明吴承恩不能在嘉靖三十二年任长兴县丞的铁证，且必须要后于嘉靖三十八年。明代岁贡绝大多数要入太学，然后才能逐次选官。

（3）刘谱说嘉靖二十九年至三十一年吴承恩在北京谒选，三十一年作《元寿颂》，误，辨如前，《元寿颂》乃嘉靖四十一年作，吴承恩正谒选在京。所以，嘉靖三十二年不能丞长兴。又，嘉靖二十九年去京，乃是贡入都，不是谒选。

（4）吴承恩丞长兴时与徐中行往还倡和一节，刘谱谓嘉靖三十二年徐中行曾因"决江北辟，便道归省"，便和丞长兴的吴承恩相遇。可是，徐中行不可能在嘉靖三十二年便道归家，与吴承恩相值。又，即使那个时间回了家，也是现任官吏回家探亲，非如文献所记载的"邑绅"！王世贞《中奉大夫江西布政使司左布政使天目徐公墓碑》云："而会郎杨继盛者上书效（按：可能是"劾"字之误）相严，论死，犹在系，公时时橐馈食之，间一入相慰语，慷慨歔嘘，泣数行下。杨君谓：'公毋入，入且生得失；生得失，相严当舍我而与若讐（音仇）也。'公不顾。而太宰李公默雅能知公文，拟入内阁司两制，不果；给事御史缺，拟以曹郎徙，公名在第三，复不果。而公念父母老，上疏乞南曹推便，报闻，会决江北辟，便道归省。寻迁员外郎，事竣还朝，转贵州司郎中。时杨君已得死，衰归，公解橐而追赙之。"按：《明史》卷一百十二《七卿年表二》，李默复任吏部尚书在嘉靖三十二年八月（第一次为嘉靖三十年三月至十月）；《明史》卷二百零九《杨继盛传》，杨继盛弃西市在三十四年十月。由上述，那么徐中行之决江北辟而便道归省，绝非三十二年冬或三十三年春，因李默两次推选徐中行任新职，徐中行又上书乞南曹，显然不能在一两个月完成，他怎么能在李默复任尚书后的秋天去江北办秋审呢？而如果是三十二年去江北办秋审，便道归省后回北京，是杨继盛已弃市的三十四年十月以后，两年多，岂非怪事！所以可肯定，徐中行办秋审乃是嘉靖三十三年秋，而此时吴承恩已在南京。

本年曾住杭州玄妙观，作《醉仙词》四首(《存稿》卷一)。

〔考证〕《醉仙词》题序曰："嘉靖丙寅，余寓杭之玄妙观。梦一道士，长身美髯，时已被酒，牵余衣曰：'为我作《醉仙词》。'因信口十章，觉而记其四。"此《醉仙词》盖去长兴前在杭候见暂寓玄妙观时作。玄妙观在今吴山脚下十五奎巷。

归有光到长兴知县任(据前揭《墓志铭》等)。

代刘畿撰《诸史将略序》(《存稿》卷二)盖作于本年。

〔考证〕刘谱："序说：'嘉靖甲子恭承上命，总戎务于东南。'"知是代著者的自序。我没有看到这部书，仅据《千顷堂书目》卷十三(页二上)有刘畿《诸史将略》十六卷，注云："浙江巡抚都御史刘畿檄知府毛钢教谕黄让编。"[①]

隆庆元年丁卯(1567)。

吴承恩约六十四岁，在长兴县丞任。

春，作《春晓邑斋作》五律(《存稿》卷一)。

〔考证〕按今存吴承恩诗文，作于长兴的只有三篇(八首)诗，即《春晓邑斋作》五律、《长兴作》七律、《长兴》六绝(六首)。后两诗难于断定何年(嘉靖四十五年? 隆庆元年? 隆庆二年?)，本诗则可断定是本年春作。诗云：

悠悠负夙心，作吏向风尘。

家近迟乡信，官贫费俸金。

① 刘谱列《诸史将略序》为作于嘉靖四十三年，显误。刘畿系"嘉靖甲子(即四十三年)恭承上命，总戎务于东南"的(据《明实录·世宗实录》卷五百三十六，刘畿提督军务巡抚浙江是该年七月)，如序文所云，刘畿是为了训将士，因而授儒生以大意，俾纂而成。可以想象，即使刘畿下车伊始，便拟议编《诸史将略》，立即下达任务给毛钢、黄让诸人，搭班子着手编辑，那么成书之日，当已不能是嘉靖甲子之当年! 而以刘畿口气说"嘉靖甲子"的话，则嘉靖甲子自然不是作序时的年份。又据民国重印《杭州府志》卷一百，杭州知府毛钢是嘉靖四十三年任，隆庆元年去职；吴廷燮《明督抚年表》卷四，刘畿于嘉靖四十五年闰十月离浙江，所以推断《诸史将略》成于本年，吴承恩的序文当也是本年作。盖吴承恩本年在杭州候接见以便去长兴任，他是为上司捉刀。

> 林香闻早花，窗曙报新禽。
>
> 感此融和候，搔头得暂吟。

由诗首四句可以断定是当县丞不久所作，自是本年春。

冬，书写归有光撰的《圣井铭并叙》、《梦鼎堂记》刻石。

〔考证〕此二刻石，近年发现于长兴。归有光作《圣井铭并叙》与《梦鼎堂记》是十月十日，吴承恩书写并上石应稍后。归有光文载《震川先生集》。

隆庆二年戊辰(1568)。

吴承恩约六十五岁，在长兴。

本年，吴承恩被撤职离长兴县丞任。

〔考证〕吴承恩离长兴县丞任的原因和具体情况，同时代人的记载多含糊其词。吴国荣《射阳先生存稿跋》说是"不谐于长官"；天启《淮安府志》说是"耻折腰，遂拂袖而归"。都是说吴承恩与上司不合，以至不得不离职。只有陈文烛说吴承恩是"罢长兴丞"(《花草新编序》)，谓是被罢官。今由归有光之离长兴县令任，调顺德通判，知吴承恩乃因征粮事被诬贪赃，与一摄令都被察院访拿，因而被撤职罢官。归有光之离长兴而改调的原因，或者说："大吏多恶之"，所以"调顺德通判"(《明史》卷二百八十七《归有光传》。钱谦益《列朝诗集小传》和唐时升代王锡爵作《明太仆寺寺丞归公墓志铭》皆略同)；或者说："又议革粮长，用里甲，先生调停，大豪规避，与摄令者媒孽其短，先生几危，转顺德通判。"(陈文烛《二酉园续集》卷十九《归震川先生墓表》)归有光本人则对此有较详的申述，其《乞休申文》(《震川先生别集》卷九)、《又乞休文》(同前)于申述自己的问题时提及一个县丞并被逮系在案。《乞休申文》云：

> 署印(按：即摄令)与丞之以赃败也，由其发狂自宣露，囚服露首于太守之前(按：此发狂者，归有光在另一篇文章里说

只是摄令一人。《震川先生别集》卷八《与周淀山》："此中事殊异常。摄县者日欲中伤，一日忽发狂，自系太守前，殆若有神。吴兴人喧传其事。"），昨有岁贡自京还者，言京师皆已知之。今被访逮，——即其发狂，乃职尚在河北时也。今府中藉藉归咎于职，若然，则察院不当访人耶？又因缘其所访之自而欲扳以为仇耶？

《又乞休文》云：

署印官与县丞被察院蒙访逮，职前入觐在途，彼事已败。特以察院访单委悉，疑以谓县中有言，恨之切骨。……又小吏沈良能，不轨乱法，数拒捕，依广德大猾。职因具申各上司。良能故署官所用为腹心者，因自诣府，纟句履袚服出入府门复与之为一。以此结约诸恶少告诈，县中人同时响应，皆承署官之风旨，考掠无不承者。微文巧诋，中伤之计实行于其间矣。

归有光一再提及的被察院访逮的县丞，当然就是吴承恩，不怪有"不谐于长官"，"耻折腰，遂拂袖而归"等等含糊的说法；也不怪万历初年（可能是万历二三年）编的《湖州府志》（今有影印本）不载吴承恩在嘉靖末隆庆初任长兴县丞，而对此前后的长兴县丞都有记载。万历初距吴承恩任县丞只七八年啊！这一切就是因为吴承恩任县丞的结果是所谓贪赃被撤职的。但是，陈文烛于万历七年给归有光作墓表，当时案情已清，吴承恩还在世的情况下，他将归有光文两次把摄令与县丞并提的话头，做了删削，只说长兴大豪"与摄令者媒孽其短"。因为陈文烛了解真实情况，吴承恩是被冤枉的，自不能不在笔下抹掉"县丞"二字，并在吴承恩逝世后给他编的《花草新编》作序，直提吴承恩是"罢长兴丞"，又称他"恬淡自守，廉而不秽"。——除上述可以证明吴承恩在本年因被诬贪赃撤职外，还可以从归有光的一首诗作为旁证，以证明之。《震川先生别集》卷十的《淮阴舟中晚坐写怀二十四韵》，张传元、余梅年的《归震川年谱》认为是写于隆庆二年即本年，诗有十数韵咏长兴事，此十数韵云：

> 先皇昔在宥，世道尚亨嘉。
>
> 朝廷制作盛，公卿议礼哗。
>
> 庶僚或登庸，诸生多起家。
>
> 蹇拙遭时废，荏苒谢年华。
>
> 不得寄一命，空惭读五车。
>
> 迨乎鸿羽渐，几将龙驭遐。
>
> 暂有青云望，奈何白发髿。
>
> 黾勉小县吏，奔走大府衙。
>
> 循己常黯黯，看人方呀呀。
>
> 何地栖鸾凤，并处混龙蛇。
>
> 世途行益畏，吾生固有涯。
>
> 万事已如此，一官岂足赊。
>
> 行矣归去来，莫使微名污。

"黾勉小县吏"数句，盖《又乞休文》中谈到的署印官腹心小吏沈良能奔走府衙微文巧诋事。归有光泊舟淮安而发此感慨，岂不是因为他到了吴承恩的家乡，触发联想，见景而生的情吗？于此可见归有光所说的被逮县丞确乎就是吴承恩。

隆庆三年己巳(1569)。

吴承恩约六十六岁，在淮安。

约在本年吴承恩有荆府纪善之补。

〔考证〕吴国荣《射阳先生存稿跋》："射阳先生……为母屈就长兴倅，又不谐于长官，是以有荆府纪善之补。归田来益以诗文自娱，十余年以寿终。"——由吴国荣把吴承恩补荆府纪善看作是为长兴倅不谐于长官的直接后果，可知吴承恩是被解除系狱罪后，便被补授荆府纪善的职务，因此把补荆府纪善事系在本年大约是近乎实际的。又按：当时处理所谓赃吏，有调王府官一种办法。隆庆四年陈以勤（第二副宰辅）在《披哀（衷）献议少裨圣政疏》曾说吏部对赃吏的惩罚，"轻者改调，或升王府官属，重者褫其职任"（《皇明经世文编》卷三百十）。因此吴承恩之补荆府纪善，很显然是从轻的处理。那么吴承恩是否便到湖北蕲州去了呢？也未必。我们今天找不到吴承恩在荆府纪善任内活动迹象，连他到过湖北或溯长江经安徽、江西的记载（如本人的诗词之类）也没有。尤其是陈文烛、李维桢两个人都是湖北人，他们给吴承恩的诗文集作叙，都只说他丞长兴，不提在自己家乡任过荆府纪善之职；天启间的《淮安府志》以及后来的一切府县志也都没有记吴承恩补过荆府纪善，等等，很有理由认为吴承恩得到名誉的补偿，便退官回家，干脆没有去湖北到任。因为吴国荣是吴承恩的通家子弟，在丘度指导下校刻吴承恩的诗文集，对于吴承恩的生平细节自然较详，所以能在跋语里记录吴承恩有此任命的行实。

隆庆四年庚午(1570)。

吴承恩约六十七岁，在淮安。

撰《贺笛翁太丈七十寿词》（《存稿》卷四）。

〔考证〕刘谱："寿词引文说：'（大显）我明（，）宫保振其鸿猷，司寇标其淑望，翁，司寇之良嗣也。'按：宫保是叶淇，司寇是叶贽，赘官南京刑部侍郎；因此可知笛翁是叶贽的儿子。引中又说：'承恩缔姻门下'，但是笛翁这年是七十岁，承恩也是已经七十岁左右的人了，笛翁恐不是他的岳丈，不过是他的丈人行。"——按同治《山阳县志》卷九附载原志的"恩荫"有叶荃，为叶贽子，官光禄寺典簿。寿词云："处则为贵公子，出则为贤士夫，倦而归也，则为乡耆俊。"是叶笛溪曾为官且又绝无功名。所以，叶笛溪应即叶荃。

该年六月，陈文烛任淮安知府（据《二酉园文集》卷九《游太和山记》）。

本年左右吴承恩住淮安城僻巷内。此后几年内知府陈文烛时造庐往访，吴承恩曾将自编的《花草新编》拿出与陈文烛商订。

〔考证〕前引陈文烛《花草新编序》说："忆守淮安，汝忠罢长兴丞，家居在委巷中，与不佞莫逆，时造其庐而访焉。曾出订是编（按：即《花草新编》）而幸传于世。"吴承恩家居的"委巷"，据传是淮安河下的打铜巷。

本年陈文烛任淮安知府后至隆庆六年间，诗人陆无从过访陈文烛，陈文烛于龙兴寺设筵招待，吴承恩被邀同饮。

〔考证〕叶德均《戏曲小说丛考·西游记研究的资料》介绍陈文烛《淮上诗》卷三七言律有《陆无从过访同吴惟一吴汝忠饮龙兴寺得秋字》。说明陈文烛宴请陆无从时，吴承恩曾出席作陪。至于吴承恩与陆无从的交往情况则不详。陈诗从略。陆无从名弼，扬州人，《列朝诗集小传》丁集中有传。

隆庆五年辛未(1571)。

吴承恩约六十八岁，在淮安。

撰《寿胡内子张孺人六袠序》（《存稿》卷二）。

〔考证〕序文说："隆庆辛未，胡西畹内子张孺人寿晋六袠，三月十日，是维悬弧之辰。"

〔按〕胡西畹是胡琏的孙子胡应恩，应恩父为胡效才。据嘉庆《海州直隶州志》卷六《选举表》，应恩曾任广东合浦知县，效才曾任河南道御史、真定知府。这就是序文所说的"夫君令西南"，"双洲公由侍御典大邦"。双洲即效才。

又代人撰《寿师相中玄高公启》（《存稿》卷三）。

〔考证〕刘谱："按：高公是高拱，他卒于万历六年（1578），年

六十七岁,隆庆五年是他六十大寿。这年是辛未,所以寿启
说:‘岁履逢辛’。"此启大约是代知府陈文烛等人作。陈文烛
《书五岳真形图》(《二酉园文集》卷十四)谓高拱是自己南宫座主
(嘉靖四十四年乙丑科高拱主礼闱)。此启既称高拱为尊师,又
云"某等叨官淮海,隔远门墙",可知大约是代陈文烛等人作。

李春芳于本年五月致仕回家乡兴化(据《明史》卷一百十九、一百
九十三)。

〔按〕《存稿》卷四《驻云飞》曲四阕,分题:及第、翰林、内阁、
归隐。《文艺复兴》杂志"中国文学研究专号"(下)载汪浚《吴承
恩与〈西游记〉》谓此盖作赠李春芳者。如果是作赠李春芳的,
当以作于本年为宜。

归有光卒。

〔按〕归有光是明代有名的散文家,字熙甫,号震川,江苏省昆
山人。《明史》卷二百八十七有传。

隆庆六年壬申(1572)。

吴承恩约六十九岁,在淮安。

代人作《德寿齐荣颂》(《存稿》卷一),贺李春芳父母八十寿辰。

〔考证〕颂文原无代作字样,但由颂文说:"况我二三门下,承
余荫而叨末光者,忝仕在近,能无激于衷哉!"知是代作,所以
自称"门下",称李春芳为"老师"。

〔按〕李春芳是明嘉隆时的宰辅,致仕后十多年的万历十二年
(1584)卒于家乡兴化。《明史》卷一百九十三有传。

本年吴承恩与陈文烛、吴从道有过往。

〔考证〕据《婆罗树碑跋》中得知,吴承恩以所藏唐李邕《婆罗
树碑》旧拓示陈文烛,沭阳吴从道定为真本,文烛浼从道摹勒
上石。

〔按〕吴从道于明万历间曾任温岭知县,举人出身。善书法,被

徐中行连同吴承恩合称为"二吴"，在徐中行给陈文烛的信中推荐云"二吴高士，咄咄仲举，设榻待之可也"。（引见徐邦达、石兆麟《吴承恩跋朱曰藩书诗歌字卷》文，载《文物》1985 年第 10 期）。又据此字卷跋后钤篆书白文方印一枚，上刻"吴氏以忠"，准此，吴承恩或又字"以忠"也。（苏铁戈辑补）

万历元年癸酉(1573)。

吴承恩约七十岁，在淮安。

撰《赠邑侯念吾高公擢南曹序》(《存稿》卷二)、《贺邑侯念吾高公擢南曹障词》(《存稿》卷四)。

〔考证〕刘谱："按：《山阳县志》：高时，济阳人，隆庆六年任，万历元年去职。又考《济阳县志》：'高时字念吾，隆庆戊辰进士，初任山阳令。'"①

是年徐中行过淮安，与吴承恩、陈文烛呼酒韩侯祠内论诗论文。

〔考证〕刘谱："陈文烛《存稿序》说：'往陈子守淮安时，长兴徐子与过淮。三人者(先生与陈徐二人)呼酒韩侯祠内，酒酣论文论诗不倦也。汝忠谓文自六经后，惟汉魏为近古，诗自三百篇后，惟唐人为近古。近时学者徒谢朝华，而不知畜多识；去陈言，而不知漱芳润。即欲敷文陈诗，溢缥囊于无穷也，难矣。徐先生与余深韪其言。'按：李焞的《天目徐公行状》说：'今上(神宗)登极，公入贺。万历癸酉(元年，1573)升福建副使。'神

---

① 按：高时任山阳知县时间恐有误。据同治《山阳县志·职官表》及光绪《淮安府志·职官表》，都记载为高时隆庆六年任知县，接任的知县李贞为万历元年任。这样，刘谱把序文等系于本年是对的。但是，《济阳县志》(曾查民国续修《济阳县志·高时传》)既然说高时为隆庆戊辰(二年)进士，且初任山阳县令，则至晚在隆庆三年就应该到山阳任。序文说："念吾公治吾邑之三载，征为小司徒。淮士聚而谈曰：'公实德令政，嘉声而异才，且淹久也。'"障词说："三载贤劳，喜风尘之已脱。"由是知高时任山阳知县并非从隆庆六年至万历元年的一年间，而是淹且久的三个年头。是《山阳县志》记载有误。应该是隆庆三年就到了山阳县令任，至隆庆六年就已满三年，然"淹且久"，恐怕是过了三个年头，本年才离任。所以依刘谱，系本年。

宗是隆庆六年六月(1572)即位，他从云南入贺，不一定经过淮安，但次年由北京去福建，是一定经过淮安的，所以他们三人在韩侯祠论文的聚会，定在这一年。"

〔按〕徐中行《天目先生集》卷五有五律一首，题《将赴闽淮阳陈太守玉叔邀饯江上留别》：

> 春云停汉节，晓色渡淮钟。
>
> 涛赋高枚叟，玄谈狎仲容。
>
> 星槎落牛斗，雪唱起鱼龙。
>
> 招隐心犹在，青青桂树重。

是徐中行去福建时确曾经淮安，并停舟与陈文烛饮宴。所谓饮饯江上，恐即饮酒韩侯祠内，时间应是本年春。

又，陈文烛《花草新编序》说徐中行过淮，"吾三人谈竹素之业，娓娓不厌，夜分乃罢"。当与此次的呼酒韩侯祠内是一回事。

朱曰藩《山带阁集》刻版行世。

〔按〕《山带阁集》有本年秋日陈文烛的序，曾校刻《射阳先生存稿》的蔡翰臣校，称"淮阴门人"。

何良俊卒（据张仲颐《四友斋丛说》重刻本序）。

〔按〕何良俊是南都诗坛中心人物。著有《何翰林集》、《四友斋丛说》、《何氏语林》。嘉靖三十几年任南翰林院孔目时与吴承恩多交往。《明史》卷二百八十七附《文征明传》。

文彭卒。

〔按〕文彭是文征明长子，嘉靖三十几年在南京与吴承恩交往的诗人之一，《明史》卷二百八十七附《文征明传》。其弟文嘉，也是嘉靖三十几年在南京与吴承恩交往的人士，卒于万历十一年。《存稿》卷一有诗题《金陵秋日柬文寿承兄弟》：

> 帝城的是好风光，锦绣天街散桂香。
>
> 金勒驻花留夜醉，朱楼拜月换新妆。

> 三千斗巧琵琶院，百万争先蟋蟀场。
>
> 寄语桥西文学士，试排诗酒待重阳。

此诗又题《帝京乐》，文嘉有和诗，题《和吴射阳帝京乐》（《和州诗集》）：

> 秣陵自昔好秋光，风落天芬满路香。
>
> 云月家家摇彩笔，烟火处处斗红妆。
>
> 画舫竞泛秦淮水，宝马争驰蹴鞠场。
>
> 莫道近来彤敝也，笙歌日日醉重阳。

上引两诗就是嘉靖三十几年他们在南京时的倡和诗。

万历二年甲戌（1574）。

吴承恩约七十一岁，在淮安。

代淮安府属官吏及淮安士绅作《寿苏山陈公障词》（《存稿》卷四），寿陈文烛父陈柏（苏山）六十九寿辰。

〔考证〕陈文烛《二酉园文集》卷十三《明故进阶中议大夫资治尹山西提刑按察司副使先君行状》云："万历改元，诏进中议大夫，当三月三日设宴于德星坊，延里中诸老为高年会。……二年甲戌，不肖转四川，自淮归，称寿，金宪余公一龙先为七十文寿之。乙亥七十，海内械词而祝者，一一和答焉。"据此，知陈苏山隆重作寿有本年六十九寿辰和明年七十正寿。障词云："介薄敬于邮筒"，"花甲周天，喜见稀年之近。"知正是在家乡作寿，是稀年之近的六十九岁陈文烛回沔阳称寿的这一次寿辰。

陈文烛转四川学使（见上引《先君行状》）。

〔按〕陈文烛，字玉叔，湖北沔阳人。他是当时有广泛交游的所谓诗人。他在淮安知府任内，对吴承恩颇为仰重。吴玉搢《山阳志遗》卷四引徐中行与陈文烛书曰："二吴高士，咄咄仲举，设榻待之可也。"二吴，一指吴承恩，再一指吴从道。陈文烛

《二酉园续集》卷四《西斋集序》云："往吴汝忠、吴惟一，俱余翰墨交，老而下世，淮寥寥者。"陈文烛于万历六年三月又转漕储，重与吴承恩交往。吴承恩死后不久为之作的《花草新编序》和万历十八年作的《吴射阳先生存稿叙》，都盛称吴承恩。

邵元哲任淮安知府（据光绪《淮安府志》卷十）。

黄质山卒。

〔按〕黄质山，五岳山人黄省曾的儿子，嘉靖三十四年（乙卯）避倭，侨寓金陵，与吴承恩等诗酒交往。《明史》卷二百八十七附《文征明传》。

万历三年乙亥(1575)。

吴承恩约七十二岁，在淮安。

撰《郡公古愚先生治淮郡之明年，化洽政成，三月丁酉，是维初度，邑士某等（"某等"一作"丘度"）怀授馆传经之德，谋所以称庆者，相属赋诗，诗凡二十二韵》（《存稿》卷一）。

〔考证〕邵元哲，字晦之，号古愚。据吴国伦《甔甀洞稿》卷三十六《明亚中大夫浙江布政使司左参政晦之邵公墓志铭》，谓邵元哲生于嘉靖九年二月二十六日，此诗题标为"三月丁酉，是维初度"。不知孰是。又，《存稿》目录题"邑士丘度，怀授馆传经之德"，而诗正文的题则作"邑士某等，怀授馆传经之德"。由此可以知道，此诗原是为丘度作，后来改为代表邑诸生作，所以诗云："贱子蒙知久，诸生属意隆。代言那敢逊，欲赋谅非工。"

万历四年丙子(1576)。

吴承恩约七十三岁，在淮安。

丘度中举人（光绪《淮安府志》卷二十二《贡举表》）。

万历五年丁丑(1577)。

吴承恩约七十四岁，在淮安。

四月，代撰《赠郡伯古愚邵公报政序》（《存稿》卷二）。

〔考证〕邵元哲万历二年任淮安知府，本年满三年去京报政，明年正月即有山东宪副之擢。由序文"郡僚刘大夫等歆公得众，兼有藉于鸿懿也，遂牍以告余，余则遥譬之曰"，知委吴承恩代笔的人不在淮安。

作《邵郡公邀同郭山人饮招隐庵》（《存稿》卷一）。

〔考证〕郭山人名第，字次父（次甫），丹徒人，能诗，是结交士大夫的所谓山人。嘉靖三十几年在南京与朱曰藩、何良俊等人交往倡和，与吴承恩也是老相识。招隐庵、招隐亭都是陈文烛修建以招郭第栖止的处所。陈文烛转四川学道，郭山人回焦山。本年邵元哲将要离开淮安府知府任的时节，郭第重来淮安，邵元哲招待他，也邀请了吴承恩。吴承恩诗的第二联："秋社欲催玄鸟去，晴沙喜见白鸥添。""玄鸟"欲去乃指邵元哲之将离任，"白鸥"见添乃喻郭山人之来，"白鸥"正是习惯的称呼隐士、山人。由此也可以确定诗是本年之作。

代作《封通议大夫太常寺卿兼翰林院侍读学士双松丁公墓志铭》（《存稿》卷三）。

〔考证〕丁双松（丁儒）子丁士美，是淮安继沈坤后的第二个状元（明代淮安府只有这两名状元）。《古今图书集成·庶征典》卷一百五十七引《明状元事略》，谓时有童谣："新状元入朝，旧状元入牢。"后，果应丁士美于嘉靖三十八年中状元，沈坤于该年入狱，云云（据前引沈坤入狱和死皆在三十九年，见本谱嘉靖三十九年下）。此墓志铭虽然是代别人作，也可证吴承恩与淮安另一名状元也是熟识的。

撰《寿贾百松障词》（《存稿》卷四）。

〔考证〕据障词："兹者松姿正茂，花甲将周，弘敞寿筵，朋来贺客。一叶添梧，异重经乎闰月，五株联桂，喜接赏于中

秋。……逢秋闰，一番一醉从今始。"可知该年是闰八月。由嘉
靖元年至万历十年，只有本年闰八月（据陈垣《二十史朔闰
表》），所以定障词作于本年。

是年丘度举进士（据光绪《淮安府志》等）。

〔考证〕丘度，吴承恩表外孙，即吴承恩姊吴承嘉的外孙，吴承
嘉丈夫沈山。光绪《淮安府志》卷二十八有丘度小传，该传注明
是根据清韩梦周《明亚中大夫光禄寺卿赠户部右侍郎丘公墓表》
缩写，韩梦周的墓表见《理堂文集》卷九，摘抄如下：

> 公姓丘氏，讳度，字志忠，山阳人，籍淮安卫。……
> 岚，公父也，以公贵，累赠中宪大夫，山西按察司副使，母
> 沈氏，累赠恭人。配王氏，继配杨氏。子匡孙，早卒，以弟
> 康子永孙嗣。公以万历四年丙子举于乡，丁丑成进士。除南
> 康府推官，以治行第一，征授户部主事，榷九江关，升郎
> 中，出历汝宁、归德二府，升潼关兵备道，转山西驿传道，
> 升太仆寺少卿，再升光禄寺正卿，以卒。……公卒于万历四
> 十三年十月初八日。距生于嘉靖十六年九月二十日，得年七
> 十有九。

由韩梦周写的墓表明确说丘度的母亲沈氏，可证丘度确是吴承
嘉和沈山的外孙，1981 年在淮安发现了丘度父母的合葬墓志
铭，更得确证（刘谱曾引宇文西林言如此）。丘度父母合葬墓志
铭记丘母沈氏生于正德十年十二月初四日（按：正德十年合公
历为 1515 年，但该年的十二月初五日则已是公历 1516 年一月
的某日），卒于嘉靖三十六年二月初九日，丘度是沈氏的次子，
丘度的长兄丘应，三弟丘康。墓志铭又记吴承恩云："射阳吴
公，（沈氏）母舅也，见幼而聪慧，大奇之，爱如己女。"

又，《山阳诗征正编》卷八载沈森诗《丘震冈司理南康赋此却寄》
（七绝）一首，诗后记引吴山夫云："平湖先生为宣德中户部尚

书沈公翼之裔孙，隐居平桥，读书力田，泊如也。《咏怀堂小
草》一卷，为丘司徒震冈先生选定，盖与先生为中表兄弟也。"
据此则沈森乃吴承恩姊承嘉之亲孙。《诗征》又介绍沈森字萃
夫，万历中诸生。

张之象卒。

〔按〕张之象（王屋、玄超、月鹿）是吴承恩南太学同学，在嘉靖
三十几年南京时期，与吴承恩诗酒交往的人士之一。《明史》附
卷二百八十七《文征明传》。

万历六年戊寅(1578)。

吴承恩约七十五岁，在淮安。

正月，撰《送郡伯古愚邵公擢山东宪副序》(《存稿》卷二)。

徐中行卒。

〔按〕徐中行字子舆（一作子与），长兴人，是以王世贞为首的
"后七子"之一。本年正任江西左布政，死于任所。《明史》卷二
百八十七附《李攀龙传》。

万历七年己卯(1579)。

吴承恩约七十六岁，在淮安。

作《瑞龙歌》(《存稿》卷一)。

〔考证〕本年三月修高家偃堤坝时，掘土方，得古动物化石(也
可能就是恐龙化石)，谓之龙骨，认为是祥瑞的征象，于是凡
吏于淮者、生于淮者，都作歌诗以吟讴之，吴承恩《瑞龙歌》就
是此类歌诗之一。此类歌诗曾集为《瑞龙册》(见陈文烛《二酉园
文集》卷十四《瑞龙颂》及《瑞龙册引》)。

万历十年壬午(1582)。

吴承恩约七十九岁，约在本年于家乡淮安逝世。

〔考证〕据《射阳先生存稿》万历十八年(1590)夏日陈文烛序的开

头说:"吴汝忠卒几十年矣。"所以学术界通常说法,都认为他约卒于本年。

万历十八年庚寅(1590)。

吴承恩卒约八年。

吴承恩诗文集《射阳先生存稿》刻成行世。

〔考证〕按本年刻成的《射阳先生存稿》非今见1929年由故宫博物院发现并据以铅排的本子。今本除有陈文烛本年夏日序文、吴国荣万历己丑(十七年)仲春跋语,还有李维桢《吴射阳先生集选叙》。李叙又载《大泌山房集》卷十二,题《吴汝忠集序》。《存稿》与《大泌山房集》所收的李维桢序文,都没有标作序年月,但李序云:"今勋卿丘公汝洪者,母夫人于汝忠为出礼,称离孙。"按:"勋卿"是光禄寺卿的别称。《明实录·神宗实录》:万历四十年十二月癸丑,升太仆寺少卿丘度为光禄寺卿(卷五百零三)。万历四十三年十月辛亥光禄寺卿丘度卒①(卷五百三十八)。

李序既然称丘度为"勋卿",又未云已死,则序当为万历四十年十二月至万历四十三年十月之间作。吴进《吴射阳遗集跋》说:"先生无子,殁后遗稿散逸。丘正冈,先生姻戚也,宦归,搜罗刊行。"

〔按〕丘度任山西副使(即驿传道)后曾有一段家居,其后于万历三十八年六月壬午被起升为太仆寺少卿(《明实录·神宗实录》卷四百七十二)。所谓"宦归",当即指副使与少卿之间的家居。如是,正与李维桢序相应,李序说:"丘公念母而念母之舅氏,复搜玉叔所未及录者,已,病其太繁,属不佞校删而为之叙。"

---

① 《实录》云十月辛亥(辛亥为八日)丘度卒,与前引韩梦周墓表之九月二十日卒不同,未知孰是。

是万历三十八年六月前丘度又复搜集，有初稿，托李维桢予以校删，校删毕而为之叙时，已是四十二年十二月以后，丘度已升光禄寺卿。——由此可确证，今故宫传本既然有李序，则绝不是万历十八年陈文烛序以行的本子了。今见吴承恩诗有异文，《射阳先生存稿》卷一的《金山寺》七律，与陈田《明诗纪事》己签卷十九所收该诗就是如此。现在对照列如下（异文处加重点号，前栏为《存稿》诗，后栏为《纪事》诗）：

几年梦绕金山寺，	何年地湧金山寺？
千里归舟得胜游。	四面空涛卷雪流。
佛界真同江月静，	佛性真同秋月净，
客身暂与水云留。	客身暂为水云留。
龙宫夜久双珠见，	龙宫夜久双珠现，
鳌背秋深片玉浮。	鳌背秋高片玉浮。
醉倚石栏时极目，	醉倚石栏时极目，
霁霞东起海门楼。	霁霞东起金银楼。

上引既非两首诗，其异文又非一两处，可见《明诗纪事》所据是另一个刻本。今知李本纬《昭代选屑》卷三，选有《金山寺》诗中间两联四句，同今传本《射阳先生存稿》，刘修业说《昭代选屑》为嘉靖四十三年选成（《吴承恩著述考》。按：刘说不知何据？今见明刻《昭代选屑》无选辑年月，几篇序文，也都未署年月）。则今传本是万历四十年十二月至四十三年十月间刻本，而陈田《明诗纪事》所据则是万历十八年陈文烛序而行之的最早刻本了。但吴玉搢《山阳志遗》又说《射阳先生存稿》外还有《续集》一卷，今又未见，《续集》是否即李维桢选辑的本子？疑莫能明。

万历二十年壬辰(1592)。

吴承恩卒约十年。

金陵世德堂刻《新刻出像官板大字西游记》。

〔按〕此本为今日所能见到的百回本《西游记》最早刻本，观"新刻"、"官板"字样，显非最初刻本。北京作家出版社 1955 年二月的排印本，就是根据北京图书馆藏此本摄影胶卷并校以其他本子而成。

【附录一】

吴承恩诗文系年简目

〔说明〕据《年谱》，为明晰起见，列诗文系年简目，约定者也列入，注明为约定。

嘉靖元年(1522)　寿陈拙翁(骚体)

嘉靖三年(1524)　挽陈拙翁(诗)

嘉靖八年(1529)　海鹤蟠桃篇(诗)

嘉靖九年(1530)　告先师庙文

嘉靖十一年(1532)　先府宾墓志铭

嘉靖十三年(1534)　金山寺(诗)

嘉靖十四年(1535)　祭厄山先生文

嘉靖十六年(1537)　露筋祠同朱子价赋(约定，诗)

嘉靖十七年(1538)　寄渔石唐公(诗)

嘉靖十八年(1539)　送陈梧冈水部(诗)　祭章圣皇太后梓宫文　二郎搜山图歌(诗)

嘉靖十九年(1540)　鹤江先生诔　张凤原诸母姚挽诗序　留思录序　谖堂永日图序　贺学博未斋陶师膺奖序

嘉靖二十年(1541)　赠沈十洲(诗)　约庵周公升南京刑部尚书障词

杂言赠冯南淮比部谪茂名(诗)

嘉靖二十一年(1542) 赠子价(诗)

嘉靖二十三年(1544) 寿魏国徐公子六十障词 大中丞白溪张公归田障词 介祉颂

嘉靖二十五年(1546) 石鼎联句图题词 赠鹿园万总戎(诗)

嘉靖二十六年(1547) 赠李石麓太史(诗) 送林户部还朝序 寿叶太老夫人八十颂

嘉靖二十八年(1549) 赠卫侯章君履任序

嘉靖二十九年(1550) 赠学博郑东窗先生东归序 庚戌寓京师迫于归志呈一二知己(诗) 忆冯雪原时役于京(诗)

嘉靖三十二年(1553) 赠宗万湖令江山(诗) 述寿赋

嘉靖三十三年(1554) 广寿 叶太母挽诗序 题陶云湖画菊卷子

嘉靖三十四年(1555) 淮郡文献志后序 寿熙台潘公八裘序 金陵何太史宅听小伶弹筝次韵(诗)

嘉靖三十五年(1556) 赠翰林院修撰儒林郎沈公合葬墓志铭 平南颂 请□□公启 贺总制梅林胡公奏捷障词 寿俭庵杨公序(约定)

嘉靖三十六年(1557) 宝应吴曰南避寇入淮投我四诗于其归也答赠一首(诗)

嘉靖三十七年(1558) 重刻金陀粹编序

嘉靖三十八年(1559) 和吴山人长吟阁因赠(诗) 贺少岩傅公晋秋卿障词

嘉靖四十年(1561) 赠郡伯养吾范公如京改秩障词

嘉靖四十一年(1562) 元寿颂 明堂赋 寿师相存斋徐公六十序

嘉靖四十二年(1563) 开府介川毛公德政颂

嘉靖四十三年(1564) 通议大夫都察院右副都御史潘公神道碑 留翁遗稿序 两汉书抄序 赠司理云泽王公钦选障词 祭孙淳斋文

祭石鹿公夫人文

嘉靖四十四年(1565) 赠裴鹤洲晋列卿兼逢初度歌(诗)

嘉靖四十五年(1566) 醉仙词(诗) 诸史将略序

隆庆元年(1567) 春晓邑斋作(诗)

隆庆四年(1570) 贺笛翁太丈七十寿词

隆庆五年(1571) 寿胡内子张孺人六袠序 寿师相中玄高公启

隆庆六年(1572) 德寿齐荣颂

万历元年(1573) 赠邑侯念吾高公擢南曹序 贺邑侯念吾高公擢南
曹障词

万历二年(1574) 寿苏山陈公障词

万历三年(1575) 郡公古愚先生……三月丁酉,是维初度,邑士某
等……相属赋诗,诗凡二十二韵(诗)

万历五年(1577) 赠郡伯古愚邵公报政序 邵郡公邀同郭山人饮招
隐庵(诗) 封通议大夫太常寺卿兼翰林院侍读学士双松丁公墓志
铭 寿贾百松障词

万历六年(1578) 送郡伯古愚邵公擢山东宪副序

万历七年(1579) 瑞龙歌(诗)

【附录二】

吴承恩遗佚作品

禹鼎志 〔所见记载〕《存稿》卷二有《禹鼎志序》。

西湖十园小词 〔所见记载〕《山阳志遗》卷一："读吴射阳先生《西湖十园》小词，摹写金张韦顾诸园之盛，金牛、石桥、锣鼓墩诸处，征车游舫，绎络缤纷，清明社火，夏至秧歌，尤令过者忘倦。" 〔寻找线索〕《山阳志遗》四说《射阳先生存稿》除四卷刻本之外，尚有《续集》一卷，如此《续集》也是刻本，当有被发现之时，《西湖十园》小词可能即载在其中。

丁忍庵行状 〔所见记载〕李春芳《贻安堂集》卷十《忍庵丁翁传》："射阳吴子贡入都，造予而袖出一帙曰：'此予所为吾淮忍庵丁翁状也。'"

沈坤祖父母墓志铭 〔所见记载〕《存稿》卷三《赠翰林院修撰儒林郎沈公合葬墓志铭》："当祭酒请铭承恩，承恩私自念……其先太父母，我又尝铭之矣。" 〔寻找线索〕此墓铭可能从沈家墓地发现。

秋兴六首 〔所见记载〕《存稿》卷一有《秋兴》二首，是依杜甫《秋兴》八首中的第三、第二首原韵，因知原应有八首，今佚其六。

挽赵菊丛　寿蒋雪鹤 〔所见记载〕是二诗皆七律，目录存题，正文

不载，盖故宫原藏刻本缺半页。 〔寻找线索〕如发现另一完整
《存稿》刻本，则可见原二诗。

书潘采扇面拟赠熙台潘公 〔所见记载〕《熙台先生诗集》卷八有《答
吴汝忠书采儿便面拟赠之作》诗。

【附录三】

吴承恩交往录

〔说明〕(一)借交往人士的线索，以备继续扩大吴承恩的事迹材料；由此也可略见吴承恩的社会接触面，进而探索吴承恩的思想。

(二)以交往性质分类，有详有略。

(三)列有直接证据的交往者，否则不录。如南京文士盛时泰、金子有、皇甫汸等人；朱曰藩熟识又被张羽与吴承恩并举的好古知音之士史大梅、许石城、方十洲等人，估计都应与吴承恩有交往，但无直接证据，皆不录。

(一)密　友

姓名	别名	籍贯	与吴承恩关系	简历	传记材料	著述
沈坤	十洲、伯载	山阳	自少友善	状元、翰林院修撰及侍读、南监祭酒	淮安府志、山阳县志有传	
朱曰藩	射陂、子价	宝应	自少友善	进士、乌程知县、南兵部等员外、郎中、九江知府	明史 286 卷、罗洪先墓志铭	山带阁集
李春芳	石麓、子实	兴化	西游记校订者、终身友好	状元、翰林院修撰学士等，礼、吏部尚书、内阁大学士	明史 193 卷、申时行：神道碑铭	诒（贻）安堂集

(二)文 友

姓名	别名	籍贯	与吴承恩关系	简历	传记材料	著述
文征明	衡山、征仲	长洲	吴承恩年轻时交往之长辈	岁贡、翰林院待诏，画家、书法家、诗人	明史287卷，文嘉：先君行略	甫田集
王宠	雅宜、履吉	吴县	吴承恩年轻时交往之长辈	岁贡，书法家、诗人	明史287卷，文征明：王雅宜传	雅宜山人集
沈仕	青门山人、子登、懋学	杭州	为吴承恩画海棠	画家、诗人		沈青门诗集
何良俊	柘湖、元朗	华亭	南监时在南京交往文士	岁贡、南翰林院孔目，嘉靖中金陵社集诗人	明史287卷	何翰林集、四友斋丛说、语林
何良傅	大壑、叔皮	华亭	同 上	进士、南礼部祠祭郎中	明史287卷、何良俊：弟南京祠祭郎中大壑何君行状	何礼部集
文彭	三桥、寿承	长洲	同 上	南监博士，诗人	明史287卷	博士集
文嘉	文水、休承	长洲	同 上	和州学正，诗人	明史287卷	和州诗集
张之象	玄超、月麓、王屋	华亭	同 上	布政司经历，诗人	明史287卷	剪绡集
黄姬水	质山、淳父	长洲	同 上	嘉靖时避倭侨寓金陵，诗人	明史287卷	白下集
吴扩	子充	昆山	南京时期熟识	山人(布衣)，诗人	列朝诗集小传丁集上有小传	
郭第	次甫、五游	长洲	同 上	山人(布衣)，诗人	列朝诗集小传丁集上有小传	
杨文卿	鸥海、子质	盐山	同 上	南京都察院经历	列朝诗集小传丁集上有小传	鸥海集、秣陵吟
徐中行	子舆、天目山人	长兴	长兴时诗酒倡和	进士、汝宁知府、江西左布政	明史287卷、李烒：天目徐公行状	天目山人集、青萝集
吴敏道	曰南	宝应	朱日藩忘年交	宝应诸生，能诗善书	宝应县志有小传	
张羽	黄鹄山人、雄飞		吴承恩雅游者	好古知音之士，喜北调，校刻董西厢		

续表

姓名	别名	籍贯	与吴承恩关系	简历	传记材料	著述
万表	鹿园、民望	宁波	文学、翰墨交	武进士、漕运参将、总兵、都督同知	王鸿绪：明史稿280卷	玩鹿亭稿
陈尧	梧冈、敬甫	南通州	翰墨交	进士、工部主事、刑部侍郎	王世贞：陈司寇传	梧冈文集、梧冈诗
陈耀文	晦伯		翰墨交	进士、淮安推官、淮安兵备副使		花草粹编、天中记
陈文烛	玉叔、五岳山人	沔阳	翰墨交	进士、淮安知府、南京大理寺卿	列朝诗集小传丁集上有小传	二酉园文集、续集、诗集
陆弼	无从	江都	翰墨交	生员	列朝诗集小传丁集中有小传	正始堂集

（三） 同乡先辈及亲戚长辈

姓名	别名	籍贯	与吴承恩关系	简历	传记材料	著述
潘埙	熙台、伯和	山阳	乡先辈，赏识吴承恩	进士、河南巡抚	明史203卷、吴承恩：潘公神道碑	淮郡文献志、谏垣奏议、熙台诗集、楮记室
蔡昂	鹤江、衡仲	山阳	乡先辈，赏识吴承恩	探花、礼部右侍郎	淮安府志、山阳县志有传	后斋集
胡琏	南津、器重（重器）	淮安府沭阳	乡先辈，吴承恩从之学习	进士、户部右侍郎兼金都御史	淮安府志、山阳县志载流寓传	
叶荃	笛溪	山阳	吴承恩的岳丈行	光禄寺典簿		
朱应登	升之、凌溪	宝应	朱曰藩父，赏识吴承恩	进士、云南左参政	明史286卷	凌溪集

（四）同乡友好

姓名	别名	籍贯	与吴承恩关系	简历	传记材料	著述
冯焕	南淮	山阳	较要好，冯焕被谪，吴承恩赠诗	进士、刑部主事、茂名县丞、德清知县	淮安府志、山阳县志有传	
冯雪原			吴承恩贡入京，曾有诗忆赠			
周于德	兰墩	山阳	既同乡又有诗文交	世袭大河卫指挥、南京前军都督、南京左府都督	淮安府志、山阳县志有传	

续表

姓名	别名	籍贯	与吴承恩关系	简历	传记材料	著述
张侃	风原、巽卿	山阳	同乡较要好、沈坤的妹夫或姐夫	进士、刑科都给事中	淮安府志、山阳县志有传	风原集
宗杰	万湖	清河	宗令江山，吴为赠诗	举人、江山知县		
裴天祐	鹤洲、顺之	赣榆	裴升大理少卿，吴为赠诗	进士、建安知县、巡按御史、大理寺少卿、光禄寺卿	海州志有传、何宽：墓志铭	拙逸亭稿
丁士美	后溪	清河	吴为丁父代作墓志铭	状元、翰林院修撰、吏部左侍郎	淮安府志有传	
汪自安	云岚	山阳	淮安龙溪书院同学	岁贡、巴陵县训导		
吴从道	万山、惟一	沭阳	居淮安城，与吴承恩同为陈文烛高视	岁贡，工诗善书	淮安府志有传	
胡效谟	警亭	沭阳	通家之交，胡琏子	云南澄江知府		西斋集、池亭集、射阳会编
胡效才	双洲	沭阳	通家之交，胡琏子	御史、真定知府		
章黼	淮洲	山阳	二十年肝胆之交	武进士第一、福建行都司		
倪润	伯雨	山阳	共同商评校订《淮郡文献志》	进士、工部员外郎	淮安府志、山阳县志有传	淮涯倪先生遗稿
胡应恩	西畹	沭阳	通家之交，胡琏孙	岁贡、合浦知县		
陆遥			吴承恩死后收其遗文的友人			
张清溪		山阳	吴承恩友人，有手录吴承恩遗稿			
马竹泉		山阳	吴承恩友人，有手录吴承恩遗稿			

(五)亲戚与同乡晚辈

姓名	别名	籍贯	与吴承恩关系	简历	传记材料	著述
丘度	震冈、汝洪、志中	山阳	吴承恩的表外孙	进士、南康推官、户部主事、知府、按察司副使、太仆寺少卿、光禄寺卿	韩梦周:丘公墓表	
沈森	萃夫、平湖	山阳	吴承恩表孙	万历中诸生		咏怀堂小草
吴国荣		山阳	通家晚生,校刻《存稿》并作跋			
章汝隆	承菴	山阳	吴承恩友人章黼之子	淮安卫中右所千户		
张衣	以衷	山阳	校《存稿》的忘年交	万历中岁贡生		
蔡翰臣	世卿	山阳	校《存稿》的忘年交	蜀藩纪善,曾校《山带阁集》		
潘蔓		山阳	潘埙之孙	国子生		
潘蕃		山阳	潘埙之孙	郡学生		
潘苞		山阳	潘埙之孙	郡学生		

(六)官府及各方面人士

姓名	别名	籍贯	与吴承恩关系	简历	传记材料	著述
唐龙	渔石、虞佐	兰溪	为漕督赏重吴承恩	进士、漕运总督、兵部尚书、吏部尚书、南刑部尚书	明史 202 卷、徐阶:唐公龙墓志铭	渔石集
刘节	梅国、介夫	大庾	吴承恩为其《春秋列传》作序	进士、漕运总督		春秋列传、梅国集
周金	约庵、子庚	武进	吴承恩为其升南刑部尚书作障词	进士、南刑部尚书、南户部尚书	明史 201 卷、唐顺之:周襄敏公全传	
傅颐	少岩	沔阳	吴承恩代别人作障词贺傅颐升迁	进士、漕运总督、刑部右侍郎、南京户部尚书		
张景华	白溪	郯城	为张归田作障词	进士、漕运总督		

续表

姓名	别名	籍贯	与吴承恩关系	简历	传记材料	著述
蔡克廉		晋江	代蔡克廉作《平南颂》等	进士、漕运总督		
毛恺	介川、达和	江山	为撰《德政颂》	进士、漕运总督、刑部右侍郎、刑部尚书	明史214卷、赵镗：毛公行状	
王廷	子正、南岷	南充	代钱之选为其《两汉书抄》作序	进士、漕运总督、南京礼部尚书、左都御史	明史214卷	两汉书抄
葛木	厄山、仁甫	上虞	吴承恩是葛创办龙溪书院的学生	进士、淮安知府、山东按察司副使、山西布政司右参政	上虞县志有传	
王凤灵	笔峰、应时	莆田	王继办龙溪书院吴承恩仍就读	进士、淮安知府、陕西按察司副使、广西参政	莆田县志有传	笔峰王先生集
孙继鲁	松山、道甫	云南右卫	孙继鲁以国士期许吴承恩	进士、淮安知府、黎平知府、山西按察使、山西巡抚	明史204卷徐栻：墓志铭	
范槚	养吾、子美	会稽	范槚被罢职，吴承恩作障词大加赞扬	进士、淮安知府	陶望龄：墓志铭	
刘祐			吴承恩代作《留翁遗稿序》	淮安知府		
钱之选	舜臣	常熟	吴承恩代作《两汉书抄序》	进士、刑部主事理漕刑、兵部郎中	常昭合志稿有传	
林洙	四冈、孔源	文登	林洙为户部主事监庾于淮，与吴有交往	进士、户部主事、郎中	文登县志有传	
黄日敬	壶淙	莆田	为山阳知县时相熟，黄刻《金陀粹编》，吴为作序	进士、山阳知县、常德知府、两浙运使		
刘畿			代刘畿作《诸史将略序》	浙江巡抚		诸史将略

姓名	别名	籍贯	与吴承恩关系	简历	传记材料	著述
邵元哲	古愚、晦之	桂阳（普安）	为淮安知府对吴承恩器重，赏识提携丘度	进士、淮安知府、浙江左参政	吴国伦：邵公墓志铭	
高时	念吾	济阳	高为山阳知县，与吴承恩关系颇好，高转南曹，吴赠序和障词	进士、山阳知县、南户部曹郎	济阳县志有传	
王廷瞻	云泽、稚表	黄冈	王由推官转试御史时吴承恩为作障词	淮安推官、试御史、漕运总督、南京刑部尚书	明史221卷	
归有光	震川、熙甫	昆山	吴承恩为长兴县丞时的长兴知县	进士、长兴知县、顺德通判、南京太仆寺丞	明史287卷、王锡爵：墓志铭	震川先生集
马汝骥	西玄、仲房	绥德	为南祭酒时以书召吴承恩为掌书记	进士、南京国子监祭酒、礼部右侍郎	明史179卷	西玄集
徐天赐	东园、申之	南京	吴承恩在南京的交往人士	徐辉祖的玄孙，世袭贵族	金陵通传有传	东园雅集诗集
胡宗宪	梅林、汝贞	绩溪	胡平徐海，吴承恩为作障词	进士、总督浙江及东南军务	明史205卷	
赵文华	原实	慈溪	吴承恩代蔡克廉为赵文华作《平南颂》	进士、驻山阳清军贴堂同知、工部侍郎督察东南军务、工部尚书	明史308卷	世敬堂集
叶椒山			吴承恩对叶有赠诗	淮安知府的幕宾		
陶师文	纯夫、未斋	会稽	吴承恩在府学时的府学教授	举人、淮安府学教授、铅山知县、宜都知县、扬州府同知	同治宜都县志有传	
郑道夫	东窗、立之	莆田	吴承恩在府学时的府学教授	举人、淮安府学教授	莆田县志有传	
裴方盛	永斋	南雄	吴承恩代人为之作障词	贡生、山阳县学教谕、庐州学正、沅陵教授		
徐新斋		浙江省	徐生孙，吴为作障词	山阳县学教谕		
赵学师			赵归田，吴为作障词	淮安府学教授或训导		

(七)其 他

姓名	记事	姓名	记事
丁忍庵	名壽，淮安大商人。吴承恩为之作障词及作行状	王可斋	淮安兽医，吴承恩为之作障词
丁可山	丁忍庵子，吴承恩称之为契丈	贾百松	淮安人，吴承恩为之作障词
吴醴泉	吴承恩为其家传二郎搜山图作长歌，淮安人	赵与竹	泰州人，寓淮安，吴承恩为之作障词
陈拙翁	名锱，淮安商人，吴承恩对他有寿诗和挽诗	童孟湖	浙江人，寓于淮安的医生，吴承恩为其八十作寿序
陈孝勇	淮安人，一名松窗，讨倭中杀倭有功，受冠带	高仰山	山西人，寓居淮安，吴承恩为其生孙作障词
许逸菴	淮安商人，吴承恩对他作有障词	蒋雪鹤	吴承恩作《寿蒋雪鹤》诗
吴春洲	淮安医生，吴承恩为之作障词	赵菊丛	吴承恩有《挽赵菊丛》诗
杜凤山	淮安人，吴承恩为之作障词	金月艇	淮安大商人，吴承恩为他作障词说"亲联王谢之芳，世缔荀陈之谊"，似金月艇和他的弟弟金秋泉都是吴承恩的长辈亲戚
陈湖东	淮安人，吴承恩为之作障词	金秋泉	淮安大商人，名彦，字宗美，金月艇弟，李春芳有《金秋泉传》，吴承恩为他作障词称"久叨犹子之班"
阎双峰	山西人，寓淮，官医生，吴承恩为其晋官医院作障词	沙星士	吴承恩曾赠以诗
阎双溪	山西寓淮的大商人，吴承恩为作障词	贾山人	吴承恩作有赠诗
金耻斋	淮安人，吴承恩为作障词	李山人	南通州人，人物像画家，吴承恩作赠文
鲍景远	名一中，围棋名手，温州人，吴承恩为作围棋歌	梦鹤道士	吴承恩作《西江月》词赠之，姓名不详
惠晓	淮安钵池山景会禅寺和尚，吴承恩为作劝缘偈	秋月	情况同于惠晓
小李	名李釜，字号有时养、野泉等，围棋名手，易县人，吴承恩为作《后围棋歌》	思翁	浙江人，姓名不详，其受封，吴承恩为作障词
张乐一	山东人，吴承恩作诗赠之	沫湖	姓名等不详，吴承恩为书写扇面
魏某	举人，江西籍，吴承恩作诗赠之还江西兼赴省试		

【附录四】

正德元年至万历十年淮安水旱表

〔说明〕(1)本表是不完全的资料汇集。资料都是引的原文，不加标点，注明资料所自；与淮安间接的资料则加〔 〕。

(2)资料所自简称如下：

明·五——《明史·五行志》

明·河——《明史·河渠志》

明·武——《明史·武宗本纪》

明·世——《明史·世宗本纪》

明·穆——《明史·穆宗本纪》

明·神——《明史·神宗本纪》

淮——光绪《淮安府志》卷四十"杂记"

古——《古今图书集成·庶征典》

实——《明实录》各该年该卷

年代	旱灾	水(雨)灾	其他
正德元年 (1506)		〔七月凤阳诸府大雨平地水深丈五尺没居民五百余家〕(明·五)	
正德三年 (1508)	〔江南北旱〕(明·五)		卢凤淮扬四府饥(明·五)
正德七年 (1512)	〔凤阳苏松常镇……旱〕(明·五)		
正德八年 (1513)	淮安旱蝗(淮)	〔八月免南畿水灾税粮〕(明·武)	
正德九年 (1514)	卢凤淮扬旱(明·五)		
正德十年 (1515)	淮安大旱(淮)		
正德十二年 (1517)		夏淮安霖雨不止城内行船(淮)凤阳淮安苏松常镇嘉湖诸府皆大水(明·五)	
正德十三年 (1518)		〔应天苏松常镇扬大雨弥月漂室庐人畜无算〕(明·五)	苏松庐凤淮扬六府饥(明·五)
正德十四年 (1519)			淮扬饥人相食(明·武)辽东饥南畿淮扬诸府尤甚(明·五)
正德十五年 (1520)	淮扬凤阳州县三十六……旱(明·五)	淮安大水(淮)	
正德十六年 (1521)		淮安大水舟楫通于旧城南市桥(淮)	
嘉靖元年 (1522)	〔以南畿……旱诏抚按官讲求荒政〕(明·世)	七月……庐凤淮扬四府同日大风雨雹河水泛涨溺死人畜无算(明·五)	
嘉靖二年 (1523)	夏淮安大旱(淮)应天苏松淮扬徽池等十四郡旱为甚(古)	秋淮安大水(淮)	冬淮安大疫人相食(淮)应天苏松淮扬等地千里尽赤殍殣载道奸盗因之蜂起(古)
嘉靖三年 (1524)			〔南畿诸郡大饥父子相食道殣相望臭弥千里〕(明·五)
嘉靖五年 (1526)		徐淮兖济大水(古)	

续表

年代	旱灾	水(雨)灾	其他
嘉靖六年 (1527)	凤阳淮安俱旱(明·五)		
嘉靖八年 (1529)			真定庐凤淮扬五府……饥(明·五)
嘉靖十年 (1531)	八月丁酉以旱蝗免扬州淮安二府各属州县田粮有差(实)		二月甲戌免庐凤淮扬被灾秋粮(明·世)
嘉靖十一年 (1532)			〔七月戊辰免南畿被灾夏税〕(明·世)
嘉靖十五年 (1536)	七月乙丑以凤阳等处旱蝗免漕运督御史周金赴京议事(实)		
嘉靖十六年 (1537)		〔两畿……各被水灾〕(明·五)	
嘉靖十七年 (1538)	〔夏两京……大旱〕(明·五)		
嘉靖二十年 (1541)	十二月丁巳以荒旱免淮安卫屯粮有差(实)		〔正月免南畿被灾税粮〕(明·世)
嘉靖二十二年 (1543)			〔十二月乙酉免南畿被灾税粮〕(明·世)
嘉靖二十四年 (1545)	〔南北畿……俱旱〕(明·五)		〔南畿亦饥〕(明·五)
嘉靖二十五年 (1546)	〔南畿……旱〕(明·五)		
嘉靖二十八年 (1549)			十二月己未巡抚凤阳都御史龚辉奏淮安等州县连岁灾伤户口逃亡大半(实)
嘉靖二十九年 (1550)	六月戊子以旱灾免淮安夏税有差(实)		
嘉靖三十年 (1551)			〔免两畿……被灾税粮〕(明·世)
嘉靖三十一年 (1552)		河淮大溢(淮) 八月河溢徐淮时久雨河水大溢淮安徐邳……俱罹其患(古)	
嘉靖三十二年 (1553)		侍郎吴鹏振淮安水灾(淮)	南畿庐凤淮扬……并饥(明·五)
嘉靖三十三年 (1554)	淮安扬州……旱(明·五)		

续表

年代	旱灾	水(雨)灾	其他
嘉靖三十四年 (1555)		淮水溢(淮) 九月以水灾免淮安各卫所税粮有差(实)	
嘉靖三十五年 (1556)			〔九月……免南畿被灾税粮〕(明·世)
嘉靖三十八年 (1559)	淮安旱(淮)		淮安民饥(淮)
嘉靖四十年 (1561)			〔两畿……饥〕(明·五)
嘉靖四十一年 (1562)		十二月甲寅以水灾免淮扬所马价有差(实)	
嘉靖四十四年 (1565)		〔河决沛县上下二百余里运道俱淤〕(明·河) 〔七月河决徐沛漕渠堙〕(古)	
嘉靖四十五年 (1566)			淮徐饥(明·五)
隆庆二年 (1568)	淮安凤阳大旱(明·五)		十月戊寅免南畿被灾秋粮振淮徐饥(明·穆)
隆庆三年 (1569)		淮水涨溢自清河至淮安城西淤三十余里决礼信二坝出海(明·河)(淮) 闰六月……淮安……江南俱大水……九月淮水溢自清河至通济闸及淮安城西淤三十里决二坝入海(明·五)	
隆庆四年 (1570)		六月……诸水忽骤溢……未几自泰山庙至七里沟淮河淤十余里其水从朱家沟旁出清河县河南镇以合于黄河(明·河)	
隆庆五年 (1571)		秋水旬日不退知府陈文烛祷于神是夜遂退(淮)	
隆庆六年 (1572)		七月黄河骤涨自徐砀至淮扬下流悉成巨浸(古)	
万历元年 (1573)	淮安旱(淮)	淮水暴发民多溺死(淮)	六月壬申振淮安水灾(明·神)(淮) 淮凤二府饥民多为盗(明·五)

年代	旱灾	水(雨)灾	其他
万历二年 (1574)		八月庚午淮安扬州徐州河溢伤稼(明·五) 秋烈风发屋暴雨如注淮决高家堰高邮湖决清水潭漂溺男妇无算淮城几没(淮)	八月……庚午振淮扬徐水灾(明·神)
万历三年 (1575)		四月淮徐大水五月淮水大决……八月淮扬凤徐四府州大水河决高邮砀山及邵家口曹家庄(明·五) 六月霖雨不止河淮并涨汇而为一居民结筏浮稻采芦心草根以食(淮)	八月……戊子免淮扬凤徐被水田租(明·神)
万历四年 (1576)		正月高邮清水堤决……十一月淮黄交溢(明·五)	
万历五年 (1577)		闰八月徐州河淤淮河南徙决高邮宝应诸湖堤(明·五)	
万历七年 (1579)		〔五月苏松凤阳徐州大水八月又水〕(明·五)	三月甲子免淮扬逋赋(明·神)(淮)
万历九年 (1581)		淮安霪雨冰雹伤稼(淮)	四月……乙卯振苏松淮凤徐宿灾(明·神)(淮)
万历十年 (1582)		正月淮扬海涨浸丰利等盐场三十淹死二千六百余人(明·五)	

【附录五】

据引书目

(一)个人诗文集

射阳先生存稿（吴承恩，刘修业辑校《吴承恩诗文集》本，1958年，古典文学出版社）

山带阁集（朱曰藩，明万历元年原刻本、清道光十五年宜禄堂本）

何翰林集（何良俊，民国二十一年复庐《云间两何君集》本）

何礼部集（何良傅，民国二十一年复庐《云间两何君集》本）

二酉园文集（陈文烛，影印《湖北先正遗书》本）

二酉园续集（陈文烛，明天启刻本）

和州诗集（文嘉，《四库全书珍本初集》收《文氏五家集》本）

甫田集（文征明，明刻本）

玩鹿亭稿（万表，明刻本、《四明丛书》本）

赐闲堂集（申时行，明刻本）

弇州山人四部稿（王世贞，明刻本）

弇州山人续稿（王世贞，明刻本）

天目先生集（徐中行，明刻本）

震川先生集（归有光，《四部备要》本）

甗甀洞稿（吴国伦，乾隆重刻本）

大泌山房集（李维桢，明刻本）

三易集（唐时升，清末翻刻雍正十三年本）

理堂文集（韩梦周，道光三年刻本）

陶渊明集（百三名家集本）

苏东坡集（商务印书馆国学基本丛书本）

文征明汇稿（民国十八年，上海神州国光社）

熙台先生诗集（潘埙，刻本）

贻安堂集（李春芳，旧抄本）

（二）总集和其他文学作品

皇明经世文编（陈子龙等辑，中华书局影印本）

花草粹编（陈耀文编，1933 年陶风楼影印本）

花草新编（吴承恩编，上海图书馆藏残抄本）

昭代选屑（李本纬选，明刻本）

明诗纪事（陈田编，商务印书馆国学基本丛书本）

淮安艺文志（同治十二年刻本）

山阳诗征（丁晏编，刻本）

大唐三藏取经诗话（1954 年，中国古典文学出版社）

西游记杂剧（1959 年，中华书局《元曲选外编》本）

西游记（1955 年，作家出版社）

红楼梦（百二十回通行本）

鸣凤记（六十种曲本）

古本董解元西厢记（1957 年，古典文学出版社影印本）

二郎神锁齐天大圣（孤本元明杂剧本）

(三)历史

明实录·世宗实录　神宗实录（南京国学图书馆影印抄本）

明史（开明书店影印殿版二十五史本）

明纪（陈鹤，《四部备要》本）

明会要（龙文彬，1956年，中华书局）

宋史（开明书店影印殿版二十五史本）

中国文学史（游国恩等，1964年，人民文学出版社）

(四)地方志

天启淮安府志

光绪淮安府志

同治山阳县志

山阳志遗（旧抄本）

康熙兴化府莆田县志

民国盐山新志

宝应县志（民国二十二年排印本）

嘉庆海州直隶州志

康熙会稽县志（民国二十五年排印本）

同治长兴县志

万历湖州府志（影印天一阁藏本）

同治新喻县志

民国续修济阳县志

光绪文登县志（民国二十二年重印本）

乾隆宣化府志

康熙宣化县志

光绪常昭合志稿

道光新会县志

光绪慈溪县志

雍正宁波府志

光绪杭州府志（民国重印本）

康熙绍兴府志

乾隆铅山县志

同治宜都县志

道光直隶南雄州志

民国贵州通志

畿辅通志（商务印书馆影印本）

民国福建通志（1938年刊）

道光云南通志稿

(五)年谱、年表

吴承恩年谱（刘修业，《吴承恩诗文集》附录三）

归震川年谱（张传元、余梅年，民国二十五年商务印书馆）

历代名人生卒年表（梁廷灿，万有文库第一集本）

二十史朔闰表（陈垣，1956年，古籍出版社）

明督抚年表（吴廷燮，开明书店二十五史补编本）

小山人文科学史年表（1955年，东京小山书店）

(六)其他

古今图书集成·庶征典（中华书局影印本）

古本竹书纪年辑校（海宁王忠悫公遗书三集本）

列朝诗集小传（钱谦益，1959年，古典文学出版社）

淮郡文献志（潘埙，抄本）

弇山堂别集（王世贞，明刻本）

南雍志（黄佐，南京国学图书馆影印本）

旧京词林志（周应宾，玄览堂丛书影印本）

金陵琐事　续金陵琐事（周晖，1955年，文学古籍刊行社影印本）

七修类稿（郎瑛，1959年，中华书局）

涌幢小品（朱国桢，1959年，中华书局）

四友斋丛说（何良俊，1959年，中华书局本；又，丛书集成摘抄本）

词谑（李开先，《中国古典戏曲论著集成》本）

续藏书（李贽，1974年，中华书局）

太平御览（鲍刻本）

香祖笔记（王士禛，文明书局笔记小说二十种本）

朴通事谚解（日本昭和十八年奎章阁丛书影印本）

制义科琐记（李调元，丛书集成本）

中国小说史料（孔另境，1957年，古典文学出版社）

古典小说戏曲丛考（刘修业，1958年，作家出版社）

文艺复兴"中国文学研究专号"下（1949年，上海文艺复兴社）

文物1975年第10期（1975年10月，文物出版社）

戏曲小说丛考（叶德均，1979年，中华书局）

茶余客话（阮葵生，石印节本，人民文学出版社，1980年单行本）

传　略

一 家世和家庭

立德、立功、立言，古称之为三不朽。写一部通俗小说，为贩夫走卒、村翁塾师所赞赏喜爱，不仅进不到所谓三不朽的行列，还要受到鄙视、蔑视。但是历史上产生的优秀的通俗说部，经过时间的考验，证明它确实是不朽的。我以为这样的小说是立德兼立言的，不朽也宜。作品不朽，作者也便因而应该不朽。孰知不然。因为通俗小说不登大雅之堂，上不得士大夫台盘，捉刀握笔的作者，把自己的整个心灵奉献给社会，却往往不能在书上标写自己的姓名。《西游记》小说为什么长期被元朝道士长春真人丘处机无理攘夺？吴承恩的泪花告诉了人们这样的现实。被称为明代小说四大奇书另三部的作者，即作《水浒传》的施耐庵，作《三国演义》的罗贯中，作《金瓶梅》的笑笑生，名则印在书上矣，施耐庵尝见疑于人，认为是个假名字；笑笑生者又是何人哉？他们似乎是个蒙面剑侠，倏忽而来，送给精神上缺少食粮的人们一盘丰美的点心，又飘然隐去，就是善于搞侦破工作的福尔摩斯，也无所措于其间，终不能识庐山真面。如果说什么不幸与幸，《西游记》作者吴承恩是不幸而又幸的。不幸：今天我们看到的几种明刻本《西游记》都没有写上"吴承恩汝忠甫撰"字样，连明清许多小说通常有的"射阳山人编次"或"射阳居士编次"的字样也无，就怪不得元朝道士丘长春插手捞一把了。施耐庵、罗贯中、笑笑生等人，假名也罢，真名也罢，总是写在书上，丘长春者流无由上下其手攘窃之。幸：首先，吴承恩有不只一位好同乡。天启《淮安府志》的修志人，特在其卷十九《艺文志·淮贤文目》吴承恩名下载《西游记》，为《西游记》作者明标一笔；后吴承恩二百年的另两位同乡吴玉搢和阮葵生在他们的《山阳志遗》和《茶余客话》里，专门批驳所谓《西游记》小说是长春真人秘本的谬论，从内证、外证把《西游记》的著作权还给吴承恩。其次，吴承恩死后，他的表外孙丘度主持刻印了他的诗文集《射阳先生存稿》，保存了吴承恩丰富的生平、思想资料，是施耐庵、罗贯中等人所不及的。我们今天敢于给吴承恩作传，是和吴承恩这种得天独厚的"幸"字连在一起的。

"吴承恩传"的开头，我们可以准确地写上："吴承恩，字汝忠，号射阳山人（或射阳居士），明正德至万历年间淮安山阳人也。"此前贤记载，昭如日月，明白无误，视施耐庵、罗贯中、笑笑生之雾里藏身，神龙隐现，何其可喜也耶！吴承恩的生年和卒年，虽然不能十分确定，大体的年份也不会和事实相差很远。那就是约生于弘治十七年甲子(1504)，约卒于万历十年壬午(1582)。①

吴承恩的先世曾是今淮阴（清江市）东北五六十里的涟水（明时为淮安府安东县）人，"然不知何时徙山阳。遭家穷孤，失谱牒，故三世以上莫能详也"（《先府宾墓志铭》）。移家至山阳，先是住在农村，今淮安城南二十里左右的灌沟，是吴家定居地，其处有吴家先茔。灌沟，今天隶石塘公社二堡大队。灌沟一带，土地平衍，林木荫翳，水田棋布，沟渠纵横，是一派美丽的农村风光。春、夏之

---

① 吴承恩卒年约是万历十年壬午(1582)，乃学术界的通说，根据是《射阳先生存稿》的万历十八年庚寅(1590)夏日陈文烛序的开头说"吴汝忠卒几十年矣"这句话。至于生年，一般有三种说法：第一种认为生于弘治十三年庚申(1500)，是学术界多年来的通说；第二种认为约生于正德五年庚午(1510)顷，此说最先见于鲁迅《中国小说史略》第十七篇，是另一通说；第三种认为生于正德元年丙寅(1506)左右，汪馥泉说。我认为吴承恩约生于弘治十七年，则是上述三种说法以外的第四种说法。我的根据和对上述三说的驳辨，见《年谱》部分所论。

际，尤其如此。① 吴家在灌沟住多长时间？今天已不能确知。

吴承恩的高祖叫吴鼎，没有功名（布衣）；曾祖吴铭开始，吴家跻入儒林，可能吴铭是进了学的，因为他当了学官，任浙江省余姚县学训导。吴承恩的祖父吴贞继乃父余绪，仍业儒，并且前进了半步，在英宗天顺八年（1464）任浙江省仁和县学教谕。关于吴鼎、吴铭、吴贞的情况，都据吴承恩《先府宾墓志铭》所述。在吴铭，今天能看到的《山阳县志》或《淮安府志》以至《余姚县志》等等，都确实"无名"，因而不能补充什么。至于吴贞，同治《山阳县志》卷九，则据原《志》说他是由年例入监，任的是仁和县训导；光绪《杭州府志》卷一百零二记载吴贞是宪宗成化六年（1470）任仁和县学训导。说吴贞由年例入监，约即指例监，是由普通身份（非儒学生员）捐资入国子监读书的。大约是景泰四年（1453）吴贞以生员纳资入的国子监。②淹滞较久，天顺八年始选任为仁和县学教职。这可补《先府宾墓志铭》之阙。是教谕呢，是训导呢？按常理，吴承恩追述自己祖父的职务，应该是可信的；但《山阳县志》与《杭州府志》又在绝无可能相谋的情况下都说是训导，就不敢随便肯定何者为是何者为非了。也有可能吴承恩父亲因年纪幼小，听梁夫人（吴承恩祖母）说，记忆有误，又误传给了吴承恩。说吴贞成化六年始任职仁和，显然是《杭州府志》误记。《先府宾墓志铭》说："方仁和君教谕仁和时，先君四岁矣，仁和君梁夫人则挈之如仁和；数月仁和君丧，则又挈之归山

---

① 灌沟一带的情景，是我 1978 年 6 月到淮安考察时见到的今天情景，但相信吴承恩时代也会是这个样子。如种稻的问题，吴承恩《宝应吴曰南避寇入淮投我四诗于其归也答赠一首》有句："花暖移巢随社燕，稻香归路惊鸣蝉。"证明由淮安归宝应的途中多稻田，灌沟恰恰在其经路附近。《西游记》第二十回写唐僧、孙悟空、猪八戒师徒三人（此时还没有收沙和尚）到黄风岭下一村舍，正值夏日炎炎，看到两个少年人，"敛衣赤脚，插秧而回"。可见吴承恩熟悉的乡村生活是夏日种稻插秧的，盖灌沟一代明时与今天一样，多是水田。

② 《明史》卷六十九："例监，始于景泰元年，以边储孔棘，令天下纳粟纳马者入监读书，限千人，止行四年而罢。"《明会要》卷四十九引《三编》："（景泰）四年四月，始令生员纳粟为国子生。"引《通纪》："成化二年，以荆襄用兵，令生员纳米百石以上入国子监。"

阳。"父亲什么时间故世的，吴锐当不会记错，而如果吴贞是成化六年任职仁和，卒于任所，吴锐已十岁，哪能出现误记误传之事？县学训导以至教谕虽然称为学"官"，但这个"官"卑卑不足道，是正、从十八品之外的未入流的所谓官，年禄三十六石①。其未入流，相当于孙悟空任过的弼马温。教谕是掌教诲所属生员的正教官，训导则是教谕的副手。学官所以卑卑，不仅俸薄，而且官冷，"诸公衮衮登台省，广文先生官独冷。甲第纷纷厌粱肉，广文先生饭不足"。盖自古已然，明代没有改善。凌濛初讲明代的学官云："'朝日上团团，照见先生盘。盘中何所有，苜蓿长阑干'。这首诗乃是广文先生所作，道他做官清苦处。盖因天下的官随你至卑至小的，如仓大使、巡简司，也还有些外来钱。惟有这教官管的是那几个酸子。有体面的，还来送你几分节仪；没体面的，终年面也不来见你，有甚往来交际？所以这官极苦。"(《二刻拍案惊奇》卷二十六)吴承恩祖父从不太丰裕的家庭生活费中挤出一笔钱，纳资入监读书，苦奔苦拽，送走多少个美好的岁月，终于选得这么个不被读书人艳羡的穷教官，以至任职不久便溘焉逝世，抛下寡妻孤子，使他们孑身返回家乡淮安。"家世儒者，无资，且颠沛宦游，归益贫。"

《先府宾墓志铭》曾说吴氏，"遭家穷孤，失谱牒"，似乎是意味着高祖吴鼎、曾祖吴铭、祖父吴贞都是孤枝单传，终鲜兄弟。即或并非如此，到在父亲吴锐，确乎是连个姐妹都没有的了。吴锐四岁（满三岁）父丧，随母归山阳，连在仁和学官中的嬉戏啼笑后来都不会有什么清楚记忆的。但是幼年丧父而家较比困弱的孩子，得贤母的爱抚教养而成长起来，往往更能奋发自立。据吴承恩记叙说，当父亲归山阳，"已有性资，不妄啼哭笑言，但时时向梁夫人索书读。

①　《明会要》卷四十三《百官禄秩·未入流》的编者说明："三十六石。唐以后，各代设官，皆制为九品，品有正、从，共十八品。九品之外，有未入流，自明始也。"未入流中有"各学教谕训导"。

以贫故，逾数岁，始遣就社学先生。社中诸学生率岁时节朔持钱物献社学先生，吴氏不能也，社学先生则勤勤教诸学生书，不教先君书。先君辄从旁听窥，尽得诸学生所业者，于是通《小学》、《论语》、《孝经》矣。社学先生反以为奇，欲遣就乡学。梁夫人闻之，叹曰：'嗟乎！吴氏修文二世矣，若此耳，斯孤弱奈何？'于是泣，先公亦泣。"吴锐终于没有去就乡学。大约是梁夫人不久就下世了，否则他也不会在弱冠之年出赘别家。中国封建社会，因家贫而出赘当赘婿的人，都是不得已而为之的痛苦事。赘婿到妇家是半主半奴，有的要改姓妇家的姓（近代的淮安犹如此，这是今天年岁大一点的淮安人都见到过的），男权不得不让位给女权。吴锐是所谓书香门第（修文世家）的子孙，不能绍箕裘而出赘，更有着双重的痛苦。吴锐的岳家姓徐，在淮安的河下今估衣街开售卖花线、花边（"采缕、文縠"）的铺子。或许吴锐原本就是徐老板铺子里的一名伙计，也许是别的关系，总之，赘于徐家后，"遂袭徐氏业，坐肆中"，当起商人来了。吴锐是个正直的商人，合法的商业利润他不吝取，额外的巧得他不屑要；对当道官府是顺民，对邻里街坊是长者。对此，吴承恩有较具体的描写："时卖采缕文縠者肆相比，率酒食邀熙，先公则不酒食邀熙。时众率尚便利机械善俯仰者，先公则木讷迟钝，循循然。人尝以诈，不之解，反大以为诚；侮之，不应亦不怒。其贾也，辄不屑屑然，且不二价。又日日读古人书。于是一市中哄然以为痴也。里中有赋役，当出钱，公率先贯钱待胥。胥至，曰：'女钱当倍'，则倍；'当再倍'，则再倍。曰'女当倍人之庸'，则倍人之庸。人或劝之讼理，乃窃叹（按：《射阳先生存稿》载之《先府宾墓志铭》无'乃窃叹'三字，此从墓铭原石。下引皆同）曰：'吾室中孰非官者；然又胥怒，吾岂敢怒胥，又犯官哉！'于是众人益痴之。承恩记忆少小时入市中，市中人指曰：'是痴人家儿。'承恩归，恚啼不食饮，公知之，笑曰：'儿翁诚痴，儿免为痴翁儿乎？'及承恩冠矣，先君且年老，见旧时易侮先君者，尽改节为敬恭。里中有争斗较量，则（按：《存稿》无'则'字）竞趋先公求平；而折之，亦欣欣去。或胸怀有隐匿，难人知者，即不难公知，且诉以臆。乡里无赖儿相聚为不善，卒遇公，一时散去，皇皇赤发面也。"如是的商人吴锐也受到当道官府的器重，知府葛木竟在举行乡饮典礼时召吴锐为"宾"，把他当作一郡年高德劭的可尊敬的人物来看待。年高，自然是一个人生命途程的光荣；可是，年高百龄，只可入耆年会，而年高能被召为乡饮之宾，就必须有德。据《明史》卷五十六记载，明代乡饮之礼，仿古而有所变易。通过习礼读律，期于申明朝廷之法，敦叙长幼之节。举行乡饮之礼时，担任司正的儒学学师，要在大会上背诵一通"恭惟朝廷，率由旧章，敦崇礼教。举行乡饮，非为饮食。凡我长幼，各相劝勉：为臣竭忠，为子尽孝，长幼有序，兄友弟恭，内睦宗族，外和乡里。无或废坠，以忝所生"。然后还要宣诵《大明律》，使人们加强守皇家大法的观念，要凛遵不怠。举行乡饮典礼仪式时以府县长吏为"主"，以乡之致仕官员中有德行者一人为"宾"，还要选择年高有德的乡人为"僎宾"（"主"之副），此外还有"介宾"、"三宾"、"众宾"等名色。吴锐之被召为"宾"当属"僎宾"。他的"德"当包含严遵皇家法令与和睦乡里等项。吴锐除去有上述的好德行被邻里敬恭和官府器重外，还常常流露出古代隐士的风范。小隐隐于山林，大隐隐于市朝，似乎吴锐就是隐于商人中的高士。他常在饮酒不取醉的三杯之后，学着陶渊明的派头，"颓然啸歌"；遇好风日，还要负手徐徐去，遍历近郊古寺中，俯仰徘徊，视通万里，浮想千古。他不种菊而爱菊，自号"菊翁"，也大是陶家的格局，大约不必采菊东篱下，也会悠然见南山的。据吴承恩的记叙，父亲在读书上也有着好读书、不求甚解的五柳先生的精神面貌。"性一无所好，独爱玩群籍，不问寒暑雨旸，日把一编坐户内，大官过，亦不知，前驺呵之，乃徐起。自六经诸子百家，莫不流览，独《尚书》、左邱明《春秋》未尝一日置也。于诸书训故声切不甚通悉，然独得大要旨归(《存稿》作‘大旨要归’)焉。”然而吴锐读书是和对时政的感受、看法联在一起的，他的谈说史传，为历史人物的不幸遭遇而流泪，恰恰是对现实政治密切关注的曲折反映。“居尝逡逡，口不能道辞，及与人谈说史传，上下数千载，能竟日不休。每读书至屈平见放，伍大夫鸱夷，诸葛孔明出师不竟，周子隐战没，檀公见(《存稿》作‘被’)收，岳鄂武穆死诏狱，未尝不双双流泪也。又好谈时政，意有不平(《存稿》作‘意有所不平’)，辄抚几愤惋，意气郁郁云。”自谓形神不劳，少机心，不顾虑有无，衣食稍温饱即足的吴菊翁，平素有一个健康的体魄，鲜疾病，但“一日买船泛城西大泽中，意欣欣出门去矣，归即不起”，恐怕是心肌梗死的不治之症吧，时嘉靖十一年三月十九日也，寿盖七十二云。

吴承恩父亲吴锐的生平思想在吴承恩的《先府宾墓志铭》里记叙得甚为详细，描写得甚为形象。今天我们稍加排比点染，便可把吴锐的小传写如上，实际并未费什么钩稽之劳。吴承恩不虚美，不浮夸，不润色，只是模仿事实而描绘出来的父亲，并不是商人，是市井的大隐。或许正是这样的父亲造就了吴承恩。

吴承恩的嫡母徐夫人是采缕文縠商人徐老板的女儿(我们可以假定她是独生女)；生母张夫人的家世不可考，她既然在吴锐壮岁因无子才被纳为侧室，年岁当与吴锐有不小差距，由此也可以想象张夫人的娘家不会富有甚至是颇为贫困的。徐夫人于吴锐逝世的嘉靖十一年仍在世，当时吴锐七十二岁，而吴锐弱冠即昏于徐氏，他(她)们是结发夫妻，年龄相仿(至少是如此，说徐夫人比吴锐大几岁都有可能)，因此可以推知徐夫人是享了七八十岁的高寿的。张夫人也一定享高寿，吴国荣《射阳先生存稿跋》说吴承恩“为母屈就长兴倅”，这屈就如果是指嘉靖四十五年吴承恩当长兴县丞，彼时生母张夫人还在世，则吴承恩已六十左右岁，张夫人至少要有八十岁。吴承恩生母张夫人自然也享有高寿。吴承恩有姊名承嘉，徐夫人生，嫁沈山。沈家先世有宣德中当过户部尚书的沈翼，也是淮安的望族。沈山与吴承嘉的孙子有一个叫作沈森的，是万历中诸生。①他（她）们的外孙就是吴承恩晚年对之教育有成的丘度。

吴承恩的妻子叶氏，是淮安另一个望族叶家的"小姐"，叶氏的曾祖父叶淇在弘治初当过户部尚书。吴承恩与叶氏什么时候结的婚？由《贺笛翁太丈七十寿词》，知他（她）们结婚当在嘉靖初年，因为这篇《寿词》作于隆庆四年（1570）而说"承恩缔姻门下，余四十年"，那么最晚也不会后于嘉靖六年或七年。吴承恩与叶氏的情爱甚笃。吴承恩青、中年时节常常奔跑在外，客中七夕，凝眉吟哦，思念妻子："世传七夕星家节，斗牛以此为期。又言桥外雨霏霏。是他离别苦，相见亦悲啼。此事有无君莫问，古今多少分离。与君开抱且衔杯。其间怀恨处，唯我最能知。"（《临江仙·七夕》）词的结末两句"其间怀恨处，唯我最能知"，表达的是对自己妻子最深沉最诚挚的思念。吴承恩的妻子小字讳"九"，他的另一首《临江仙》词题《右小字讳九》，用戏谑的拆字拼字法句句嵌"九"字，结尾两句是："何时当七夕，云雨会双星？"（七加二为九）与前引《临江仙·七夕》相呼应。从思想脉络考察，两者恐是同时作，急于归去与妻子相会的心情跃然纸表，戏谑声中的哀愁更为深沉。封建社会的知识分子有一些人在外挟妓忘归以至富贵易妻，吴承恩则反是。他曾讽喻友人"温柔乡可醉，须念大刀头"（《送人游金陵》）。又为友人客都下频年不归，可能另有新欢，而描摹妻子的口气哀唱："艰难谁念妾身孤，化石江头为望夫。千里辞家裘马客，长安多少鲁秋胡。"（《友人

① 《山阳诗征正编》卷八载沈森诗《丘震冈司理南康赋此却寄》，《诗征》的编者丁晏在诗后附注引吴山夫（玉搢）云："平湖先生（按：沈森）为宣德中户部尚书沈公翼之裔孙。隐居平桥，读书力田，泊如也。《咏怀堂小草》一卷，为丘司徒震冈先生选定，盖与先生为中表兄弟也。"丘度是沈山与吴承嘉的外孙，沈森当然是沈山与吴承嘉的孙子。

客都下频年不归哀其内子之穷为赋望夫石》）他自己呢？他声言自己绝不去醉温柔乡，绝不当鲁秋胡，绝不被闲花野草所萦牵。他在南京与朋友交往酬酢中不免与妓女接触，有的妓女频以目挑，他不为所动，回答说："天女将花欲染衣，禅心似絮已沾泥。风情不待中年减，空色唯将一笑齐。眉妩任从京兆尹，斋居惭愧太常妻。青鸾自有云霄伴，莫向场间顾木鸡。"（《金陵有赠》）"眉妩"两句又兼及对妻子的怀念。我们由吴承恩《移竹寺中》诗的第五首又得知，叶氏对吴承恩之不求仕进，只爱舞文弄墨，也有不满。诗云："闺人素嫌侬，耽贫不干禄。从此益疏庸，为有新移竹。"叶氏盖先于吴承恩而卒。[①]

吴家从吴鼎到吴承恩，似乎是代代单传，吴承恩继承了家世的这一传统（当然，遗传学并无此条规律），和叶氏也只生过一个儿子。儿子是个挺聪颖的小家伙，所以吴承恩㧤这小家伙于初度兮，肇锡他以嘉名。名他曰"凤毛"兮，看得出这是个超常的儿童。正因如此，淮安府山阳县亘古及今（到吴承恩时代之今）唯一的一名状元沈坤，竟许婚以女。吴凤毛年纪很小就爱听故事，是《西游记》的第一批欣赏者。吴承恩《送我入门来》曲说："漫说些痴话，赚他儿女辈，乱惊猜。"应当就是指包括吴凤毛在内的小儿女听了吴承恩讲孙悟空、猪八戒故事而惊诧、猜想。吴凤毛在嘉靖十一年犹未生，嘉靖二十三年仲冬已和沈坤的女儿订婚，嘉靖三十五年前未及成婚夭折。[②] 吴承恩的并世人士和同乡后代人或称他"绝世无继"（吴国荣），

---

① 叶氏先于吴承恩而卒，今无正面材料可证明。但吴承恩死后不太久陈文烛为吴承恩编选的《花草新编》作序（《二酉园续集》卷一），结尾说："其稿与所藏，泯灭殆尽，而家无炊火矣。"后一句是说吴承恩死后家无一人在世，可证叶氏已前卒。
② 嘉靖十一年十二月吴承恩作《先府宾墓志铭》没有讲父吴锐有孙男一，名凤毛字样。按墓铭例（如吴承恩作的《潘公神道碑》、《双松丁公墓志铭》、《沈公合葬墓志铭》），如已生孙男，必须列名，考证此时吴凤毛未生；嘉靖二十三年吴承恩寿沈坤母作《介祉颂》，称"承恩令子之平生肺腑交也，又重以婚姻之谊"，就是指沈坤许凤毛以女事；嘉靖三十五年吴承恩给沈坤父母作《沈公合葬墓志铭》说："我亡子凤毛，祭酒又尝许昏以女"，是吴凤毛未及成年结婚便夭折。

或称他"贫老乏嗣"（吴玉搢），或称他"家贫无子"（同治《山阳县志》），等等，说明吴凤毛夭死后，吴承恩没有生第二个儿子，并且连一个女儿也没有。

吴承恩的家世和家庭成员情况大抵就如上述，吴承恩的祖母梁夫人曾哀叹吴家"孤弱"，这"孤弱"情势在吴承恩成年后并没有改变。吴承恩逝世后，似乎是从涟水搬到山阳的吴家这一支便干脆绝宗了。

通过前边关于家世等情况的介绍，吴家的社会地位大体已经有了一个轮廓，不必再为勾勒。但是，对于吴承恩家庭的经济状况就必须集中地详细地谈论以至辨驳一番，谓为谈论、辨驳是有乖为人作传应有的体例，也在所难辞。因为只是正面地描绘吴家可能是城市中等生活水平，并非贫困云云，一则具体的正面材料不足，二则一二百年来说吴承恩家是"贫困"的，几乎已成定论，不辨驳不能餍服人心。于是，只得叫我的"论文"厕身吴承恩传中间，推打不走。

根据中国一些古典小说作家如吴敬梓、曹雪芹等人，都是在他们作不朽名著时生活相当困窘，或者"环堵萧然"，"穷极，则以书易米"（吴敬梓）；或者"举家食粥酒常赊"（曹雪芹）。又因清乾隆以来吴承恩乡人都说吴承恩"贫困"，而被今天研究者接受下来①，似乎优秀小说都是作家"贫困"的产物。然而，对吴承恩的家庭经济状

① 清康乾间的淮安山阳人吴玉搢《山阳志遗》卷四说吴承恩"贫老乏嗣，遗稿多散佚失传，丘司徒震冈收拾残缺……"开始提到吴承恩的"贫"；同治《山阳县志》卷十二可能即据吴玉搢的说法，称吴承恩"家贫无子，遗稿多散失，邑人丘震冈收拾残缺……"。本来吴承恩同时代人陈文烛、李维桢、吴国荣等人给吴承恩的集子《射阳先生存稿》作序或跋，都提到丘度搜集吴承恩遗稿，但都没有说家贫的话；就是后吴承恩几十年的天启《淮安府志》的编者在介绍吴承恩时，也只是讲"有文集存于家，丘少司徒汇而刻之"（卷十六《人物志》），绝不涉及吴承恩家贫。事过一百二十年，吴玉搢忽然发现吴承恩的家是贫困的。又后吴玉搢一百年的同治《山阳县志》编者（主要是丁晏）跟着吴玉搢学舌，都是想当然之词。今天人竟说吴承恩"出身于一个贫苦的家庭"，以至"他的一生穷困潦倒"（北京师范大学师生合编《中国文学讲稿》，1958年，高等教育出版社），更是无稽之谈了。

况却要具体分析，所谓"贫困"，须相对地全面地看待。

吴承恩祖父卒于仁和任所到吴承恩父亲赘徐家之前，吴家确实是贫困的。吴承恩父亲上社学节朔日不能持钱物献社学先生，念完社学又不能继续就乡学，且在弱冠之年，竟出赘徐门，是家庭贫困的最好证明。吴承恩父亲刚赘入徐家，是给徐老板送去的廉价的（或不付金钱报偿）经营店铺的劳动力，要替徐家撑门抵户，做活当差，可能经过一段时间徐老板过世，吴承恩父才得"袭徐氏业，坐肆中"，当起名正言顺的采缕文縠商店的老板，徐家招牌换成吴家匾额，从此，吴家脱出贫困的漩涡。及至吴承恩既冠，他的父亲已是邻里间受尊敬的人物了。吴锐所以受到人们的尊敬，除如吴承恩所说，是由于父亲为人正派，少机心，不搞两面手法等等之外，恐怕有一定财资是不可缺少的侧面。阶级社会一个人的地位高低和财产多寡往往成正比，相辅相成。邻里间没有一定财资的老头子，再正派再诚笃，也免不掉受人冷遇以至受人嘲弄。吴承恩父亲曾客气的把自己此时此刻的生活状况称作"衣食稍温饱"，即承认自己生活满不错，头寸不缺。父亲故世后的一段时间内，吴家也是比较富裕的，这可以从吴承恩对父母丧葬情状看出。1975 年 1 月，今淮安石塘公社二堡大队发现承恩父和两个母亲的合葬墓及其墓志铭。墓中一椁三棺，椁外用糯米汁浇灌封闭。三棺外面合套一椁，椁外用糯米汁浇灌封闭的葬式，是当时较富裕的人家才能办到的。如果推测吴承恩的生母张夫人逝世较晚，则吴家较富裕的生活当维持一个较久的阶段（维持到嘉靖末年或万历初年的吧）。虽然我们并不知道吴承恩父亲死了以后吴家的花线、花边铺子是否关门大吉。据现有资料，嘉靖三十几年以至其晚年，吴承恩也没有处于穷困潦倒之中。吴承恩以藏书丰富著称。嘉靖三十八年陈耀文任淮安府推官，与吴承恩交往，他的《花草粹编序》说"纳交素友淮阴吴生承恩……藏书甚富。余每得之假阅……"同时，吴承恩自己编辑《花草新编》，所据除《花间集》、《草堂诗余》外，"复益以诸人之本集，诸家之选本，记录之所附载，翰墨之所遗留，上溯开元，下断至正"。而这些唐宋元诸人本集、诸家选本，以及翰墨所遗留等，都是"祇据家藏"（吴承恩《花草新编序》），不假旁求。吴承恩这么多的藏书是哪里来的呢？可能有一些是曾祖和祖父的遗留，有一些是朱曰藩的父亲朱应登的赠遗①，但主要应该是吴承恩自己的购置。因而，可以说嘉靖三十八年顷，吴承恩生活不会是贫困的。退一步讲，书籍之积聚是前些年的事，但如此时贫困，也会卖书换衣食，不会坐拥书城，衣食不继。到在隆庆末万历初，正是陈文烛在淮安当知府时，后来陈文烛回忆当时吴承恩的情状说："忆守淮安，汝忠罢长兴丞，家居在委巷中，与不佞莫逆，时造其庐而访焉。""家四壁立，所藏名画法书颇多。人谓汝忠于王方庆之积书，张弘靖之聚画，侔诸秘府者可十一焉。"（《花草新编序》）请看：住委巷，大约不是深宅大院的富贵之家；但知府常造其庐而访，表明他的庐宅绝不会是湫隘不堪，应该有个客室的吧。家四壁立，没有华美的衣橱和其他摆饰，但是所藏名画法书却是颇多，总该有些箱柜倚壁而立，里边珍藏着可侔秘府的书画的吧。有这样"侔诸秘府者可十一焉"名画法书的人，怎会是生活贫困的呢？

探索一个人家庭是较比富裕或者较比贫困，从他的近亲和新亲也能窥测到一点消息（远亲和老亲不能作准）。吴承恩姐姐吴承嘉嫁沈山，沈山是景泰年间当过南京户部尚书的沈翼的后人；吴承恩的妻子叶氏是弘治初当过户部尚书的叶淇的曾孙女，"即今吾淮族望，犹以叶氏为甲"（吴承恩《叶太母挽诗序》）。吴承恩的儿子吴凤毛则曾与状元沈坤的女儿订婚。以上种种情况说明吴承恩的家庭至少在

---

① 陈文烛《花草新编序》（《二酉园续集》卷一）："宝应有朱凌溪者，弘德间才子也，有奇子□子价。朱公爱之如子，谓汝忠可尽读天下书，而以家所藏图史分其半与之，得与子价并名。射湖之上，双璧竞爽也。"

他的青年和中年时代是比较富裕的。恩格斯根据欧洲中世纪（封建社会）的大量事实材料的研究，论断说："对于骑士或男爵，以及对于王公本身，结婚是一种政治的行为，是一种借新的联姻来扩大自己势力的机会；起决定作用的是家世的利益，而决不是个人的意愿。""中世纪城市的行会市民，也是如此。""决定这个问题的绝对不是他个人的意愿，而是家庭的利益。""因此，直到中世纪末期，在绝大多数场合，婚姻的缔结仍然和最初一样，不是由当事人自己决定的事情。""当父权制和一夫一妻制随着私有财产的份量超过共同财产以及随着对继承权的关切而占了统治地位的时候，婚姻的缔结便完全依经济上的考虑为转移了。"（《马克思恩格斯全集》第二十一卷 91 页至 92 页）中国封建社会的情况也是这样，看一看《焦仲卿妻》《孔雀东南飞》和《西厢记》杂剧以及《红楼梦》就了然了。吴承恩姐弟二人都和淮安望族当过户部尚书的沈家、叶家后裔结亲，难道仅仅因为吴家先世有当过学官的，吴承恩再加上吴承嘉聪敏有才（假定吴承嘉也和弟弟一样聪颖，是个才女），便不计较现实的家庭贫富吗？恰恰是因为吴家开着卖花线、花边的铺子。当然，也要加上前两个因素。吴承恩的儿子吴凤毛，大约是幼慧的，吴承恩和沈坤又是从小的好朋友，可是如果吴家贫困，吴、沈两家结亲的可能性也恐怕是不存在的。

或者说，吴承恩在诗文里尝说自己之"贫"。"闺人素嫌侬，耽贫不干禄"（《移竹寺中》）；"家近迟乡信，官贫费俸金"（《春晓邑斋作》）。前者是就不当官与当官两者相比而言，不当官没有俸禄叫作贫，甘心乐意不当官没有俸禄叫作"耽贫"。后者是就清官与赃官相比而言，当官不贪赃只拿几个俸金叫作"官贫"。——上述两种贫，与生活上的贫困不同格。

吴承恩的家之较比富裕，至少过得去，不能叫作贫困，究其一生，约有三条经济来源，而府学生员时、南监监生时的廪饩及县丞的官俸不与焉。他年轻时父亲在世开铺子，商业利润是吴家主要经济收入；他成年后，文名甚盛，常为富人嘏祝之词有不稳定的润笔收入①；他一生中最主要的固定收入当是土地②。

　　贫困与非贫困乃相对而言。与田连千顷大地主比，与高官显宦比，可以说吴承恩一生都是贫困的；与城市一般居民比，与乡村一般农民比，不但谈不到贫困，可以说一生都比较富裕。

---

　　①　1955 年作家出版社版《西游记》附有编辑部的《关于本书的作者》，说吴承恩于 1552 年（嘉靖三十一年）左右在南京曾卖文为生，这当然是错的，因为吴承恩其时是就读于南监，有廪膳供应，不必卖文。他又代荐绅台阁诸公捉刀，今集中多有，是否收取报酬不可知。但他给富人作障词，确实要换高价。段朝端《楚台闻见录》："射阳先生文集寥寥无多，内有障词数篇。'障词'二字不解其义，询诸笏山先生，亦云未闻。昨阅阎氏谱，双溪家传内有云：'府君凡举典礼，必购高文巨笔以重其事，如吴郡沈石田山水，文衡山草书，山阳吴射阳锦障词，多藏于家'云云。始悟其义，盖言词之书于屏风者耳。"
　　②　一般想法是吴家既在灌沟有先茔，总该有点茔地。然不仅此。吴承恩诗《平河桥》："会向此中谋二顷，闲搘藜杖听鸣蝉。"平河桥即平桥，距灌沟二十多里路。吴承恩乡先辈潘埙罢河南巡抚即买田平河桥，自号平田野老；姐夫沈山家似乎也住平桥（丁晏谓沈山的孙子沈森隐居平桥）。吴承恩说要在平河桥买二顷田（二百亩），然后去那里隐居，"闲搘藜杖听鸣蝉"，口气之大惊人。最大的可能是他在灌沟有一片土地，于是想就近再扩大一些。

二　幼少年时代

一、幼　慧

明孝宗朱祐樘弘治十七年(1504)左右，吴承恩生在今江苏省淮安县城。吴承恩降临人世之际，他的父亲吴锐正在淮安河下的估衣街——淮安商业区店铺比较集中的一条街——袭徐氏业，坐柜卖花线、花边。居家则是与估衣街横切相接的打铜巷。关于吴家的绒线铺是座落在河下估衣街和居家在打铜巷一节，今天熟悉淮安掌故的人还能缕述娓娓。从种种迹象看，这说法是可信的。[①] 吴锐发妻徐氏只生了一个女儿，大约是望子心切的缘故，吴锐纳侧室张，生吴承恩。这时吴锐年过四十，也算是老年得子了，何况吴家人丁不旺，其喜庆珍爱之情是可以想见的。吴家从吴鼎起，都是单名：鼎、铭、贞、锐，吴家传统都是如此命名的。但是，第五代的一个男孩，却名他曰承恩。由单字为名，变为双字为名，这是怎么回事？揆度将近五百年前一位稍有文化的商人心理，我们没有孙悟空的本领，不能在没有文献记载的情况下知其用心。但，合理的推测

---

① 　参见我写的《追踪〈西游记〉作者吴承恩南行考察报告》中《吴承恩家庭居住旧址》一节。《考察报告》见《吉林师大学报》1979 年第 1 期。

也将被允许。吴锐打破家庭传统，给儿子取个双字名，大约是两个原因：

第一，父祖都是读书种子，是准备学成文武艺，货与帝王家的。奈何许！只当得个县学的学官，而到在自己又不得不弃儒经商。吴锐胸中压着多少年的牢骚不平之气，想在宝贝儿子身上加以补偿。他对儿子名之"承恩"，承皇恩也；字之曰"汝忠"，忠于皇帝也（字"汝忠"可能是后来根据名"承恩"起的）。总之，吴锐为了给儿子起一个鲜明的叫他读书上进当官的名字，不惜打破家庭传统。

第二，与前者密切相连的是：吴锐感到这个儿子将来有出息，能克绍祖业，能读书有成而承恩。因为这个儿子从刚懂事的一周岁左右的时候，便显出了超越一般幼儿的天资。单名表达不出儿子将来可能有的成就。

吴承恩之幼慧，被人们当作"神童"般来看待，和吴承恩并世或稍后的人士有文字记载。天启《淮安府志》卷十六说"吴承恩性敏而多慧，博极群书，为诗文下笔立成"。这是比吴承恩晚两个辈分的同乡人士针对吴承恩的一生而言的。"性敏"、"多慧"，一生皆如此，当然包括幼少年时期。吴国荣《射阳先生存稿跋》说："射阳先生髫龄，即以文名于淮。投刺造庐，乞言问字者恒相属。"比吴承恩晚一辈的人明确说吴承恩是在髫龄时期的资质便超乎常儿。

记载吴承恩幼慧最具体的是陈文烛的《花草新编序》（《二西园续集》卷一），陈序说吴承恩："生有异质，甫周岁未行时，从壁间以粉土为画，无不肖物。而邻父老命其画鹅，画一飞者，邻父老曰：'鹅安能飞?'汝忠仰天而笑，盖指天鹅云。邻父老吐舌异之，谓汝忠幼敏，不师而能也。"陈文烛的序是万历十几年时节写的。他和吴承恩接触在隆庆末、万历初，关于吴承恩幼年画鹅事，当然不会是吴承恩向他讲，大半是乡人传诵口碑，陈文烛听来的，基本是事实，因为吴承恩还在世。陈文烛虽然是给一本书作序，无疑有作传的性质。一个婴幼儿，甫周岁即能以粉土为画，而无不肖物，已属神奇；画飞鹅，按陈序的说法，也似是周岁时事，简直就不能使人理解了。今天世界之大，奇童之多，比之近五百年前的中国总要上之，未闻哪国有周岁儿童画天鹅的，所以或许是吴承恩三四岁（按周岁的两三岁）时事。即或如是，幼敏之度，也非一般尺子所能量。

二、比长，才华出众

据一般估计吴承恩入学要早，大体是十几岁的时节。《赠翰林院修撰儒林郎沈公合葬墓志铭》有一段叙述自己和沈坤同试生儒郡县的情景："昔承恩与祭酒俱童稚，同试生儒郡县，一见相钦异，定交数百人中，因互拜其父母。时卓亭公（按：沈坤父）爱十洲甚，肄之家，谢诸闲往来者，唯承恩至，公辄喜。"与沈坤同试生儒郡县而定交，既云"童稚"，似是十岁以内的样子，不会更大。未云两人或某一人中式入学，又云之后沈坤因父亲爱之甚，肄之家，也不像已被录取入学的举动，可以说，沈坤入学成为秀才要在他们定交之后，由吴承恩行文来看，自己的情况差不多。陈文烛《花草新编序》有一段叙述督学使者对吴承恩的夸赞事："比长，读书目数行下。督学使者奇其文，谓汝忠一第如拾芥耳！"可以推断这大体是吴承恩被录取入学那一次督学使者的评语。① 对此，请想一下《儒林外史》第三回广东学道（即督学使者）周进拔取"真才"范进入学之后对范进的一段说话："龙头属老成。本道看你的文字，火候到了，即在此科，一定发达。我复命之后，在京专候。"根据这，照葫芦画瓢，督

---

① 所谓"一第"不能是指入府县学，至少应是举人中式能选官才能叫"一第"。吴承恩《忆昔行赠汪云岚分教巴陵》诗叙述过汪云岚已入学，然后说："挥毫四顾气腾虹，擢第登科亦何有。"登科指进士及第，擢第与登科意同。《封通议大夫太常寺卿兼翰林院侍读学士双松丁公墓志铭》说丁士美状元及第为"叨一第"，是中进士而选官叫作"一第"的了。

学使者拔取吴承恩入学后，当抚其头赞之曰："英才出少年。勉之！勉之！由此而进，青云在望，一第如拾芥耳！"

吴承恩被督学使者的奖赞如彼，固然是他"以文鸣于淮"的触媒剂，但是少年吴承恩所以誉满长安，"投刺造庐，乞言问字者恒相属"，更直接的原因是受到当地一些名人的多方揄扬造成的。今天能知道对吴承恩揄扬的名人有蔡昂、朱应登，可能还有储罐。

震耀淮海的探花郎蔡昂（鹤江）于正德九年（1514）及第，官禁近，清华之名正盛。一次，他锦黻绣裳荣归故里（可能是正德十二年顷），淮安的闻人达官，联骑辐辏，趋走盈门，蔡昂家的门槛被鞋底磨穿。未被邀请，一个十多岁的儿童——吴承恩——竟登蔡探花上席，顾盼左右，誉声鹊起。二十多年后的嘉靖十九年（1540），蔡昂死，吴承恩为作《鹤江先生诔》叙此事云："仆窃自念，昔受公知，昉于童孺，登龙识李，即以斯文见赏，有怀雅遇，二纪于兹。"怎样在童孺之年，"登龙识李，即以斯文见赏"的？吴承恩的这一页经历，可以引孔北海见李膺的原典来映照比对。《后汉书》卷七十《孔融传》："孔融，字文举，鲁国人，孔子二十世孙也。……幼有异才。年十岁，随父诣京师。时河南尹李膺以简重自居，不妄接士宾客。敕外：自非当世名人及与通家，皆不得白。融欲观其人，故造膺门，语门者曰：'我是李君通家子弟。'门者言之，膺请融，问曰：'高明祖父尝与仆有恩旧乎？'融曰：'然。先君孔子与君先人李老君同德比义而相师友，则融与君累世通家。'众坐莫不叹息。太中大夫陈炜后至，坐中以告炜，炜曰：'夫人小而聪了，大未必奇。'融应声曰：'观君所言，将不早惠乎？'膺大笑曰：'高明必为伟器！'"①吴承恩之登龙识李情景，应该在几点上与孔融见李膺相似。

---

① 有人说"登龙识李"的"李"指唐代北海太守李邕，"时人皆以登门一见为荣"，错了。不仅以童孺识李切孔融之登门见李膺，"登龙"二字也是关于李膺的典故。《后汉书》卷六十七《李膺传》："是时朝庭日乱，纲纪颓阤，膺独持风裁，以声名自高。士有被其容接者，名为登龙门。"

第一，十岁多一点与蔡昂素未谋面的吴承恩未被邀请主动上门；第二，与蔡昂见面后势必有一段敏捷、机智的应对；第三，蔡昂"即以斯文见赏"的话头。

朱应登是朱曰藩的父亲（弘治、正德间知名诗人，与"江南三才子"的顾璘等齐名）。朱应登对吴承恩的成长有颇大影响。陈文烛《花草新编序》说："汝忠工制义，博极群书。宝应有朱凌溪者，弘德间才子也，有奇子□子价。朱公爱之如子，谓汝忠可尽读天下书，而以家所藏图史分其半与之，得与子价并名，射湖之上，双璧竞爽也。"很明显，朱应登所以对吴承恩爱之如己子，并肯把自己家藏图史之半分给他，是因为少年人才华出众，而有意识地加以培养、资助。具体情况由朱应登子朱曰藩（子价）的诗里也可窥测一二。《别汝忠》（《山带阁集》卷二）勉吴承恩有句："海内文章君自爱"；《赠吴汝忠》（卷九）赞许、告诫吴承恩有句："物外心期独有君"，"珍重大才行瑞世"。这之中应包含着朱应登的奖赞语句。朱应登卒于嘉靖五年，因此，朱应登爱吴承恩如己子，分家藏图史之半与之的时节，当在正德末、嘉靖初。

成化二十年（1484）会试第一人（会元），后来当到南京吏部左侍郎的储罐，在他的《柴墟文集》卷四载有一首题为《汝忠扇次韵》的五言绝句，诗曰："扁舟不用楫，万里流空明。江风供短笛，吹作裂云声。"从诗题看，"汝忠"二字上面没有"吴"字，储罐又是正德八年逝世的，怎么能说储罐题扇所称的"汝忠"便是吴承恩呢？据题诗内容看，扇子正面（或其背面）画的是一叶扁舟在江边停泊，小舟上有一人正吹着短笛。此人是老年人、青年人、少年人？据一般想象，这个在万里空明的江面上踞一叶扁舟，迎着江风，凝神吹笛的人应该是个天真无邪的孩童。"牧童归去横牛背，短笛无腔信口吹"，与一叶扁舟里吹笛的人神质多么相像！储罐歌咏的是汝忠扇上的画面，而也是对汝忠其人的期望、勉励。那吹着短笛的人得江风之助，可以吹出裂云之声，远震天外。由是，这个"汝忠"不就是画面上的孩子吗？就是说汝忠本是吹笛的能手，如得外力之助（即江风之助），他的前程是不可限量的，他的名声可以远播天外。储罐与朱应登是有交往的，很可能他在朱应登处见到吴承恩，欣赏吴承恩才华之余，给吴承恩题扇以勉。假定题扇诗就是储罐逝世的正德八年之作，吴承恩也已经十岁左右了，他的幼慧，完全会被储罐赞赏而赠诗书扇。如果再把想象的镜头向前推进一步，陈文烛的《花草新编序》，《序》说吴承恩甫周岁就从壁间以粉土为画，无不肖物，又画了一只飞着的天鹅。又说："汝忠舐笔和墨，间作山水人物，观者以为通神佳手。弱冠以后，绝不落笔。"请看，吴承恩二十岁以前有时画山水人物，好得很，观者竟以为是通神的佳手。那么他为什么不能在扇面上画一幅江面泊一叶扁舟，舟上斜倚一孩童，迎着江风吹笛呢？如果就是这样一个扇面被储罐看见喜极而题诗，谁曰不能？

今天知道的另一件吴承恩少年时期敏慧事，见于他自己的《石鼎联句图题词》。按：韩愈有《石鼎联句诗》和《石鼎联句诗序》，说道士轩辕弥明与进士刘师服、校书郎侯喜指石鼎联句。轩辕弥明傲岸睥睨，刘、侯二人吟思窘急，轩辕弥明所吟诗句都是对刘、侯二人的讽刺，终于使刘、侯拜服，云云。道士还说他自己不解人间书。实际诗是韩愈假托之作，借以戏谑刘师服、侯喜二人的。后人根据韩愈诡幻之词，以为真有轩辕弥明其人，真有石鼎联句之事。或者就根据韩愈的序文画石鼎联句图。吴承恩在嘉靖二十五年给某人画的石鼎联句图题词，说："（石鼎联句）是诗或谓是昌黎戏作，或以为真出弥明，虽晦翁亦尝有辩。因忆少小时，侍客谈此，仆率而对曰：'道士既云不解人间书，又何以知礼部韵邪？'客悟而笑。回思此对，二十余年矣，因评画漫尔及之。"吴承恩少小所侍之客当然是大人先生、文人学士者流。这批人对石鼎联句事重复着几百年许多硕学鸿儒的争论：有弥明？无弥明？……有或无都没有新的论据、论点，谁也说服不了谁。少年的吴承恩恐怕主要是没有精神负担，能够敏锐地觉察出韩愈造假的漏洞，敢于插嘴讲出新见解。哥伦布发现新大陆，许多人不服，说这不算什么，别人开船去也能发现。哥伦布拿鸡蛋叫他们把它稳稳当当地竖在桌子上。又都说那根本办不到，叫哥伦布竖个样子看看。哥伦布啪的一声把蛋的顶端敲一个坑，便竖在桌上了。那些人又嚷嚷那谁还不会。哥伦布说，第一个这样把鸡蛋竖在桌子上的就了不起，别人干过，你再说那容易，谁都能办到，就未免是蠢材加固执了……。吴承恩提出的：道士既云不解人间书，又何以知唐代科举时官定的礼部韵？言下自明，这是韩愈所作。证据虽平常，由一个少年人第一个提出来便非同凡响。使学者名流悟而笑，不复争论。这少年的识见，已跻入著述者之林，对韩愈《石鼎联句》之辩，注进了新的消炎剂。

三、幼少年即好奇闻和接受封建教养

吴承恩之所以写成《西游记》，这是他幼少年时期好奇闻，春种而秋得的收获。

吴承恩《禹鼎志序》说："余幼年即好奇闻。在童子社学时，每偷市野言稗史，惧为父师诃夺，私求隐处读之。比长，好益甚，闻益奇。"此节文字叙述了三个小阶段的好奇闻情景。一是学龄前即相当于幼儿园阶段的"幼年即好奇闻"；二是十多岁时念了几年社学能独立阅读阶段的"偷市野言稗史"，"私求隐处读之"，类似贾宝玉初进大观园偷读《西厢记》；三是进学后的青少年期"好益甚，闻益奇"，由读《西游记平话》更加扩展，已进入到创作《西游记》的资料搜集准备阶段(也即《禹鼎志》的准备阶段)。

重要的是"幼年即好奇闻。在童子社学时，每偷市野言稗史……私求隐处读之"。幼好的奇闻和野言稗史当是两方面，即神话故事和历史故事。这方面的故事最初约当是通过两条渠道流向吴承恩，一是母亲，一是父亲。

说母亲向吴承恩讲奇闻，须有推想。大约吴承恩生母张夫人或嫡母徐夫人是个讲奇闻故事的能手。古往今来，中土外域，一个文学家在牙牙学语时，受母亲或乳母絮絮言说上天下地，潜移默化，影响他长大后从事文学创作的大有人在。我们可以假设，月下灯前，张夫人或徐夫人常向刚懂事的小吴承恩讲那被锁在龟山脚下的无支祁。她们并不满意大禹式的神佛（包括僧伽和《西游记》提到的锁水母的国师王菩萨）锁住或者压住智勇双全的无支祁的吧。她们或者添油加醋说无支祁被锁在龟山脚下之后，饥则吃铁丸，渴则饮铜汁，如是等等。这一些神奇诡异带有乡土气息的神话传说，在吴承恩稚嫩的心版上打下很深的烙印。当时在元末写成行世的《西游记平话》说不定就是张夫人或徐夫人常讲的话题。本地传说无支祁的故事与《西游记平话》孙行者故事相汇合，应该在小吴承恩的心灵里埋下种子。

吴承恩幼少年时期所好的奇闻，不仅仅是怪怪异异无支祁和《西游记平话》类的神话故事、神话小说，也应包括一些中国历史上颇为激动人心（童心）的事件或人物经历。传授历史奇闻给吴承恩的是他的父亲。《先府宾墓志铭》说父亲"口不能道辞，及与人谭说史传，上下数千载，能竟日不休"。父亲流着热泪，讲屈原竭忠尽智为楚国，却被靳尚谗毁而被流放；讲伍子胥谏吴王夫差谋越而被杀，盛以皮口袋沉尸江底；讲诸葛亮出师伐魏，六出祁山，志未竟而大星殒落；讲周处青年改过归正，后为官执法，不避朝贵宠戚，终于被梁王司马肜逼陷战死；讲檀道济随同刘裕南征北伐，卓有战功，结果被彭城王刘义康虑他立功前朝、威名甚重，刘义隆死不可复制，因而捏造罪名，收而诛之；讲岳飞精忠报国，誓捣黄龙，被

二　幼少年时代 / 139

秦桧假传圣旨，下十二道金牌调回，收诏狱，以莫须有的罪名冤死风波亭。等等。父亲向小吴承恩指点着，分析着，"抚几愤惋"，揎拳捋袖，简直要和靳尚、夫差以至秦桧拼命的架势，自然激起小吴承恩极大的义愤！这是父亲对他进行的最现实的人生教育，而在一颗幼小的心灵承受起来，也是闻所未闻的"奇闻"。

由父母上天下地、古今中外地灌输"奇闻"，养成吴承恩之"好奇闻"；等到他读社学掌握到文字工具，他便去"偷市野言稗史"，"私求隐处读之"。在父母灌输的基础上，自己从外部吮吸起养料来，不断补充，不断精进。

吴承恩一方面好奇闻、听奇闻，偷读野言稗史，一方面在社学尤其是进学后在塾师、学师指导、督促下，读"四书五经"和古文辞，初步打下代圣贤立言作八股文的基础。吴承恩进社学进乡学（府县学）后受到的教育当然是封建儒学的一套东西，他之习举子业，就是按封建制度规定的"学而优则仕"路子向前迈进的。他这一切的蒙师不是别人，正是他的父亲。父亲给他起名字叫"承恩"是叫他读书做官，不堕家声，克绍曾祖、祖父之业；他稍长，父亲的教诲和殷切期望从《先府宾墓志铭》透露无遗。嘉靖十一年父死，一个小商人势不能请名公来铭墓，吴承恩只好自己动手，《墓志铭》开头就是："乌乎！孤小子承恩不惠于天，天降严罚，乃夺予父。然又荡游（原石为'荡游'，《存稿》载作'平时'）不学问，不自奋庸，使予父奄然没于布衣。天乎！痛何言哉！天乎！痛何言哉！"吴承恩一再痛呼父亲没于布衣，没有取得皇帝的封爵，并非是说他父亲能够弃商从儒经营举子业，从而取得举人、进士的头衔，当上几品官。他是指自己不奋庸，没有捞个举人、进士，使父亲未得封君之号，"布衣"云者，此之谓也。明代"七品以上，皆得推恩其先。五品以上授诰命，六品以下授敕命，曾祖、祖、父皆如其子孙官。……生曰封，死曰赠"。（《明史》卷七十二《职官志一》）吴承恩于父死时因自己没有中进士当上七品官，而痛心疾首，正是经父亲从小勉励、教诲自己成长后的忏悔。

吴承恩幼少年时期的正德四年至正德六年，中国有以刘六、刘七为首的农民大起义，地主阶级统治的重要巢穴淮安也受到威胁。正德六年（1511）四月的"淮安盗起"和起义军杨虎部攻破宿迁活捉淮安知府刘祥，淮安城的人们既有的惶惶不可终日，又有的欣欣多德色。吴承恩当时约八岁左右，他是何种心情呢？小孩子情绪要随父母情绪而波动，"象忧亦忧，象喜亦喜"。由后来吴承恩表示的对刘六、刘七起义的态度看，父亲当时以一个较比富裕的商人角度，对农民起义有恐惧感，并一定程度地传播给儿子。嘉靖四十三年（1564），离开这次革命风暴已经五十多年，吴承恩给潘埙作《神道碑》，提及杨虎部入淮事，他说："旧制，漕运都御史兼抚江北地方，岁与总兵、参将入议漕事。辛未岁（按：正德六年），流贼讧内郡，凭淮觇濠。公（按：指潘埙）念祖宗陵寝重地，抚臣不可一日离，请留之，以总、参入奏。可。后沿以为常。""流贼之炽，劾总制陆兵侍完失律，陆感激遂成功。"我们看到的是恨恨之声的吴承恩，推想当年七八岁的吴承恩在父亲教导影响下，当怀恐惧而仇视"犯上做乱"的农民起义军，也是他从小接受封建思想的内容之一。固然，嘉靖四十三年时节吴承恩对刘六、刘七起义的看法，有他成年后从社会以至历史载记接受来的观点，不仅是幼年时父亲灌输的。

少小时的吴承恩还有一段有趣的插曲，和父亲有直接关系。《先府宾墓志铭》曾详细地记载了（也可以说是用文学之笔描绘）自己父亲朴诚的精神面貌，以至被邻里认为是傻子（"痴"），延及儿子被侮辱的事迹。"承恩记忆少小时入市中，市中人指曰：'是痴人家儿'。承恩归，恚啼不食饮，公知之，笑曰：'儿翁诚痴，儿免为痴翁儿乎？'"由这一段细小的事例可以看到吴承恩父亲对小吴承恩除讲历史上的奇闻，又给以一些读书做官以至对农民起义仇视的影响，还用身教教育他为人要正直、朴实、坦白，不要有机心，无疑对吴承恩后来的成长，对其处世立身起着良好的引导作用。

三 吴承恩青年时期的"迂疏漫浪"和 "泥涂困穷"

嘉靖十四年(1535)曾经在淮安任过知府(嘉靖八年至十一年间)的葛木(厄山先生),病逝于山西布政司右参政任所,丧还过淮,吴承恩致祭于葛木的灵前,作《祭厄山先生文》,沉痛地回顾了葛木对自己的知遇。祭文的一段说:

> 昔人有言:"感恩易尔,知己实难。"承恩淮海之竖儒也,迂疏漫浪,不比数于时人,而公顾辱知之;泥涂困穷,笑骂沓至,而公之信仆,甚于仆之自信也。公今逝矣,谁当念予虚浮无实之文?海内固亦有奖之者,而玄黄之外,孰能了仆之心也哉!

这一段文字直是吴承恩青年时期的自画像。"迂疏漫浪"、"泥涂困穷"八个字把吴承恩的精神状态和生活境遇活托而出。前四个字是因,后四个字是果,而在他整个青年时期中,有时也倒果为因,再以因为果。

一、迂疏漫浪

自少与吴承恩友善的朱曰藩曾有诗描绘二十三四岁时节吴承恩的"迂疏漫浪"情景。诗题《淮阴览古赠吴子》(《山带阁集》卷二),诗的后一部分二十句是:"天寒大泽冻,劲翮搏高风。前有一母漂,正对韩王宫。感此千古意,入市与子逢。把臂入酒垆,拓弛如山公。郑重饮我酒,双环歌玲珑。唱到玉关词,绝倒摧群雄。倾杯吸淮水,桐柏为之空。北斗插瑶席,霜天照芙蓉。肝胆一夜尽,欲发闻晨钟。天明挂帆去,肠断南飞鸿。"朱曰藩这首诗约作于嘉靖五年或六年。① 由诗看,朱曰藩和吴承恩在淮安是没有约会的偶然相值("入市与子逢"),吴承恩尽地主之谊,而"把臂入酒垆"宴朱曰藩于酒家的。"把臂入酒垆"至"霜天照芙蓉"十句诗写吴承恩"痛饮狂歌空度日,飞扬跋扈为谁雄"式的情态。朱曰藩也是从李白《襄阳歌》取象,把吴承恩比作"倒著接䍠花下迷"的山季伦(山简)。山季伦是竹林七贤山涛的儿子,他镇守荆襄的时节,不理政事,优游卒岁,唯酒是耽;喝醉了,反戴着帽子(头巾),横拖在马背上,一点没有封建官僚应有的礼数。朱曰藩说吴承恩喝酒之后,"拓弛如山公",不是无缘无故顺手拉来一位历史人物加以比拟一番,而是点出吴承恩身上有竹林七贤的流风遗韵。朱曰藩另一首诗题《别汝忠》(《淮阴览古赠吴子》的相连一首诗)是第二天早晨两人相别之作,在这首诗里直接把竹林七贤的首领人物嵇康、阮籍拈出来比配吴承恩。诗有句:"一自风流嵇阮散,山阳空社长蓬蒿。"②嵇康曾住山阳(淮安)多年,为人恬静寡欲,轻时傲世;阮籍更放诞不羁。嵇康、阮籍可以

---

① 朱曰藩《淮阴览古赠吴子》诗说的"吴子"所以断为指吴承恩,是由相连的下一首诗而推定的。下一首诗题《别汝忠》,当是赠吴承恩诗无疑。《淮阴览古赠吴子》的后六句为:"北斗插瑶席,霜天照芙蓉。肝胆一夜尽,欲发闻晨钟,天明挂帆去,肠断南飞鸿。"是两人夜饮,临别时天将明。《别汝忠》则云:"城阴止袂意劳劳,水舸云光动白袍。……黄芦伐鼓鸳鸯起,北斗回船脾睨高。"很明显是夜饮后两人相别,情景与前诗呼应很紧。朱曰藩诗没有明确的写作时间,但《山带阁集》诗歌部分是按写作时间顺序编排的,由前后其他有可考定写作时间的诗推断,《淮阴览古赠吴子》诗盖嘉靖五年或六年时作。

② 朱曰藩说"一自风流嵇阮散,山阳空社长蓬蒿",可能有隐喻自己和吴承恩在淮安曾组织文社,一打他们二人离开,这文社也便解散了之意。因为据历史记载,嵇、阮并没有在山阳结过什么社,自然也就没有嵇、阮散后,山阳空社长蓬蒿之事。明清时代诸生结文社,以文会友是各处常见的活动。《儒林外史》范进乡试前与魏好古等同案朋友做文会即是。

说是中国历史上典型的"迂疏漫浪"人物，又是颖异的才士。朱曰藩在《别汝忠》赞许吴承恩是"海内文章"，说明朱曰藩又正是把吴承恩当作嵇康、阮籍的后继人来看待的。吴承恩也当仁不让，欣然以嵇康的同道自居，他的《池上即事》诗云："广陵一曲畏人知，闲弄丝桐向小池。金鲤跃波玄鹤舞，世间鱼鸟即钟期。"——由山季伦到嵇康，归总到吴承恩一个人身上，他的魏晋风度具体体现在"迂疏漫浪"四个字上。

朱曰藩诗还把吴承恩拉自己进酒肆后的饮酒、评诗比作王之涣与王昌龄、高适共诣旗亭贳酒小饮。朱曰藩和吴承恩都是风尘未偶，不为人知，略同于王高三人；他们的诗之啧啧在人口为歌妓演唱，或许也与王之涣"玉关词"（《凉州词》）相像。因而他们大欢愉，痛饮吸川，吴承恩尽情做了"迂疏漫浪"的表演。

吴承恩在嘉靖十年左右就结识了当时有名的画家、书法家、诗人文征明和书法家、诗人王宠（雅宜）。[①] 文征明、王宠对吴承恩是长一辈人（吴承恩称王宠为雅宜王丈，而文征明的儿子文彭、文嘉都要比吴承恩年岁大）。朱曰藩和文、王二人因父亲朱应登的关系可能相识较早，吴承恩与这两位名士的交往，大约是由于朱曰藩的中介。文、王名虽高，终其身也都仅仅是个岁贡，有如后来的吴承恩。人们记叙他们的性行，说文征明"和而介"、"温温恭人"，说王宠"温醇恬旷，与物无竞"。由文征明却宁王聘，不附权贵（张孚敬、杨一清），不为富贵人画及书片楮等，充分体现了一个"介"字；由王宠二十年隐于石湖读书，非省视不入市，看出他的"恬旷"行径。总之，文、王二人的不合时流，违于世情的"迂疏"之态，和吴承恩是相通的。文征明于嘉靖五年看到因为议大礼中的一些朝臣被杖，

---

① 王宠卒于嘉靖十二年（1533），因推断吴承恩之结识文征明、王宠，盖由朱曰藩的中介。今《山带阁集》有嘉靖十一年朱曰藩赠王宠诗，所以吴承恩与文征明、王宠开始交往不会超过嘉靖十一年。

便愤然辞去翰林院待诏的职务回了家，对翰林院的清华生涯不仅不留恋，还颇为鄙夷。他在一个夏秋之际，泛石湖（苏州附近），作《风入松·泛湖作》词："轻风骤雨卷新荷，湖上晚凉多。行春桥外山如画，缘山去十里松萝。满眼绿荫芳草，无边白鸟沧波。夕阳还听竹枝歌，天远奈愁何？渔舟隐映垂杨渡，都无系往来如梭。笑道玉堂金马，何如短棹轻蓑。"吴承恩似与文征明同泛舟石湖，他和的一首是："洞箫一曲倚声歌，狂杀老东坡。画船占断湖心月，杯中绿先酹嫦娥。试问沧洲宝镜，何如鸦鹊金波。笔端万象困搜罗，无奈此翁何？玉堂回首惊残梦，无心记往日南柯。想见年来江上，桃花乱点渔蓑。"（《风入松·右和文衡山石湖夜泛》）请看：一个曾在翰林院任清华之职的人，竟"笑道玉堂金马，何如短棹轻蓑"，而此人被比拟为"狂杀老东坡"，可以见出此人也是颇为"漫浪"的。一个老狂士倡，一个小狂士和，石湖之上弥漫着"迂疏漫浪"的气氛。文征明与吴承恩气息相通。王宠和吴承恩的交往也如此。吴承恩有一首诗《赠雅宜王丈》，给王宠绘制了一幅天上神仙翩然下凡的画像："仙子乘凤车，飘然下庭除。吐气若芳兰，流光比神珠。殷勤启玉检，授我三缄书。丹绨绣绿字，宛宛龙盘纡，读之苦茫然，但惊辞旨殊。"驾凤车的仙人送给吴承恩三缄书，凡人吴承恩竟读它不懂。如把这仙人还原为俗世的人，盖亦太白之精、谪仙人也。吴承恩与活着的太白式人物交往，他的精神气质自然更加加重"迂疏漫浪"之态。所以，吴承恩青年时期和文征明、王宠的交往，是以"迂疏漫浪"为基础，反转过来又不能不加重自己的"迂疏漫浪"。这差不多是一条规律。封建社会里很多才士在年轻时节都有"迂疏漫浪"的表现，都和另外一些"迂疏漫浪"文人学士结识，从而互相影响，与世情乖离，终生不偶。吴承恩、文征明、王宠都老于贡生，是最好的证明。然而他们的声名并不稍减，在当时就比许多举人、进士（或许当到不小的官）名高望重。另外，我们看到吴承恩的书法艺术是从文、王那里学到功夫了的，他疏秀俊逸的行书大有文、王之风。

吴承恩对举业一方面热衷，一方面又持一种嘲弄的态度。他竟至认为不第而愁烦是可笑的，疗救的药方是及时行乐。不能确知作于何时的《慰友人》诗（可以肯定是青年时期之作）先刻画了经营举业不得售而心烦意乱的形象："嗟君爱名如爱儿，经营举业心孜孜。秋灯破簏啮饥鼠，仰屋背书吟且思。"这位吴承恩友人大有周进、范进未第时的神态，家中没有好箱子，坏箱子里边也没有米，饥鼠只好咬啮箱壁，他却听而不闻仰看屋顶背诵别人的制义"名"篇，一边吟诵一边想自己的命途多舛。看到如此的可怜相，吴承恩给以慰解。首先，吴承恩学着诸宫调《西厢记》中老夫人的声调认为一个读书人尚困布衣者，必关诸命："上天茫茫无曲私，不为一夫行四时，功名富贵自有命，必欲得之无乃痴。"这类慰人方式，是当时的常法，嘉靖二十九年吴承恩贡入都从北京回淮安，心情很不愉快，潘埙作《慰吴射阳》诗，有两句是："莫把文章争造化，好凭祸福验天机。"大约慰和被慰的人都有迷信思想，一说老天爷是长眼睛的，便心安理得地听从安排了。吴承恩慰的重点，是要友人体会"人生得意须尽欢，莫使金樽空对月"的意义，说："岁华推移如弈棋，今我不乐将何为？……赠君奇方君听之，问取君家金屈卮。"人家眉间双锁，鬓上添丝的孜孜经营举业，吴承恩跑来喊着"干一杯"！叫作这是医愁的良方，未免煞风景，啼笑皆非。但是却使人们体验到了李太白式人生观真谛。吴承恩主张饮酒取乐的诗还有几首，如《对酒》、《牡丹》等，情调不是颓废，是对功名富贵的轻蔑。其《对酒》是客于外地之作，格调效陶渊明的《饮酒》、《移居》，"漫浪"未必，"迂疏"十足。《对酒》等诗写作时间不明，约都是青年之作。

二、泥涂困穷——科举失志

吴承恩少年入学，为督学使者夸誉，应该说是少年得志。从嘉靖八年始便一方面是府学生员，一方面是知府葛木创办的龙溪书院的肄业士，一直到嘉靖十三年知府王凤灵离开淮安，因而龙溪书院可能停办时为止（龙溪书院也可能继续到孙继鲁任淮安知府时代，停办则是嘉靖十七年孙继鲁离开淮安）。光绪《淮安府志》卷二十七说葛木毁淫祠创建龙溪书院，"以训士子"，"文教蔚兴"。王凤灵继葛木之后"因而宏之，又引淮水入泮池，广征属邑士肄业其中，校其文艺，刻同文录。一时显士多出门下"。

明代嘉靖及其前后，差不多各州府都有书院。书院有的以会讲式为主，有的以考课式为主，多数是前者，如王阳明所主持的一些书院就是以讲学为主的。不管哪种形式的书院，名义是私创，而多数是建自官司，当地官府或亲为讲授。官司创建的书院，有的仅是虚设，创办者目的是借此希见知于当路大佬，所以什么会讲、考课统统无关紧要。

葛木和王凤灵搞的龙溪书院在明代并没有名气，他们也不是借此图谋私利以至沽名钓誉，只是老老实实"校其文艺"，培养文章作手（包括揣摩八股时文的手法）。龙溪书院不是讲学的地方。陈文烛《笔峰王先生集序》说在淮安当过地方长官，"兴学造士，以文章名世，在宋有米公元章，在明有孙公道甫、王公应时云"。孙道甫即孙继鲁，号松山，王应时即王凤灵，号笔峰。陈文烛的序文论王凤灵"工古文辞，才气勃勃，凌厉一世。当事者举先生视秦学，三秦豪杰延颈望先生来，比于信阳何仲默"。"娴于诗文，搦管捉纸，掀雷扶电，多以气胜，而实中程度"（《二酉园文集》卷二）。可见由王凤灵主持龙溪书院，只能校其文艺，把作古文辞与作八股时文通起来。葛木或者再加上孙继鲁也都是如此。吴承恩在龙溪书院为肄业士，所受训练多是揣摩简练举业之术。嘉靖四十几年吴承恩作《忆昔行赠汪云岚分教巴陵》诗对龙溪书院的性质说得更清楚："忆昔龙溪鸣鼓钟，后有王公前葛公。君方弱冠游其中，玉树青葱明曙风。当场小战号佳手，乌府柏榜连作首。挥毫四顾气腾虹，擢第登科亦何有？""昨来始得随宾贡，共道文章小成用。"——说明龙溪书院中的校文艺者和擢第登科联在一起，所谓文艺或文章，主要指八股时文。吴承恩就在《忆昔行赠汪云岚分教巴陵》诗的末尾明确说"龙溪我亦法筵人"。他在自己诗文里称自己是葛木和孙继鲁的"门下士"（《祭卮山先生文》、《留思录序》），就因为有龙溪书院这一段的师生关系。讲于龙溪书院的估计还有此时致仕家居的胡琏。①吴承恩在龙溪书院是高才生，葛木和孙继鲁对他都有"国士之遇"云（见《祭卮山先生文》、《留思录序》）。

正是由于吴承恩少小之时才名满淮安，较早的入了学；青年期才华横溢，"为诗文下笔立成"（天启《淮安府志》卷十六），"工制义"（陈文烛《花草新编序》），所以频为当道官府器重，加以奖掖、揄扬，以至"荐绅台阁诸公，皆倩为捉刀人"（《山阳志遗》四）。但是这一切都不能保证他乡举中式。语云：不愿文章高天下，只愿文章中试官。当时举子简练揣摩的是试官的文风爱好。有时举子古文作得很不错，恰是时文之忌，反而不能得售，榜上无名。吴承恩入学后到底应过几次举而都落第？今天没有具体的材料能够说明。仅能大约知道嘉靖十年和十三年他肯定去南京应举落第归来的。嘉靖十

① 胡琏系于嘉靖十二年四月以南京刑部右侍郎致仕至十六年四月起为户部右侍郎止，计四个整年家居淮安。此四年中悠游林下，与潘埙等致仕官吏来往应酬。胡琏没有在淮安府学当过学师，没有当过督学使者甄取过吴承恩入学，也没有任过南京国子监的教职（何况吴承恩就读南监时胡琏早已逝世），但吴承恩称胡琏为"我师南津翁"（《寿胡内子张孺人六裘序》），就只能说胡琏致仕家居的此期间内在龙溪书院主过教席。据记载胡琏是"邃于经术"（嘉庆《海州直隶州志》卷二十三）的。

年，吴承恩好友朱曰藩、沈坤都中举（李春芳也是此次中举，吴承恩和李春芳似此时尚未相识），肯定吴承恩也同去了南京而落第①。吴承恩对科举之得失正像《慰友人》诗所表示的那样，并不耿耿于怀。嘉靖十三年大比之秋，他又去南都比试一番，当仍然落第的归舟途中，游了镇江的金山寺，今天尚能看到两首此次游金山寺的诗。第一首："几年梦绕金山寺，千里归舟得胜游。佛界真同江月静，客身暂与水云留。龙宫夜久双珠见，鳌背秋深片玉浮。醉倚石栏时极目，雾霞东起海门楼。"这一首《金山寺》诗载《射阳先生存稿》，另外的一首是写到扇面上赠给沐湖其人的（扇面今存扬州博物馆）："十年尘梦绕中泠，今日携壶试一登。醉把花枝歌水调，戏书蕉叶乞山僧。青天月落江鼋出，绀殿鸡鸣海日升。风过下方闻笑语，自惊身在白云层。"从上述两首诗看不大出吴承恩由于落第失意而悲观或愤懑的情绪。"醉倚石栏时极目"，"醉把花枝歌水调"，倒是自己给自己勾画出一幅乐观者的形象。"明月几时有？把酒问青天。不知天上宫阙，今夕是何年？……人有悲欢离合，月有阴晴圆缺，此事古难全。但愿人长久，千里共婵娟。"（苏轼《水调歌头·中秋》）吴承恩游金山寺时是否就是中秋之夜，由上述两首诗尚不能测

---

① 《古今图书集成·神异典》第三十八卷引《关帝圣迹图志》："江南淮安府沈坤虔奉关帝。是年大比，坤祈祷帝前，赐示闱中题目，诚心哀告。一友诣其家，从背后窃听之，掩口大笑而去。其友即拟七题，潜置香炉座下。次日，坤焚香见之，喜曰：'此帝赐也。'即依题摹拟七篇，心记不忘。中秋进场，主考所出之题，即前日所拟之题，不谋而合。不假思维，挥成七艺。及放榜，而坤已中式。其友亦进场，未中。后，坤状元及第。"故事当然是发生在嘉靖十年。沈坤的友人是谁？总疑是吴承恩。因为，第一，吴承恩是沈坤友朋中可以随便进出其家不必传报的、最亲密的好友，说"一友诣其家，从背后窃听之"，后又"即拟七题，潜置香炉座下"，非最密之友如吴承恩者莫办。第二，吴承恩被称为"善谐剧"（天启《淮安府志》卷十六），跟好朋友开个玩笑，雅而不虐，恐是吴承恩常有之举。第三，说其友亦入场，未中，也合乎吴承恩情况。因为他自己跟别人开玩笑，并没有当真，没有宿拟七艺，所以仓促应战，反而不及沈坤之有备。——当然这只是推测。沈坤哀告关帝赐题事大半是有其事；友人拟题而全与考题合未免就奇了，不可信了。假定确有友人开沈坤的玩笑，又真有天意（关圣显灵）的巧合，则其友进场而未中，必被人笑骂奚落，有如吴承恩之"泥涂困穷，笑骂沓至"，其友即或另有其人，也似照见着吴承恩的身影。

定。可以想见吴承恩在天将黎明之际，与新交（？）的友人饮酒赋诗，观赏无限江山，迎接海日初升，飘飘然，直是白云层上神仙中人也。多么开阔的心胸！不是中秋之夜，也应想见这是中秋之夜啊！自然，离家日久，与亲人相别固然与自然界的现象一样，自古如斯，但是，"愿亲人永远健康，共赏今夜的皓月吧"！淡淡的哀愁，隐溢于吴承恩的眉间。吴承恩，在金山寺的最大感受是什么呢？他怎样酝酿以后写《西游记》中的江流和尚呢？

吴承恩从金山寺归淮安后的冬天竟得了一场病。病中，葛木赴山西布政司右参政任的途中过扬州，专门派人到淮安锡以教言。《祭厄山先生文》叙此云："独念去岁之秋，公闻晋阳之擢，解镇南省，旌麾渡淮；未几复道扬如晋。公之道淮也，仆方滞于外；公之道扬也，仆适病于家。前不得拜公于门，后不得从公于远。过承遣使，锡以教言，会晤参差，尔时不以为恨；意以为他日可酬，岂知遂为永别耶？"葛木给予吴承恩的教言是什么？从"后不得从公于远"的话，似葛木邀吴承恩随他去山西任所当幕宾（掌书记）之类的差事，所谓教言当有这类的内容。祭文又说："嗟哉厄山！今与公辞矣。碌碌人中，尘土如旧，我实负公，其又何言？自今以往，亦愿努力自饬，以求无忝于我公知人之明，庶他日少有所树立，亦厄山公门下士也，持此以报公而已。"由是我们又大体知道葛木锡的教言里边一定有勖勉他不必灰心，要努力自饬，以图再举，等等内容。吴承恩对葛木的教言还是心领的，他之归家而病，倒不一定是落第后忧郁造成的，然而葛木的一番教言，却是拨动了他再次努力以求取功名的心弦，"我实负公"呀，"以求无忝于我公知人之明"呀，哀痛之声历几百年而犹闻。想来他在游金山寺时是把哀痛之情深锁心底，隐而未发的吧。嘉靖十一年父亲逝世，因自己"荡游不学问，不自奋庸"，造成父亲得不到封典，没于布衣，不禁喊出"天乎！天乎"之痛；嘉靖十四年曾奖拔过自己的当道官府葛木死，又点检内疚，"我实负公，其又何言"！由嘉靖十一年十二月二十九日到嘉靖十四年，中间只有嘉靖十三年秋天一次乡举而落第，据前后两次借机深致不第之叹，可见吴承恩的主导思想还是希望尽快及第的。

据吴承恩说自己因泥涂困穷，屡屡不第，被人们笑骂得不亦乐乎。他所以因不第而为人笑骂，与他的"迂疏漫浪"是联在一起的。因果关系，互为依存。由此及彼，他又不能从彼（"泥涂困穷"）中拔出脚来，走比"迂疏漫浪"更彻底的新路！他不能毅然宣称：科举功名，去你的吧。这也就是他一度专致于写了《西游记》，终于还是出贡的原因。

三、父　死

嘉靖十一年三月十九日吴承恩父亲吴锐以年过古稀的高龄离开人间。父亲之死，对青年吴承恩来说并不是小事，是吴承恩生活历程中的一个转折点。父在，不必管柴米油盐，不必管店铺的开闭和贸迁赔赚，不必管土田的水旱收成。可以到处去自由自在的"漫浪"。父死，不行了，两位母亲（嫡母和生母）不仅是女流（封建社会的妇女不大能在人事交往中活动），且年事已高，自己又无三兄四弟，支撑门户的担子不能不落在自己的双肩上。父亲死，吴家的绒线铺是否立即关门大吉（或以前就早已歇业），今天没有材料能说明什么。一点是肯定的，吴承恩没有继父业去经商。

该年年尾，由吴承恩主持葬父于灌沟先垄，并亲自撰写墓志铭，亲自篆额上石。传世百千件墓志铭，像这样由儿子动手撰文并书写上石的极为少见。尤其是儿子饱含感情，选取父亲最典型的枝节，用小说家刻画人物的手法，塑造出诚朴的木讷的商人形象，真是前无古人，后无来者。蔡邕、韩愈等铭墓的高手也要叹为观止、自愧弗如的。

　　吴家先茔所在地灌沟，即今淮安县城南十公里许的石塘公社二堡大队。灌沟是一条接通大运河的东西向的灌溉渠，在墓地南半公里左右。现在（1978年）墓地已经被平整为一块稻田，原来墓地周围比平地略高、稍稍隆起的地势已经看不见了。几十户农舍纵横错落地散在墓地北方及西北方几百米或几十米的地方，稍远有树行掩映。

　　吴承恩以父死为转折点，生活安排和思想都有不同程度的变化，他不久步入了中年。吴承恩在一支曲子（《送我入门来》）里提出自己富贵无心之际："严霜积雪俱经过，试探取梅花开未开？"吴承恩将要迈出一生中决定性的一步了，他的新旅程开始了。

四　吴承恩的中壮年时期及写作《西游记》

所谓吴承恩的中壮年时期，是指嘉靖十三年（约三十一岁）乡举落第以后，到嘉靖二十九年（约四十七岁）贡入都止。这是吴承恩生活旅程中的光辉阶段，至少 20 世纪的中国人是这样认识和评价他的。他的伟大的长篇小说《西游记》写成于这个时间内。如果展开一点，恕我乱道，全世界的智慧之光，大约在此十几年中是照耀中国淮安的。

一、吴承恩胸中的丘壑

吴承恩曾用一诗表述自己中壮年的志向。诗是五言古诗《斋居》的第一首，全文是：

> 中岁志丘壑，茅斋寄城郭。
>
> 窗午花气扬，林阴鸟声乐。
>
> 鱼蔬拙者政，鸡黍朋来约。
>
> 何似陶隐居，松风满虚阁。

既然说"中岁志丘壑"，可见中岁以前的青年时期，志并不在丘壑。志在何处？据吴承恩自己留给今天的材料，他的"志"有两个方面：一是迂疏漫浪，纵酒狂歌，吟诗作赋以傲世；一是道貌岸然，正襟危坐，揣摩时文以应世。相反而相成，是当时青年型知识分子常见的进退出处的两个侧面。人到中年，思想较比成熟，世界观确定了。在吴承恩的中岁，他的生活环境又起了变化，父亲亡故，理家重担必然落到吴承恩头上。根据封建礼法，父母逝世后的一段时间内，作为孝子应该绝庆吊，摒欢乐。当官的要守制归家，丁忧去职；应举的要暂缓下场。一般说法是三年为期，实际是二十七个月即为满期。此二十七个月内，吴承恩势不能到酒楼去"拓弛如山公"、"倾杯吸淮水"，欣赏那"双环歌玲珑"。如果他在此间把精力更多地用在举业的努力上，以求不在母亲去世再痛恨自己"荡游不学问，不自奋庸，使予母奄然没于布裙"，而"天乎，痛何言哉！天乎，痛何言哉"地大叫，那也是能被今人理解和同情的。时过不久，无情的现实，还是使他感到不能不在有朝一日仍然要"痛何言哉"的：嘉靖十三年那次乡举吴承恩又落第了，他从南京回归淮安的途中携壶醉登了金山寺，作了两首七律，悠然自得，"醉把花枝"唱着东坡学士的《水调歌头》，"明月几时有，把酒问青天。不知天上宫阙，今夕是何年？……"然而吴承恩对于名落孙山之事也不无耿耿之怀，从金山寺回家便得了一场病，究其极恐怕是郁于中的外现。他"志丘壑"和这类的不称意有直接关联，如功名得志，金马有望，"志"不会是在丘壑的。也奇怪，"志丘壑"却"茅斋寄城郭"！唐代诗人王维"中岁颇好道，晚家南山陲"，合乎逻辑，以此类彼，射阳山人应该移居海州云台山，面对大自然，探出水帘洞。城郭之中，何有丘壑？这似乎是反映吴承恩心情的矛盾，他虽志于丘壑，不打算在红尘扰攘中挣扎，又不想真正离开人世间去丘壑林泉栖止。花气、鸟声和鱼、蔬、鸡、黍，只是胸中丘壑的陪衬。所谓"何似陶隐居"，正证明不是真正的陶隐居；"松风满虚阁"，倒恐怕是市嚣要压倒阁旁可能有的一点松风之声的。吴承恩隐于市郭之中，向往于此中的丘壑，具体内容是什么呢？《送我入门来》一首词有隐约的回答：

　　玄鬓垂云，忽然而雪，不知何处潜来？吟啸临风，未许壮
心灰。严霜积雪俱经过，试探取梅花开未开？安排事付与天公
管领，我肯安排！

　　狗有三升糠分，马有三分龙性，况丈夫哉！富贵无心，只
恐转相催。虽贫杜甫还诗伯，纵老廉颇是将才。漫说些痴话，
赚他儿女辈，乱惊猜。

头发由黑转为花白的壮年将终的时节，吟啸临风，仍要保持壮心，
不颓唐，不止步。"严霜积雪俱经过，试探取梅花开未开"，有双关
的含意。表面是说经过严霜积雪去探取梅花之开否，即到大自然界
的丘壑中间去寻幽探胜，有如孟浩然踏雪寻梅的雅致，悠乎哉。剥
开外衣，就会看到：所谓严霜、积雪，是指社会周遭的邪恶势力；
探取梅花开否，指寻找人生最高理想能否实现而言。吴承恩不管笑
骂的沓至，他排除一切干扰，要到那悬崖百丈冰的高峻、严寒境界
中去探求，以实现自己的伟大抱负与理想。至于世俗认为应由他安
排的事（约是一个家庭男性应承担的任务和一个士子与官场交往的
功名利禄事），则"付与天公管领"，自己绝不肯多费心机。由此可
见，吴承恩中岁志的丘壑，不仅仅、也主要不是大自然中的丘壑；
经过严霜积雪去探花取梅，也不是真个孟浩然式的踏雪寻梅。他的
丘壑之志与穿过严霜积雪去探取梅花开否，是同一个探索、追求的
两个不同的形象性比拟。他力排世俗，但须在世俗之中研究世俗，
不必躲避它。这样，"中岁志丘壑，茅斋寄城郭"，便得到和谐的统
一。探、求要经过社会实践。没有人间烟火气味的深山老林，凭面
壁十年的功夫也是探求不出什么东西来的。吴承恩认为既然狗可以
有三升糠分，吃糠能更好地看门望户；马可以有三分龙性，有龙性
能更好地驰骋腾骧。何况大丈夫者乃人之灵杰，不仅有看家的本
领，更要有载驰载驱，载飞载扬的蜚声邦国的作为。于是自己"富
贵无心"，而有"丘壑"之志与"探取梅花开未开"之志。此志能否实

现？只恐由老催壮，时不我待；又恐富贵诱惑，迫我转向。吴承恩
以文如杜甫，武如廉颇勉，"虽贫杜甫还诗伯，纵老廉颇是将才"，
何况自己尚未至贫老境地！

　　吴承恩在《送我入门来》词的结尾处点出实现丘壑之志、探取梅
花开未开的方式、手段，那就是："漫说些痴话，赚他儿女辈，乱
惊猜。""痴话"即"傻话"，"傻话"而能使儿女辈乱惊、乱猜，它应该
有点离奇的情节和惊险的内容。据四百多年后人们的猜测、推想，
"痴话"的"话"，应是"话本"的"话"，"说话人"的"话"，"话"者故事也。
就是说吴承恩"漫说"的是些情节离奇、内容惊险，带有神话和童话色
彩的故事，从而使小儿女乱惊猜的。是《禹鼎志》？ 是《西游记》？[①]

二、作《秦玺》、《二郎搜山图歌》、
《贺学博未斋陶师膺奖序》

　　吴承恩的中壮年时期作了《禹鼎志》和《西游记》，这是有据可查
的。但是先不要讲述他如何写《禹鼎志》和《西游记》吧，我们先来讲
他如何写《秦玺》，如何写《二郎搜山图歌》，如何写《贺学博未斋陶
师膺奖序》。这一些都和写《西游记》有内在的联系。

　　吴承恩这期间亲自接触到一场文字狱。

　　今天人们一提"文字狱"三字，往往只联想到清代的庄廷鑨案、
吕留良案等，其实这是古代有，后代更有[②]，于清为烈。吴承恩时

---

　　① 《斋居》诗和《送我入门来》小词乃吴承恩中壮年作，是肯定的，在诗和词中已点明。
《斋居》、《送我入门来》之与作《西游记》联系起来，则属"科学的假定"范畴，不完全是文学上
的想象。

　　② 明初，朱元璋经手发动多次文字狱。《剪胜野闻》："太祖多疑，每虑人侮己。杭州
儒学教授徐一夔，尝作贺表，其词有云：'光天之下'；又云：'天生圣人，为世作则。'帝览
之，大怒曰：'腐儒乃如是侮我耶？ 生者僧也，以我尝从释也；光则摩发之谓矣；则字音近
贼。'罪坐不敬，命收斩之。礼臣大惧因请曰：'愚蒙不知忌讳，乞降表式。'"又，清赵翼《廿
二史札记》卷三十二也记有多起这类的案例。

代也有，吴承恩自己可能还是身经者。明代法律上明标一条，叫作
"妖言律"，犯者可以处死。什么叫"妖言"？不是指宣传封建迷信，
讲什么"黎山老母下凡啦"之类的妖言惑众。是指在政治上讲了不合
时宜的话语，触犯了皇家的忌讳。如嘉靖十二年"蒲州诸生秦镗伏
阙上书。言：孝宗之统讫于武宗，则献皇帝于孝宗，实为兄终弟
及。陛下承献皇帝之统，当奉之于太庙。而张孚敬议礼，乃别创世
庙祀之。使不得预昭穆之次，是幽之也。又谓：分祀天地日月于四
郊，失尊卑大小之序；去先师王号，撤其塑像，损其礼乐，增启圣
祠，皆非圣主之意，请复其初。帝得奏，大怒，责以毁上不道，下
诏狱，严讯，令供主谋。镗服妄议希恩，实无主使者。乃坐妖言
律，论死系狱"(《明纪》卷三十)。——所谓"文字狱"和这相似，用
嘴巴讲，用文字写，是二而一的，因文字犯罪盖亦妖言之类。嘉靖
十六年的应天乡试一案则是地地道道的文字狱。

　　嘉靖十六年丁酉秋，吴承恩可能因为南京秋战败北，怀着孤
独、凄凉的心情回归淮安的途中路经高邮，舍舟登岸，访露筋祠。
是偶值呢？是曾同行而又同游呢？总之吴承恩和朱曰藩一同游了露
筋祠，并赋诗。吴承恩借眼前景，言述自己的心中事，他说："气
与山河在，心将水月孤。门前杨柳树，惟有独栖乌。"(《露筋祠同朱
子价赋》五律的三、四联)朱曰藩抚慰吴承恩说："林前霜月白，千
古见清真。"(《露筋祠》五律尾联)吴承恩抚膺长吁："我的志啊，有
泰山高、有黄河水那样浩渺，现在的心啊，如水中月那样的孤独无
倚。生意已失婆娑的杨柳树，只落有一只哑声哑气的待寒的乌
鸦。——孤独啊，孤独！"朱曰藩对老友无可告语，只能释解他的愁
绪，平息他的愤懑："那林前霜月交辉，就如同你和露筋女虽隔千

古而皆见清真是一样的。(愁绪须解，愤懑要平的啊!)"①三年前吴承恩也是在这样的深秋，也是秋战败北回归淮安的途中，登金山寺，偿十年宿愿，饮酒赋诗，心情挺平静，"醉把花枝歌水调"，欢快也已。为什么同是落第北归，嘉靖十六年之深秋，便须"气与山河在，心将水月孤"呢? 因为他险些被一场文字狱的波涛卷走。

明代乡试中的顺天(今北京)、应天(今南京)两地要由中央简派专人主考。嘉靖十六年应天乡试主考是谕德江汝璧、洗马欧阳衢，都是东宫官。江汝璧、欧阳衢评语失书名，诸生答策多讥时政，被当时的礼部尚书严嵩抓住把柄，劾试官"品骘文字不书名，大不敬"；大学士夏言也插嘴说三道四，说举子答策多讥讪语，等等。于是激怒了嘉靖皇帝，下令逮系考官江汝璧和欧阳衢下锦衣卫狱，被贬官。其提调官孙懋(南京府尹)、杨麒、何宏、沈应阳等，俱下南京法司，勒令致仕。这次考中的举子不许可应明年的会试。试御史吴悌不识趣为举子求宽，因而被下狱，不久开恩释放。与应天文字狱同时，广东乡试也有大体相同的遭遇，考官多人被鞫问，举子停会试。②

吴承恩参加了这次应天乡试，大约答策中有讥讪语吴承恩与有份。已中式的举子被明令不许可参加明年的会试，自己呢，倒可不必为此揪心，因为在应天举人中式的榜上无吴承恩之名啊! 但是这

---

① 吴承恩《露筋祠同朱子价赋》与朱曰藩《露筋祠》系相和之作，且为嘉靖十六年所作等节，见《年谱》嘉靖十六年项。

② 嘉靖十六年文字狱事，《明史纪事本末》卷五十四有较详的记载："(嘉靖)十六年秋九月，礼部尚书严嵩劾应天试官，'品骘文字不书名，大不敬'。大学士夏言又谓：'策以戎祀为问，多讥讪语，当置于理。'遂命官校逮系典试官江汝璧、欧阳衢下诏狱。其提调官孙懋、杨麒、何宏、沈应阳俱命南京法司即讯。同试官舒文童等，各行所在巡按即讯。贡士不得应试南宫。十一月，严嵩摘广东试录有'体存故可以厚本，用利故可以明微，厚本故可以合同，明微故可以鼓舞'等语，参错不经；飞卫、纪昌道遇交射及黄郊紫微碧虚子之间答，诡异尤甚；且《中庸》、《毕命》二篇，不道口指，俱庚体格。帝怒，命监临余光法司鞫问。提调陆杰、余鉴，监视蒋淦、邹守愚，巡抚都御史鞫问。试官王本才等，各巡按官鞫问。贡士不得赴试南宫。"

场因文字而得祸事，吴承恩是亲预的，试官等被下狱，举子不得赴试南宫，对吴承恩总是直面的冲击，他在露筋祠前与朱曰藩相会，道出不平，是很自然的。他的老友朱曰藩安抚一番也很自然。我们看到这两位自少友善的挚友面对现实的观点和态度多么不同！一个抗议，一个调和。不到二年的时光，明世宗朱厚熜（嘉靖皇帝）有湖北安陆之行，在全中国搅起很大的波澜，对吴承恩和朱曰藩都没有直接冲击，却都表了态，反映的观点和态度更加明显不同。

因这场文字狱和嘉靖十八年的明世宗安陆之行，促使吴承恩写《秦玺》[①]，明世宗的安陆之行，使吴承恩把愤怒凝集在笔尖上，写出了《二郎搜山图歌》[②]，所以只能先介绍一下明世宗的安陆之行，否则对吴承恩之写《秦玺》，写《二郎搜山图歌》便不能了然。

明世宗嘉靖皇帝朱厚熜是个从小养尊处优的王子皇孙，与他远祖朱元璋、朱棣不一样。朱厚熜的父亲兴献王朱祐杬是明宪宗成化皇帝朱见深的第四子，是明孝宗弘治皇帝朱祐樘的异母弟，就国湖北安陆。朱厚熜的族兄明武宗正德皇帝朱厚照死后无子，又无亲弟兄，所以朱厚熜得以从兴邸入继大统，登上了皇帝宝座。朱厚熜无德无才无能无识，不懂得经邦治国，在封建皇帝里边只算得是个脓包。他上台的头几年只是为了自己算不算明孝宗朱祐樘的过继儿子

---

① 《秦玺》文，今不能找到肯定的证据谓是作于嘉靖十八年朱厚熜承天之行时，但又有种种迹象表明它的写作就是这个时间。第一，以"秦玺"为题作论文必有因由，它不是考举人时的答策（《射阳先生存稿》卷三《拟唐汴州刺史倪若水谏采捕江南鸂鶒鸂鹅等水鸟表》，注明是"台试"，是乃提学御史考试的试卷）。洪武中连年远征北沙漠为得传国玺（《明纪》卷六），弘治十三年陕西巡抚熊翀献秦玺（《明史》卷一百八十四《傅瀚传》），吴承恩未生；天启四年临漳民献秦玺（《明史》卷二百四十二《程绍传》），吴承恩已死。因此，吴承恩不可能是因洪武中求传国玺及弘治十三年或天启四年有所谓秦玺传世时作。明代宝玺除洪武初年和永乐间制十七颗外，只有嘉靖十八年二月又有新制。后者应是吴承恩作《秦玺》的因由。第二，《秦玺》对秦始皇的掊击和对世之袭秦旧者批判，都可以明显看出矛头正是针对明世宗朱厚熜。第三，《秦玺》结尾"乌呼！其必在豪杰之士也乎？其必在豪杰之士也乎"，其呼唤豪杰的思想，与《二郎搜山图歌》的思想正同。

② 《二郎搜山图歌》之写作时间等问题，见《年谱》部分考证，第19—24页。

和生父朱祐杬能不能被追认为皇帝,与群臣中持皇统论(即主张朱厚熜应算作是明孝宗朱祐樘的继子,不能尊朱祐杬为帝)的一派人闹得乌烟瘴气,鸡犬不宁,贬谪、鞭笞以至杀掉不少实际是忠于自己,不过是食古不化的臣下。反复争论多次,延续数年之久,终究因皇帝嘴大,说了算数,硬把生父兴献王追尊为献皇帝,庙号睿宗;生母兴王妃蒋氏上尊号为章圣皇太后。嘉靖初年这场不太轻松的滑稽剧,对立双方的名实之争,误会而已。皇帝讲孝道第一,一些臣下则讲皇家统系第一,究其实,暮四朝三和朝四暮三一也,何有乎名之争?这次争论、纷扰,因为最后以皇帝胜利告终,于是有嘉靖十八年春的巡幸承天。朱厚熜的父亲朱祐杬卒于正德十四年(1519),葬在安陆当地。朱厚熜当了皇帝,把安陆改称承天府,在朱祐杬被追尊为睿宗之后,坟墓改称为显陵。嘉靖十七年朱厚熜的母亲章圣皇太后死,大孝子朱厚熜为了不叫母亲阴灵在北京地下孤居独处,又不能把父亲的朽骨迁来北京天寿山(即今北京十三陵处),就决定把母亲的尸体送到承天府显陵与父亲并骨。十八年春,他亲自风尘仆仆远征承天府,是为了亲自勘查显陵情况。

封建时代皇帝巡游外地一次,所经之地比受一次蝗灾还厉害。秦始皇、隋炀帝可以给历史做证。朱厚熜的前任皇帝武宗朱厚照在位不到十六年,多次到外边乱跑。先是到宣化、大同、太原等地去嫖妓;正德十四年竟以亲讨朱宸濠叛乱的名目,又跑去江南游逛一次。朱厚照到了淮安,在那儿钓了鱼。这一年淮扬一带大饥,人相食,与前数年的水、旱相连,天灾人祸一齐来。那时吴承恩约十八岁左右,一直生活在家乡淮安,朱厚照的南行"德政"是亲自领略过并有亲身感受的。朱厚熜南巡承天府又是什么样子呢。据《明实录·世宗实录》卷二百二十一等文献记载,比起朱厚照的几次西北和江南之行要文明一些,即,对地方的骚扰要相对的轻一些。尽管如此,仍然遭到臣下的激烈反对和老百姓的愤怒抗议。左都御史王廷相颇有预见性地谏朱厚熜，直接提及老百姓的不满及其可能产生的危险后果。果然，朱厚熜动身的前一天，有军人孙堂撞入皇宫，至奉天门下，登上金台，坐在那里。被捕以后他供称："闻说沿途搭盖席殿，累死军民大半，因此我来拦驾。"这是公然的拦驾，更多是隐蔽的抵抗。人们学习诸葛亮：用火攻。朱厚熜车驾到赵州与临洺镇，两地的行宫都是朱厚熜刚一走，便起火。到卫辉，行宫于夜四更起火，当时从官仓促之间不知皇帝在何处，亏得锦衣卫指挥使陆炳推开皇帝住所的门，把吓得腿脚发麻、浑身筛糠的皇帝背出来，使他免于葬身火海。但是，不免烧死了一些宫人和侍卫人员，也烧了一些法物（道家修炼的物品）和珠宝之类。火是怎样烧起来的？史无明文。恐怕不是由于春干物燥，灭火不净，小风一吹而发起的火。应该是人民怒火的转化而兴。卫辉是四更起的火，天明朱厚熜便下令逮河南巡抚等官下狱（卫辉，今汲县，属河南省），贬黜河南巡抚为民，卫辉知府以下杖发边方。上述起火事件正是军人孙堂拦驾的继续，是人民群众受不了折磨的积极反抗。沿途所经各地的官吏、地主、豪商也不胜皇帝与随驾人员的苛敛诛求。随驾人员都把此次扈行看作是升官发财的良机。被称为"四凶"之一的胡守中，初为随驾御史，他过分积极地屡劾地方官"供张不备"，"供具不备"、"剥民膏脂"等等，罪两名巡抚都御史，一名布政使，多名府县官。胡守中因这些"劳绩"，除暗中收受贿赂，还得到嘉靖皇帝的特殊宠爱，一个月之内升为右佥都御史，以后的一年内，递升为都察院右副都御史、左副都御史、以至兵部侍郎。其他随行人员则主要是借机贪污纳贿，向地方官敲诈勒索，这是史有明文的。总之，朱厚熜率领数万名瘟疫毒菌横掠三个省（河北、河南、湖北）几个月，据史臣记载说比正德游江南要善良一些；另有记载说河南归德地方，"十室九饥，人皆菜色"；安徽临淮一带的小股起义者都是从河南过来的流民。曾亲自在途中朝驾的南京礼部右侍郎崔铣（崔

后渠)看到上述情景发出深慨说："今无一处无患，无一法无弊。"（《洹词》卷十二《南陆志》）

对于朱厚熜为了行孝而"郑重"地巡狩一事，是当时的儒臣及未臣的儒们所普遍关心的。他们要用笔墨来表达自己的感情、看法也似乎是义不容辞的。"歌颂德业，儒臣事也"，不管是随行的儒臣或未随行的儒臣，用笔尖歌颂皇帝的德业，盖亦职责所在，否则皇帝豢养一批儒臣干什么？未臣的儒者则可以较比自由一些，至少你可以不表态。譬如地处河北、河南、湖北三省的大批穿着儒服戴着儒巾的人们，恐怕衷心认为朱厚熜这支队伍来得好的未必有；身受其害，恨得牙根响的也大有人在。但，又谁敢直斥隐刺一番呢？据今天所知，儒臣和未臣的儒们歌颂朱厚熜德业的当然有；隐刺侧讥的也有其人。前者以吴承恩的好友和当朝宰执夏言为代表，后者就只能推吴承恩了。

朱曰藩在嘉靖十八年顷只是一名举人，并不是儒臣或在职的官吏，没有义务必须作赋吟诗来歌颂朱厚熜南巡的德业。可是他蹲在家乡江苏宝应欣闻"驾幸承天"之际，不禁在感激涕零之余，载笔讴歌曰："见说龙飞久，章圣幸旧庐。不因留守奏，临汉即回舆。""真人恩旧里，南即襄汉路。借问载笔臣，谁奏南征赋？"（《驾幸承天作》，《山带阁集》卷八）朱曰藩担心没有载笔之臣作南征赋以褒美皇帝的圣德，是过虑了。以媚上邀宠擅长的大学士夏言抢朱曰藩属望的载笔臣之先作了《大驾南巡赋》，夸大、吹胀、假造了许多"圣德"，胡说"于惟明黜陟也，则大会群吏，操赏罚之柄，乃剔蠹而留良；于惟省观方也，则问民疾苦，亲谕耆艾，蠲除振贷，爱悯恤而彷徨。"（《历代赋汇》卷五十七）——明明是对几个会观颜色和不会观颜色的臣侍左右乱升乱降，偏偏说成是"大会群吏"，搞了调查研究，亲操赏罚之柄，赏的有理，罚的有据；明明是所到之处造成大批死亡，使老百姓增加了额外的、永世也还不清的供应宫廷之需的债务，偏偏说成是问民疾苦，亲谕耆艾，先天下之忧而忧，后天下之乐而乐！颠倒黑白，莫此为甚！歌莫须有之功，颂绝无有之德，这就是朱曰藩期望的"南征赋"。

朱厚熜为了南巡承天，在动身前十一天的二月甲辰特意新制了七颗宝玺，包括专为巡狩而制的"巡狩天下之宝"。可以想见，新制七宝是和朱厚熜的天命观联在一起的。

嘉靖十八年吴承恩正在家乡淮安。春，吴承恩因清江工部分司（工部主事）的陈尧（陈梧冈）离任北归作《送陈梧冈水部》①，说"淮南春草逗春生，仙客乘春赋北征"。他这时或许已经知道皇帝要去南征，也还知道朱曰藩在《驾幸承天作》诗里讲"谁奏南征赋"。又许想象到一定有夏言一类的儒臣作什么《大驾南巡赋》的，可是他却在此同时送人"赋北征"，看得见吴承恩嘴角上的鄙夷微笑。吴承恩于嘉靖十六年经历过应天文字狱事，其愤懑至今未消，而又有新制七颗宝玺为由头，他经过一系列联想，作《秦玺》。约是本年下半年，朱厚熜已回銮，随驾官员赃污狼藉已斥在人口，吴承恩鼓浩然之气，又作《二郎搜山图歌》。

《秦玺》是《射阳先生存稿》里仅有的一篇论议性文字，它是借古讽今，借批判秦制和秦始皇来影射批判明嘉靖时代的政治措施和皇帝陛下朱厚熜，很有战斗性的一篇政治论文。通过对《秦玺》的剖析、研究，可以看出它之问世，确实也是与嘉靖十六年那场应天科场文字狱有直接联系。《秦玺》说：

> "世之袭秦旧者，岂特一玺哉！郡县犹秦，阡陌犹秦，称号忌讳犹秦，然此特其迹耳。至于首功好杀，秦俗也；尊君蔑臣，秦仪也；妖言腹诽，秦律也；则并其意而用之，秦亦何尝亡于后世也哉？故为天下者，不使秦斩然不见于世，不足以复

———————

① 《送陈梧冈水部》诗的考证见《年谱》部分，第19页。

三代，欲复三代之治者，必使秦斩然不见于世。"

吴承恩批判、抨击的是所谓继承秦俗的"首功好杀"，秦仪的"尊君蔑臣"，秦律的"妖言腹诽"，这三点都是嘉靖时代政治上的核心措施。

《史记·鲁仲连传》："彼秦者，弃礼义而上首功之国也。"司马贞《索隐》："秦法，斩首多为上功。谓斩一人首，赐爵一级，故谓秦为'首功之国'也。"今天常说的"头功"，同于"首功"，按其语源，是血淋淋的。秦俗之"首功好杀"，被后来的封建统治者继承下来，它往往是在外部敌人入侵时采用。明代正德以后赏军功的首功云者不是针对外敌入侵，而是针对农民起义。刘六、刘七起义时，官兵常以多杀起义军来邀功。《明史》卷一百九十八《王琼传》："（正德）十年，（王琼）代陆完为兵部尚书。时四方盗起，将士以首功进秩。琼言：'此赢秦弊政，行之边方犹可，未有内地而论首功者。今江西、四川妄杀平民千万，纵贼贻祸，皆此议所致。自今内地征讨，惟以荡平为功，不计首级。'"按，《明史》卷九十二《兵志·赏功》："正德七年定流贼例：名贼一级，授一秩，世袭，为从者给赏；次贼一级，署一秩；从贼三级及阵亡者俱授一秩，世袭；重伤回营死者，署一秩。又以割耳多寡论功，最多者至升二秩，世袭。先是，五年宁夏功；后，嘉靖元年江西功，俱视流贼例。"由是可知吴承恩所指的现实性。嘉靖时犹有在内地中国人与中国人互相战斗中论首功者，吴承恩抨击的"首功好杀"，就不仅是针对正德时代了。明代赏功条款，多是边功（与北部瓦剌）、海上功（与倭），只有到正德、嘉靖时有所谓"流贼"功和"江西"功等，始有如王琼所发出"此赢秦弊政"的呼吁。也才有吴承恩"首功好杀，秦俗也"的激烈响应。

《史记·礼书》："至秦有天下，悉内六国礼仪，采择其善，虽不合圣制，其尊君抑臣，朝廷济济，依古以来。至于高祖，光有四海，叔孙通颇有所增益减损，大抵皆袭秦故。"叔孙通大抵袭秦故加以增益减损而成的朝仪是个什么样子？是怎样如同秦仪尊君抑臣的？《史记·叔孙通列传》有详尽的形象的描绘："汉七年，长乐宫成，诸侯群臣皆朝。十月，仪。先平明，谒者治礼，引以次入殿门，廷中陈车骑，步卒卫宫，设兵张旗志。传言：'趋！'殿下郎中侠陛。陛数百人，功臣列侯诸将军军吏，以次陈西方东乡；文官丞相以下，陈东方西乡。大行设九宾，胪句传。于是皇帝辇出房，百官执职传'警'。引诸侯王以下，至吏六百石，以次奉贺。自诸侯王以下，莫不振恐肃敬。至礼毕，复置法酒。诸侍坐殿上，皆伏抑首。以尊卑次起上寿，觞九行。谒者言'罢酒'。御史执法举不如仪者，辄引去。竟朝置酒，无敢欢哗失礼者。"以后各个朝代大体是上述汉仪的继承，亦即秦仪的继承。像上述朝会时的庄严肃穆是必然的了，朝仪过程中不如仪者便要被驱逐走，就已显示出抑之甚矣。到明代，不仅继承秦仪，而是有所发展；不仅尊君抑臣，而是尊君蔑臣，动辄当场给予肉体体罚。嘉靖时由于所谓议大礼，这种体罚更为常见。《明史》卷九十五《刑法志》说嘉靖"中年，刑法益峻，虽大臣不免"。"四十余年间，杖杀朝士，倍蓰前代"。当时东厂、锦衣卫等特务机关横行一时，政府部门的三法司（刑部、都察院、大理寺）几同虚设。从明代初年就有，到嘉靖时尤烈的朝会时不如仪便不免受杖，"凡朝会，厂、卫率属及校尉五百名列侍奉天门下纠仪。凡失仪者即褫衣冠执下镇抚司狱杖之"。嘉靖六年霍韬曾根据上述情况建言：大臣如有罪，"付三法司足矣……有重罪，废之、诛之可也。……愿自今东厂勿与朝仪，锦衣卫勿典刑狱，士大夫罪谪废诛，勿加笞杖锁梏，以养廉耻，振人心，励士节"。霍韬的建言竟被朱厚熜斥为"妄言"，不纳。后十多年，吴承恩根据依然故我的"尊君蔑臣，秦仪也"，提出批判，无疑是指向明世宗朱厚熜的。把君和臣作为矛盾的对立双方来提，就是向君权本身的挑战。到在明末清初，黄宗羲则明确地主张反对君主专政了。

《史记·秦始皇本纪》载始皇三十四年李斯认为愚儒"入则心非，出则巷议，夸主以为名，异取以为高，率群下以造谤"。因此，"请史官非秦记皆烧之；非博士官所职，天下敢有藏诗书百家语者，悉诣守尉杂烧之；有敢偶语诗书，弃市；以古非今者，族；吏见知不举者，与同罪；令下三十日不烧，黥为城旦"。这是所谓的焚书。始皇三十五年，始皇因卢生等"诽谤我，以重吾不德也。诸生在咸阳者，吾使人廉问，或为妖言以乱黔首"。于是坑儒生四百六十余人于咸阳。这是所谓的坑儒。后来汉高祖刘邦进入咸阳召诸县父老豪杰，谈到秦苛法，特别提到"诽谤者，族；耦语者，弃市"(《汉书·高祖本纪》)。吕后掌政，曾下诏曰："前日，孝惠皇帝言，欲除三族罪，妖言令，议未决而崩。今除之。"颜师古注："罪之重者戮及三族；过误之语以为妖言。今谓重酷，皆除之。"(《汉书·高后纪》)——可见秦代约也有妖言令之类法律条文。在明代，如前揭蒲州诸生秦镗事件中，坐妖言律判处秦镗死刑那样，是在法律条文上列有一项妖言律的。所谓妖言事，明代归特务机构锦衣卫掌理，置秦镗罪，即下锦衣卫狱("诏狱")。世宗对妖言案特别敏感，刚即位时，"革锦衣传奉官十六，汰旗校十五。复谕缉事官校：惟察不轨、妖言、人命、强盗重事，他词讼及在外州县事，毋得与"(《明史》卷九十五《刑法志》)。由文字得罪自然是"腹诽心谤"的被按察，因而虽不必引"妖言律"定谳，性质是一样的。据不完全的粗略的统计，有明将近三百年间一百四十六次(据《明史纪事本末补编》统计)的会试及顺天、应天乡试，因士子对策中有讥讪时政而获谴的只有嘉靖年间的两次，一为前已引述过的嘉靖十六年应天、广东两案；一为嘉靖二十二年山东乡试案。山东案："是岁，上览山东乡试录，第五问防边策，内含讥讪，下礼部参看，复请治罪。教授周钶、监临御史叶经、提调布政陈儒，俱差锦衣卫逮治至京究治。降儒等边方杂职，廷杖经八十，为民，经死杖下"。① 值得注意的是：这种因文字讥讪时政的过犯，都由锦衣卫掌握究治，与妖言事相同，可想见吴承恩说"妖言腹诽"的秦律被后世即明嘉靖时继承，是包含嘉靖十六年、二十二年乡试时文字案件的。

吴承恩写《二郎搜山图歌》是在写《秦玺》之前呢？之后呢？不能十分肯定，可一般的推断说：《二郎搜山图歌》写在《秦玺》之后。因为如果《秦玺》之作是以朱厚熜南巡前十一天新制七颗宝玺为契机，《二郎搜山图歌》却须在朱厚熜四月壬子回北京后作。当朱曰藩写《驾幸承天作》时，吴承恩冷漠以对；当朱厚熜回銮，此行的灾难性后果显现无遗时，吴承恩借着题一幅画之机，把皇帝老官放到被告席上审判了一通。

吴承恩与一个叫作吴醴泉的同乡相交好。吴醴泉是景帝景泰和英宗天顺间当过监察御史的吴节或吴瑞的裔孙，吴节和吴瑞在成化年间又都因石亨、汪直的诬谮被投过狱，和吴承恩的太岳丈叶淇同乡又同事（吴节与叶淇一同被冤蹲过同一个监房），所以吴承恩和吴醴泉应算作是世交。后来吴醴泉死，吴承恩代张清溪、马竹泉作过祭文。吴醴泉家原有明初宫廷画家李在画的"二郎搜山图卷"，失去五十年，从淮安人当过山西左参政的李元家又重新获得，吴承恩乃

---

① 据彭孙贻《明史（朝）纪事本末补编》卷二《科举开设》。按明各朝实录对历届会试及顺天、应天两乡试皆有较详的记载，《补编》对顺天、应天两乡试间有阙，不知是《实录》原缺，抑或彭孙贻未见《实录》？因未核对《实录》，谨记如此。《补编》又载明景帝景泰七年因顺天乡试的第六名林挺朱卷无批语，因而被下锦衣卫狱，欲鞫问情实，有否弊端。但此次未涉及答策的讥讪时政。至神宗万历十四年会试取中的一甲第三人（探花）舒宏志，"系巡抚舒应龙子，年十九岁，策奇丽甚，语多刺时政，侵及言官之横者，大臣惜而不敢置前"。舒宏志不但没有得罪，反而受到神宗朱翊钧的称赏，"上从进呈最末卷拔之，中外惊异称服"。由是，更可证明代因乡、会试中文字坐罪的只有嘉靖中的应天、广东、山东的两年三次案件了。

以此为由头，借题发挥，作长歌。① 吴承恩把随从朱厚熜南巡的官员（即所谓的衣冠人物）比做"群魔"，骂他们是沙虫以至是猴老、狐娘、狂虺、毒龙。吴承恩看到画面上那些妖魔鬼怪被二郎神将纵放的名鹰、猎犬搏击、腾啮，无处藏身，有的被金锁交缠，有的被利剑斩断，不禁欢呼："神兵猎妖犹猎兽，探穴捣巢无逸寇。平生气焰安在哉？牙爪虽存敢驰骤！"按吴承恩的意愿，一切妖魔鬼怪都应被神兵猎获，当然他知道这只是幻想，现实中的妖魔鬼怪并不是容易能被歼灭的。吴承恩用历史的比拟，把明朝从开国到朱厚熜时代作了一番勾勒、考察，八句诗："我闻古圣开鸿濛，命官绝地天之通。轩辕铸镜禹铸鼎，四方民物俱昭融。后来群魔出孔窍，白昼搏人繁聚啸。终南进士老钟馗，空向宫闱啖虚耗。"吴承恩用帝尧命重黎绝地天通与黄帝轩辕、夏禹铸镜、铸鼎事隐喻明太祖朱元璋和建文帝朱允炆两代抑内臣干政，从而出现所谓政治清明的景象，朱元璋即位，惩前代宦官专政之害，定制：宦官不得兼外臣文武衔，不得御外臣冠服。"尝镌铁牌置宫门曰：'内臣不得干预政事，预者斩。'敕诸司不得与文移往来。""建文帝嗣位，御内臣益严。诏：出外稍不法，许有司械闻。"（《明史》卷三百四《宦官传》）所谓"绝地天之通"，即寓指宦官不得与外臣文移往来，人神不得杂扰，宫内外绝断通路。"轩辕铸镜禹铸鼎"即指朱元璋置铁牌，下敕诸司和建文

① 《二郎搜山图歌》的题序说："二郎搜山卷，吾乡豸史吴公家物。失去五十年，今其裔孙醴泉子，复于参知李公家得之。青毡再还，宝剑重合，真奇事也，为之作歌。"所谓吴醴泉是其裔孙的豸史吴公，盖即景泰甲戌进士吴节或吴瑞（皆叶淇同科）。据光绪《淮安府志》卷二十二，吴节当过监察御史，吴瑞也当过监察御史，曾巡抚广东、宣大。到底是节或瑞，不能定，因为他们都是御史。所谓参知李公，据光绪《淮安府志》卷二十二，正德戊辰进士李元当过山西左参政。《明纪》卷十八：宪宗成化元年二月，"御史赵敏为前少保于谦讼冤，并言郎中吴节、御史叶淇无罪，当复职。下所司覆行"。《明史》卷一百八十五《叶淇传》言叶淇"景泰五年进士，授御史。天顺初，石亨潜之下吏，考讯无验，出为武陟知县"。是叶淇、吴节同因于谦案下吏被考讯。《明纪》卷十九：宪宗十四年八月汪直"请执（巡抚苏松副都御史牟）俸并（侍读学士江）朝宗下锦衣卫狱，词连佥事吴瑞等十余人，俱被逮系"。

帝诏内臣出外稍不法，许械闻等节。正因为有上述的明诏烛奸和以法令形式限定阉宦的活动范围，明初的太祖、建文两代就没有宦官恣为不法与干政事，所以"四方民物俱昭融"。"后来群魔出孔窍"至"空向宫闱啖虚耗"四句诗，影射从成祖朱棣开始，尤其是英宗朱祁镇（正统帝）到武宗朱厚照几代，宦官肆行为非的历史情景。恰恰因为建文帝御近侍甚严，建文帝的内侍在朱棣靖难师逼江北时，多逃入朱棣营，漏泄建文朝廷的虚实。朱棣认为内臣忠于己，即位后便逐渐有宦官任事，三保太监郑和率船队通使西洋并借此踪迹建文帝，是明代历史上著名的事件。永乐十八年设东厂，令宦官主之，以当皇帝的耳目。"盖明世宦官出使、专征、监军、分镇、刺臣民隐事诸大权，皆自永乐间始"（《明史》卷三百四《宦官传》）。宣宗（朱瞻基，宣德帝）之世，宦官如犯法，仍置极典，宦官尚不敢肆行为非。英宗朱祁镇宠王振，宪宗朱见深（成化帝）宠汪直，武宗朱厚照宠刘瑾。王振、汪直、刘瑾三人总掌朝纲，大权在握，言出为法，朝臣侧目，路人悚惧。他们掌握的东厂、西厂是锦衣卫以外的另一套特务机构。以至有英宗天顺时的曹吉祥和武宗时的刘瑾策划叛乱夺皇位。吴承恩诗说"后来群魔"的乱舞，正是这批丑类跳踉的写照。王振怂恿英宗亲征瓦剌，英宗被俘，瓦剌进抵北京城外，国几危；刘瑾祸国期内，以除奸作号召的刘六、刘七为首的农民大起义，封建地主阶级几危。因此，当时的朝臣和在野的士夫们都把除宫中的魔怪当作是正朝纲的大事。正德五年杨一清与张永（中官）提兵讨安化王置鐇的西行途中，杨一清向张永说："藩宗乱易除，国家内乱不可测，奈何？"促成张永向朱厚照奏言除刘瑾。所谓"国家内乱"即指刘瑾集团的宫内之乱。刘瑾即除，四川巡抚都御史林俊上疏朱厚照说："瑾虽死，而权柄犹在宦竖，安知后无复有如瑾者？"吴承恩说"终南进士老钟馗，空向宫闱啖虚耗"，就是针对杨一清、林俊等人的举动和忧心说的。（上引皆见《明史纪事本末》卷四十三)到世宗朝，惩前代宦官之祸，尤其是惩刘瑾之祸，御近侍甚严，使宦侍不得干政。但，这也只是"空向宫闱唼虚耗"而已，因为它的结果是"民灾翻出衣冠中"，朝政并没有清明。"民灾"二句实指世宗在嘉靖十八年南巡事，"坐观"二句斥世宗好神仙，求长生，纵容"五鬼"、"四凶"乱政事。《二郎搜山图歌》批判世宗朱厚熜主要在这四句诗。据《太平御览》卷九一六引《抱朴子》佚文："周穆王南征，一军尽化，君子为猿为鹤，小人为虫为沙。"吴承恩借用周穆王的南征，喻朱厚熜的南巡。随行的主要人士是衣冠人物的诸臣，不是阉宦之类的小人。衣冠人物的诸大臣去制造民灾，竟为小人，不当君子，贪污受贿，敲诈勒索。吴承恩在隐指的这个事实里已寓有抨击朱厚熜的意味，朱厚熜不信任阉竖，却纵容衣冠士夫为非作歹。据《明实录·世宗实录》卷二百三十二载霍韬的奏言，说南巡护驾诸臣只有两人没有纳贿不法，而所说的两人之一是著名的赃私人物郭勋。由此可见"民灾翻出衣冠中"的规模。由此推衍开来，"五鬼"、"四凶"①之为害更是直接对明世宗朱厚熜的指斥。吴承恩说宋真宗赵恒用王钦若等"五鬼"，是正笔；说虞舜不诛"四凶"，是反说。吴承恩有的那点含蓄太少了，谁都一眼就能看穿，吴承恩只是说今天有宋真宗那样的昏君，而无虞舜那样的明主。吴承恩表面鞭笞的是衣冠人物打扮的"五鬼"和"四凶"，却在明世宗朱厚熜身上找到鞭痕。请想一下吧，吴承恩在《秦玺》一文把攻击矛头指向秦始皇，《二郎搜山图歌》一诗攻击矛头又指向宋真宗，这指桑骂槐、指和尚骂贼秃的手法不是很明显的吗？读历史的人都知道，秦始皇好神仙，信方术之士，派徐福等去寻仙山；宋真宗淫于封禅，"五鬼"王钦若等常以天书符瑞之说荧惑朝野。明世宗朱厚熜和秦始皇、宋真宗等是难兄难弟，一母所生"三胞胎"，模样难分彼此。唐代诗人白

---

① 关于"五鬼"、"四凶"的考证，见《年谱》嘉靖十八年项下，第 22—24 页。

居易歌:"海漫漫,直下无底旁无边,云涛烟浪最深处,人传中有三神山,山上多生不死药,服之羽化为天仙。秦皇汉武信此语,方士年年采药去。""徐福文成多诳诞,上元太乙虚祈祷。君看骊山顶上茂陵头,毕竟悲风吹蔓草"。诗乃《新乐府》中的《海漫漫》,白居易自己解题曰"戒求仙也"。举秦皇汉武之虚妄戒谁求仙?戒唐宪宗好神仙。诗人李贺也由官街鼓声之隆隆歌咏:"碨碎千年日长白,孝武秦皇听不得。""几回天上葬神仙,漏声相将无断绝。"(《官街鼓》)李贺颇为含蓄地指明秦皇汉武终究要死,天上的神仙也要老死,因此秦皇汉武生前的求神仙之为虚妄,不言自明。李贺在这里说的秦皇汉武,也是暗指唐宪宗。过去时代的人们对自己时代的皇帝不满,多找个历史上的替身骂骂,吴承恩师白居易和李贺而更隐蔽一些,先从求神仙、信方士这一点把朱厚熜与秦始皇、宋真宗画上等号,然后又把朱厚熜单个与秦始皇、与宋真宗在政治上相比拟,加以狠狠地批判。

对朱厚熜批判了,甚至是骂詈之了,但如要说吴承恩是想把朱厚熜推翻,另换一个好皇帝,那也未免过高估计了吴承恩的思想。吴承恩只是希望当今皇帝去暗图明、改弦更张而已,他表达的主要是未掌权的比较进步的地主阶级知识分子的思想,也一定程度反映了非革命高潮时期的农民和市民对最高统治者的不满情绪。因此,《二郎搜山图歌》结尾吴承恩无限感慨地说:"野夫有怀多感激,抚事临风三叹息。胸中磨损斩邪刀,欲起平之恨无力。救月有矢救日弓,世间岂谓无英雄?谁能为我致麟凤,长令万年保合清宁功。"他呼唤救日月之蚀的英雄出现。他认为本来是昭昭之日月,所以暂时昏昏,是妖邪蒙蔽了它的光辉,或者竟是妖邪吃了它的一部分使它失掉应有的光辉。救日月之蚀,必须有能掌握强有力的武器的人。《周礼·秋官司寇》:"庭氏掌射国中之夭鸟,若不见其鸟兽,则以救日之弓与救月之矢夜射之。"可知古有传说,专有特殊的弓与矢射蚀日月的妖邪，由庭氏执掌。后来民间传说二郎神曾担山赶太阳，因而二郎神也便是执救日月之蚀弓矢的神人了吧。以日月比君王，从来如此。于是二郎搜山捉妖也好，执弓矢救日月之蚀也好，都是清君侧的行径。按诸《二郎搜山图歌》诗序透露的消息，吴承恩心目中现实的二郎神应该是"二郎搜山图"原持有者"豸史吴公"一类的人物，即掌风纪，为天子耳目，专纠劾百司的都御史或监察御史中的不畏强圉、公正不阿那样的人物。吴承恩在《秦玺》的结尾处攒眉迭呼："故为天下者，不使秦斩然不见于世，不足以复三代；欲复三代之治者，必使秦斩然不见于世。乌呼！其必在豪杰之士也乎？其必在豪杰之士也乎？"所谓"豪杰之士"，也即《二郎搜山图歌》里的"英雄"，按其所指，"豪杰"比"英雄"范围要宽，包括天下的各色官吏。

我们从《秦玺》和《二郎搜山图歌》的字里行间看到了吴承恩愤怒的面容，也似乎看到了他所批判的朱厚熜的卑琐而豪横"龙颜"。本来，借"秦玺"和"二郎搜山图"而发抒政见者，过去时代屡有所见。洪武二十五年太学生山东周敬心上疏朱元璋，谈到朱元璋派兵"连年远征，北出沙漠，为耻不得传国玺"，周敬心认为历代递嬗兴废皆不在有玺与否，"昔者三代不知有玺，仁为之玺，故曰：'圣人大宝曰位。'何以守位？曰：'仁！'"(《明史》卷一百三十九《周敬心传》)周敬心指责朱元璋好杀："今水旱连年，未臻大稔，未必不由杀戮无辜、感伤和气之所致也。"(《皇明通纪·皇明启运录卷八》)弘治十三年陕西巡抚熊翀以鄠县民所得玉玺献给朝廷，说这是秦玺复出。当时的礼部尚书傅瀚等上疏指斥其伪，并说"帝王受命，在德不在玺"(《明史》卷一百八十四《傅瀚传》)。上述两则都是明代比吴承恩要前的事例。二郎搜山捉妖这样的画图宣德年间宫廷画师李在也并非独创，在他之前的宋元时期就多有此类画卷传世。画二郎神将搜山绝不是画家无所谓的趣味之笔，都是用捉妖拿怪表现现实社会，妖魔鬼怪是画家心目中的邪恶势力，二郎神将等则是正义力量的化身。画家怀着嫉恶愤世的心情画搜山画卷，观画者可以有自己的解释，把二郎神将和他所擒捉的妖怪具体化为某一些人，从而加以歌颂和声讨。吴承恩作《秦玺》和《二郎搜山图歌》，也便是继承历史上这样的传统，而更加有所感于现实而发。恰恰因为他把朱厚熜仅仅看作是被坏人包围才昏昏起来的，如果朱厚熜对坏人开始打击惩处，他这个野夫就由三叹息转为一再欢呼。嘉靖二十年，即作《秦玺》和《二郎搜山图歌》以后的第三个年头，吴承恩看到虞廷诛"四凶"了。该年九月，被称作"四凶"中的两凶：郭勋、胡守中相继为嘉靖皇帝下诏投锦衣卫狱治罪了。吴承恩对朱厚熜燃起幻想的火花，他以为皇帝耳又聪目又明，救日月之蚀的弓矢起了作用了。当刑部主事、同乡好友冯焕因审理郭勋案件得罪了严嵩，被逮下狱，终致贬为广东茂名县丞，冯焕去茂名途经淮安有短暂停留，吴承恩会见了遭贬失意的老友，赠诗《杂言赠冯南淮比部谪茂名》，把冯焕之南行，比做李白之贬夜郎，韩愈之贬潮州，苏轼之贬儋耳，愤懑于世情颠倒，"文章狎鱼鸟，君子为沙虫"。另一方面他因虞廷开始诛"四凶"，便认为冯焕不会永远沉沦下去，圣君会很快召冯焕还朝。吴承恩在酒酣耳热之际，曚昽地看见了"长安楼阁五云齐，斗转觚棱抱紫霓"。他向嗒然失魄的冯焕鼓气，"应见一封裁五色，为君明日下金鸡"。他感到原来昏庸得可以的皇帝，现在又颇多可敬可爱之处。

吴承恩在愤恨君昏臣奸的同时，也赞颂好官僚（说不上是"清官"）。嘉靖十七年，在淮安当过漕运总督的唐龙，以母老归养为由辞去刑部尚书职，吴承恩过去受其知遇，因而寄诗给唐龙，颂扬唐龙"雄风共仰安边策，文斗遥明执法光"；希望唐龙"肯为乾坤出野堂"，不要退隐。同年，吴承恩作《留思录序》，把去任的淮安知府孙继鲁比作周太王之去邠，"而民之歌之，犹邠人之思古公也"。从这里窥见了吴承恩在此时一再呼唤的英雄、豪杰的枝节。

嘉靖十七和十八年期间，吴承恩的身心是和当时的政治脉搏一起跳动的。批判污浊的朝政，由"四凶"、"五鬼"联及皇帝；又歌颂好官僚，希望他们除奸安善，去救日月之蚀；希望他们要重新出山拯世，等等。"野夫有怀多感激，抚事临风三叹息"，野夫议政，证明着吴承恩从"迁疏漫浪"中拔出脚来了。

吴承恩之议政，毕竟是纸上文章，快笔快意已耳，连扔进大江大河一片石引起一点泡沫的作用都起不到。一位府学生员，即或他起来造反，还三年不成哩，何况他的不满时政的情绪，只能在笔端翻点波澜呢。吴承恩经常的活动仍不能不在学宫以及士人之间。明代的府县学生员并不要每天去学宫，资格老、年岁大的学员更其随便一些。吴承恩在他整个中岁阶段大都是如此的。他在地方上颇有才名，又总是受到地方官府和地方名人的器重，和学宫老师的关系也特殊一些，他可以和老师们较比平等地交往，而不必怕老师摆学"官"的架子。在嘉靖十九年左右，淮安府学有一位叫作陶师文的教授（府学正教官，也就是学长），吴承恩和陶老师的关系很不错，是可以在一起碰一碰杯的。春天，吴承恩以诗代柬给陶老师："床头社瓮鹅儿熟，江口春船石首来。欲就吾师谋一醉，讲坛何日杏花开？"（《柬未斋陶师》）要吃要喝，要到老师头上了，足见他们碰杯之举绝不是第一次，他们已不甚拘师生的形迹。陶师文，会稽人，字纯夫，号未斋，举人。嘉靖十五年任江西铅山县知县，十八年降级去职，任淮安府学教授。嘉靖二十五年转任湖北宜都县令，任内据说干得还不错，"到官搜奸剔蠹，酌定儒学师生廪饩折色，新学宫，广学田至八百余亩，岁租给贫士。县旧无书院……乃核儒学西隙地旧为豪强侵卖者，谕令其子若孙赎之，给半价，其半官给之。命幕僚吴子钥董其事，堂舍门庑蔬圃备具。始丁未（按：嘉靖二十六年）冬，成戊申（按：嘉靖二十七年）春，额曰清江书院。……任宜六年，升扬州府同知去，去时栽竹，题云：'临去还栽竹，凭人笑道憨。清风与高节，留待后来看。'县人为建感德祠。"（同治《宜都县志》卷三下）陶师文在淮安的时间颇久，大体是从嘉靖十八年到二十六年之间。

陶师文到淮安一整年之际，教化成绩卓著，抚、巡诸使者数腾檄褒美而膺奖，吴承恩为作《贺学博未斋陶师膺奖序》。据序文，陶师文为人较耿直，当官不会拍上级的马屁，"信道违时"，"与世乖忤"。他为什么被撤掉铅山县令左授淮安府学教授的呢？序文交待说：陶师文当县令"心为乎小民，而力抗夫强家，大吏因之请于铨而左授"。怎样心为乎小民、力抗夫强家的？强家是哪一家（费宏、费寀等贵家是当时的铅山人）？皆不明。吴承恩认为像陶未斋这样的直士，如果"施之于上官，言必依道，动必据礼，轻于犯颜，而敢于忤旨"。总之，在吴承恩看来，陶师文是难得的鄂士，是自己和全体同学应该向之学习的好师长。

面对这样的好师长，吴承恩感慨多方，像陶老师一样的正派、骨鲠之人太少了，从官僚、缙绅到读书士子，都是一派阿谀取容、苟苟营营之习。如同他观赏"二郎搜山图卷"时掀起的亢奋思绪一样，吴承恩的笔锋狠狠刮了一通社会各类各色人物的面皮："夫独不观诸近时之习乎？是故匍匐拜下，仰而陈词，心悸貌严，瞬息万虑，吾见臣子之于太上也，而今施之长官矣；曲而踧，俯而趋，应声如霆，一语一偻，吾见士卒之于军帅也，而今行之缙绅矣；笑语相媚，妒异党同，避忌逢迎，恩爱尔汝，吾见婢妾之于闺门也，而今闻之丈夫矣；手谈眼语，诪张万端，蝇营鼠窥，射利如蜮，吾见驵侩之于市井也，而今布之学校矣。"吴承恩摆列出这么一批群丑图之后，冷峻地说："今之君子皆以为宜。"就是说今之君子都认为对长官应该"匍匐拜下"等等，是应该的。这样的引号里的君子人，不正是"民灾翻出衣冠中，不为猿鹤为沙虫"的人物吗？君子之名，小人之实，吴承恩透过近时之习的剖析，对今之衣冠君子有一番更新的认识。吴承恩记述的现象，大都是市井细民所行所为，但是一拨君子的下巴，他的手指甲又不免撮痛上流社会的疮疤。

略后于《秦玺》、《二郎搜山图歌》的《贺学博未斋陶师膺奖序》，是吴承恩中年时期颈项上的另一颗明珠，光照胸臆。按旧时不科学的说法，人是用心脏来思想的，吴承恩的思想将被陶师文的骨鲠照射得益加璀璨夺目。

吴承恩辞南京国子监祭酒马汝骥之请聘，当与《贺学博未斋陶师膺奖序》的思想基调有直接关连，自然和《秦玺》、《二郎搜山图歌》也是紧扣到一起的。

三、辞南京国子监祭酒马汝骥的请聘

封建社会淹久于府县学的生员，很多人或者找一个坐馆教书的地方，或者出外给某个官府当幕宾，后者毋宁说是个难得的阔差事。《聊斋志异》作者蒲松龄当过一位知县的文笔师爷，是人们熟知的；一说《红楼梦》作者曹雪芹也干过幕宾这一行当①。吴承恩似曾有机会去当南京国子监祭酒（太学学长）马汝骥的幕宾。是马汝骥主动请聘，被吴承恩拒绝了。时间为嘉靖十七年至十九年之间，正是吴承恩心头翻腾寻妖捉怪的时期。

马汝骥，字仲房，号西玄，绥德人，正德十二年进士。曾经当过南、北监的司业（副学长），嘉靖十七年至十九年任南京国子监祭酒，以后升礼部侍郎，有《西玄诗集》。据记载，马汝骥为官清廉，绝权贵请托，行己峭厉，然性故和易，颇得人望。就是这样有身份、有地位、有人望的赫赫人物，不知何时何地和何种因缘与吴承

① 曹雪芹曾给尹继善当过幕宾事，可参看周汝昌《曹雪芹小传》的第二十六节《南游》。这一说在红学界尚未得到普遍承认。

恩相识，且对吴承恩"奖饰下材，收罗末品，高谈刘勰、下问虞翻。诵佳句于廷中，假深情于格外"，使吴承恩"自惭剪浅"，而认为是"过辱揄扬"了。马汝骥如是欣赏、奖赞吴承恩，完全是"羽仪天路，鼓吹儒宗"，当太学学长识拔人才的职责自然延伸。马汝骥以太学学长的身份、地位，特派使者专门来礼聘吴承恩，大约是要吴承恩给自己掌书记(文秘师爷)。吴承恩拒绝了，恭恭敬敬又颇为矜持地写了一篇音韵铿锵、对仗工致、一句一典的骈俪文书启。先抬吹一通马汝骥："恭惟台下，海岳奇标，烟霞逸韵，羽仪天路，鼓吹儒宗。书传圯上，谷城黄石之精；经授关中，函谷紫云之气。鹏摇凤苑，鹭振鸾坡、玉杯繁露、翻甲观之虫编；天禄虾蟆，剔羽陵之蠹简。才专八斗，笔挽千钧。警鹤和其清音，飞龟洞乎玄识。"用骈俪为文，罗列典故，是不必句句落实的，有点影、响就可以追捕粘附，一路朦胧恍惚流下去。上边捧马汝骥那一段话就是如此。吴承恩接下抒发自己的不平时，虽也尽量寻找可用之典，排列整齐，叫人们用眼睛看，就感听到音乐的协奏声，但每句话都能和自己的处境熨帖无间。"承恩淮海竖儒，蓬茅浪士，倚门肮脏，挟策支离。上不能鸣钟佩玉，纪竹素于麟台；下不能带索披袭，激薪歌于豹谷。月旦虽工，翻淹马枥；春秋已壮，尚泣牛衣。徒夸罗鸟之符，误乔屠龙之伎。囊底新编，疏芜自叹；怀中短刺，漫灭谁投。"吴承恩对自己的功名不就如此悲叹，却直截了当地拒绝了马汝骥的好意，"炙毂之谈，惭登孔席；叩辕之唱，惧入夔门。伎俩屈于多方，侏儒负其一节。但愿舍骊黄而求骏骨，由玄素以得深心，下堂以揖然明，倒屣而迎王粲。"

　　吴承恩所以拒绝马汝骥之聘的理由是四句话、十六个字："辞出应酬，本无可采；神分习业，未尽其长。"这表达了吴承恩此时期的基本思想和志向。前两句是自谦，说我这手笔，只会写些应酬话，陈词滥调，给您当文秘，代笔写什么报告、函件等等，不是好材料，"本无可采"。后两句是真实理由，话讲得坦率而真诚。自己的天性（"神分"）和所习专业（"习业"），如去做文秘工作，那是"未尽其长"的。自己的"神分习业"如搞文秘则"未尽其长"，那么所长又何在？吴承恩在回答友人的诗里谈及此点。《答友人》（七律）的后两联说："淮南有赋违招隐，谷口无田愧代耕。湖海故人劳问讯，元瑜书檄负平生。"可能是马汝骥邀吴承恩掌书记消息传出后，不止一位友人驰函或面谈，希望他去担任这个美差。他以诗代笺明确回答诸友：像阮瑀那样给曹操管记室以草书檄①，是有负于自己平生之所志的。他在郑子真耕于谷口②的典故里讲了自己的所长所志，要像郑子真一样隐居，不屈志，不受官府的礼聘。但是吴承恩自谓有愧于郑子真，郑子真乃躬耕于岩石之下，自己呢，以笔代耕于城郭茅斋里的呀。"中岁志丘壑，茅斋寄城郭"，正与"谷口无田愧代耕"互为注脚。

如果不避牵强附会之讥，倒可以说吴承恩此时正在从事自己认为有所长的写作，他在写作《西游记》。吴承恩断然拒绝马汝骥之聘，完全可以联系"富贵无心，只恐转相催。虽贫杜甫还诗伯，纵老廉颇是将才。漫说些痴话，赚他儿女辈，乱惊猜"来考虑。

四、写《西游记》

吴承恩什么时间开始写《西游记》，又什么时间结束而最后完成，今天都难于下断语。不过完全可以肯定地说，至少在嘉靖二十

---

① 《三国志·魏书·王粲传附阮瑀传》："陈留阮瑀，字元瑜。……少受学于蔡邕，建安中，都护曹洪欲使掌书记，瑀终不为屈；太祖并以琳（按：陈琳），瑀为司空军谋祭酒，管记室。军国书檄，多琳、瑀所作也。"今存阮元瑜《为曹公作书与孙权》，载在《昭明文选》第四十二卷。

② 《汉书》卷七十二："谷口有郑子真，蜀有严君平，皆修身自保，非其服弗服，非其食弗食。成帝时，元舅大将军王凤以礼聘子真，子真遂不诎而终。……及（扬）雄著书，言当世士，称此二人。其论曰：……谷口郑子真，不诎其志，耕于岩石之下，名震于京师。"

一年左右即他的中壮年时期内，他正在写，或者已完成了初稿。①

吴承恩所以能在这个时期内写《西游记》，有下述几个主客观的原因和条件。

第一，嘉靖十六年以后没有材料说明他还参加过科举考试。如前所述，如果嘉靖十六年吴承恩去应应天乡试，他的心灵上要投有很浓重的暗影的，因为那次榜上即或有名的举子也不许进京会试。不能前进，只好后退，"中岁志丘壑"，暂把旺盛的壮年精力从科举程途上拉回来，有较比余裕的时间去"漫说些痴话，赚他儿女辈，乱惊猜"。

第二，他的思想和青年时期相比有着明显的变化，对现实政治和近时之习有着强烈的不满。吴承恩从"迁疏漫浪"与"泥涂困穷"的矛盾中惊醒过来，他是含着讽刺的笑和痛苦的泪写《西游记》的，痴话绝不是真个漫说，作《西游记》绝不是仅仅给村翁塾童提供笑资，或者因为好而且善谐剧便借写小说来自己耍子消食。

第三，吴承恩迫于既壮的这个时间内，写了《禹鼎志》的文言短篇说部，它与《西游记》是姊妹篇。两部作品何者在先，何者在后，或者竟是同时进行，今已不可考知。但是二者之间是横着"影响"一词的，或某影响某，或互为影响。由写八股时文和古诗文之笔，转而写不为雅士所许可的通俗小说，必须有个引入的契机。如果我们说《禹鼎志》写在先②，那么《禹鼎志》之写，也便给《西游记》之产生

---

① 《西游记》之写作时间，可参看《年谱》嘉靖二十一年项下。在那里我正面论证了写于嘉靖二十一年左右的理由，又批驳了认为《西游记》作于吴承恩晚年的通说。

② 关于《禹鼎志》与《西游记》写作先后问题，本无法考知；主观推想，倒可以认为《禹鼎志》在先，《西游记》在后。《禹鼎志序》说："余幼年即好奇闻，在童子社学时，每偷市野言稗史"，就是他自己小时所读者大量的应是通俗小说，并不是唐传奇文之类的东西。"比长，好益甚，闻益奇，迨于既壮、旁求曲致"的情况下，却是"爱唐人如牛奇章、段柯古辈所著传记"，因而《禹鼎志》是传奇文式的短篇作品汇集。是吴承恩读小说后的第一部手著乃唐传奇文式的作品《禹鼎志》。如在唐传奇文式的作品之前有通俗说部，不会在《禹鼎志序》中没有丝毫反映。大约从小接受文言文写作训练的文士，开始模拟写作小说，总是先写牛、段式的传记以为试笔，与宋元时市人小说的作者不同。

创造了必要的条件。

第四，吴承恩作为曾志于科举仕途而且至今也没有宣布与科举仕途彻底绝裂的封建知识分子，他来写周围人们不屑道的小说（小言詹詹者），似须有志同道合的人给予赞助，否则四顾茫茫，将有荷戟彷徨之叹。这时，吴承恩与李春芳有亲密的交往。德不孤，必有邻，吴承恩写神话小说有了功力相当、思想相通的合作者。

"四美具，二难并"，也或者是我们主观上给吴承恩找寻四个条件，但他和李春芳能有机会合作，也确乎是难得的偶然。

先对《禹鼎志》之作做一番考察。《禹鼎志》是否雕版印刷过？今不可知。今天只能看到保存在《射阳先生存稿》里的一篇自序，人们所以知道吴承恩作有《禹鼎志》，也就是因为看到了这篇序文。《禹鼎志序》叙述到素材的积累过程和创作过程："余幼年即好奇闻。在童子社学时，每偷市野言稗史，惧为父师诃夺，私求隐处读之。比长，好益甚，闻益奇。迨于既壮，旁求曲致，几贮满胸中矣。"后来遵循自然规律忘掉一些，最使自己激动的"十数事，磊块尚存；日与懒战，幸而胜焉，于是吾书始成。因窃自笑，斯盖怪求余，非余求怪也"。这十数事为什么要用唐传奇的形式写出，那是因为"尝爱唐人如牛奇章、段柯古辈所著传记，善模写物情，每欲作一书对之"的缘故。《禹鼎志》的故事"盖不专明鬼，时纪人间变异"，确实是《玄怪录》、《酉阳杂俎》式的东西。如果真是如此，《禹鼎志》的整个篇幅将是很短的，即或都是《剪灯新话》、《剪灯余话》、《效颦集》的格局，因为仅"十数事"，比《新话》等数量少，也只能是薄薄的一小册而已。写这类作品的动因和目的，在于志其怪与"纪人间变异"中，"亦微有鉴戒寓焉"。取名"禹鼎志"者，因为"昔禹受贡金，写形魑魅，欲使民违弗若。读兹编者，傥悚然易虑，庶几哉有夏氏之遗乎"！吴承恩本来对现实生活有不满，甚至是对当朝政治不满，但"国史非余敢议，野史氏其何让焉"，是野人议论国家大事的一种特殊方式罢了。由此而言，《禹鼎志》与《西游记》是心有灵犀一点通了的，吴承恩自己的大脑两半部没有鸿沟相阻。《禹鼎志序》可以看成是《西游记序》。

吴承恩通过《禹鼎志序》(请读作《西游记序》)昭告世间：《西游记》在记神佛妖怪及人间变异之中，"亦微有鉴戒寓焉"，"读兹编者，悦怵然易虑"，庶几哉有"吴"氏之"意"乎？假如说因此而引起吴承恩友朋间不同的但却都是强烈的反响，也是可理解的了。

吴承恩平生有三位最要好的朋友，即沈坤、朱曰藩、李春芳。三人在吴承恩创作《西游记》期间内逐次高腾远举。沈坤是嘉靖二十年的状元，朱曰藩是嘉靖二十三年的进士，李春芳是嘉靖二十六年的状元。沈坤其人头脑简单，尚气使性，除热衷八股时文、科举仕途之外，百不关心。他中了状元，吴承恩赠之诗，结尾两句说："染翰朝朝供研滴，凤池新绿酌恩波"(《赠沈十洲》)。沈坤有兴趣的是跑到凤池去酌皇帝的恩波，还管老友吴承恩作什么《西游记》、"东游记"？朱曰藩、李春芳不同，他们高迁得晚，吴承恩或者已写成了《西游记》初稿，他们还都在不得其志，在举人道途上蹭蹬。他们对《西游记》关心和这种社会地位是有联系的。

李春芳是吴承恩的积极合作者。李春芳于嘉靖十年考中举人，几次春战不利，而挂名南监，从湛若水、欧阳德两位理学家学(湛、欧阳为南监祭酒、司业)，又在江淮间授徒以自给。据吴承恩讲，他和李春芳相知约是嘉靖二十二年左右①，大约就是李春芳在淮安某处授徒时相结识的。此时吴承恩正在写《西游记》。李春芳自号(?)华阳洞天主人，因为他的祖籍曾是句容，句容茅山有华阳洞，是道教的圣地之一。李春芳之所以取号华阳洞天主人，一方面是对

---

① 吴承恩于嘉靖四十一年为李春芳父李永怀七十寿辰作《元寿颂》(见《年谱》嘉靖四十一年项下的考证)，说自己蒙李春芳"殊遇垂二十年"，是他们相知约在嘉靖二十二年左右。

祖籍的怀念；更主要是显示着他对道教有特殊兴趣，当然也是他在仕途经济道路上不如意的心情反映。吴承恩作《西游记》，李春芳是校阅者。今天我们常常看到某人翻译一篇（一部）外国作品，列有校者某人，那校者是对译文慎重核校，看有否误译或译文不雅之处。很难见到某人写一部小说（散文、诗歌、剧本）还列有校阅者的，中国古典小说也难找到这样的例证。对创作如何校阅呢？没有必要把给作品提过内容及写作技巧意见的人列为校阅者的。《西游记》竟在至少两种早期明刻本列"华阳洞天主人校"字样。① 由是可以推知李春芳主要是校《西游记》有关道教的叙写，诸如金丹大道、婴儿姹女之类。当然，这不妨碍他们共同磋商某些故事情节的安排和人物描写等等问题。李春芳是吴承恩写《西游记》的积极合作者，不仅是赞助一番而已。后来李春芳中了状元，并且挟其所长，跑到嘉靖皇帝身边大作青词，交通上帝，吴承恩赠诗给李状元："瀛洲高步总神仙，道得由来况有传。""移家旧记华阳洞，开馆新翻太乙编。"（《赠李石麓太史》）吴承恩对老友李春芳先当自己写神仙间的顾问，现在又去当皇帝、神仙之间的联络员一节，觉得颇有趣味的吧。然而，"共许皇猷须黼黻，彩毫光丽玉京烟"。天帝居处的玉京之烟与李状元彩毫之光互相辉映，为了共许皇猷的处境也有点尴尬哩！前引吴承恩《斋居》诗第一首"中岁志丘壑，茅斋寄城郭"，是吴承恩中岁写《西游记》的另一说法，由诗最后两句："何似陶隐居，松风满虚阁"，更好像诗是形容李春芳的。南朝齐梁时期的陶弘景曾隐居句容的茅山，自号华阳隐居，道教的思想家，著有道教的经典《真诰》。诗的第二首最后两句："怅望心所期，层城隔芳甸。"层城是神仙所居，心所期是层城，也似乎是李春芳的感情。吴承恩与李春芳

---

① 今传世的万历二十年金陵世德堂刊本《新刻出像官板大字西游记》和万历三十一年闽建书林杨闽斋刻本《新镌全像西游记传》都列有"华阳洞天主人校"字样；天启间刻本《李卓吾先生批评西游记》和一切清刊本都没有"华阳洞天主人校"字样。

确乎气息相通，吴承恩写《西游记》与李春芳合作，有来由矣，他们终生交好，从此起步。后来吴承恩把他们此时此故的相交称作"蒙公殊遇"，抛开彼时身份不同，为了感激李春芳高迁后仍然对自己特殊照看，而称写《西游记》的合作为蒙"殊遇"，字斟句酌，词儿恰当。即单就两人交往之故的原始状态，也应该用"殊遇"二字的。特殊的原由使两人相知相遇啊(不是"蒙公殊遇"的表面含意)！至于李春芳怎样校《西游记》，如何过从往来，今天没有材料能够说明、记叙。

按当时情景，朱曰藩也应该是《西游记》的校者，因为朱曰藩一个时期因心境灰颓，曾潜心释典，不是很可以当吴承恩叙写佛教知识的顾问吗？可惜朱曰藩在嘉靖十九年四十岁的时节"大悟前非"，搞起修身性命之学来了，就不得不对自少友好的吴承恩写《西游记》致以不满之情了。朱曰藩对吴承恩写《西游记》持批评的情景，据今天所能掌握的材料，算是较比具体的，当然也须安上想象的翅膀，挟一点点事实根据飞翔一番。吴承恩与朱曰藩在嘉靖二十一年春有一次会面，在淮安城吴承恩的茅斋。对此试演述如下。

嘉靖二十一年刚立过春，流经淮安的运河岸边的阴暗角落，还有残留的冬雪没有化尽。淮涛汹涌，如暮云之滚滚，不断卷起人们对冬天的回忆和对夏日的遐想。虽说寒意未消，但是"暖洋洋"三个字就要破土而出，由意识流形成气流。此时此刻，朱曰藩访问了淮安。朱曰藩家住宝应，距淮安七十多华里，朱曰藩的儿子朱方中是淮安城顾家的女婿，所以朱曰藩到淮安是有亲戚可以存问，有朋友可以晤访的。朱曰藩到河下打铜巷叩了吴家的门。吴承恩在盛夏时节曾是"积雨流满畦，疏篁长过院"的茅斋接待了老友。

吴承恩是杂学大家，对于道教的金丹大道之旨是熟悉的，但他要把《西游记》拿给李春芳校阅，求其完备不误。他对佛学也是通达的，《钵池山劝缘偈》写得佛腔佛调，然而今天见到潜心过内典的好

友，为什么不拿出来请他点正点正，顺便叫他惊奇一番呢？吴承恩
兴致勃勃，把自己神思之笔绘成的人神界画图，像捧初生爱子那样
捧到老友面前，那激动之情难描难画。朱曰藩也是怀着欣赏"奇文"
的激动，准备迎接馨香佳味。朱曰藩翻阅着，品味着，不必逐字逐
句细读，所谓"西游"大旨已了然于胸。他避开吴承恩殷切注视自己
的眼睛，打了一个寒噤，略加沉思，不言语，舒纸吮笔写了一首
诗，作为阅后题词。这诗就是后来收到《山带阁集》卷九的《赠吴汝
忠》（七律）。诗的开头两句说：

> 眼前时态日纷纷，
>
> 物外心期独有君。

吴承恩眉头展舒，"心期独有君"，多么高的勖勉啊！吴承恩对"眼
前时态日纷纷"说法也抱同感，自己写《西游记》就是打算从纷纷世
态中理出一个头绪。看朱曰藩笔走龙蛇写第二联、第三联诗：

> 最喜相思无远道，
>
> 即从欣赏得奇文。
>
> 春归学圃经芳草，
>
> 雪压淮涛滚莫云。

好友因"相思"顺便过访，而"欣赏""奇文"，承得不错。吴承恩等待
好友对"奇文"《西游记》的评价。谁知在律诗关键性的第三联却一笔
荡开，说什么"芳草"啊，"莫云"啊，这一转，丈二金刚，摸不着头
脑。有家传诗法的老朋友，到底要讲什么呢？尾联可用什么样语句
压阵脚？朱曰藩振笔疾书写出第四联即诗的最后两句：

> 珍重大才行瑞世，
>
> 少年人谩比终军。

原来如此！朱曰藩把《西游记》贬得一钱不值！说吴承恩涂抹成的这
类"奇文"是浪费大才。人已经是中壮年了，还学什么少年人，还谩
比什么终军，还侈谈什么海外九洲，殊方杂趣！不讲举业，不讲心

性理学，满口胡柴腾云驾雾，又什么神佛妖魔，多么辜负自己的"心期"啊！不错，从小高才，而今才又与年俱增，但是，要珍重大才，叫大才在瑞世的金光大道上驰骋才对的呀。

吴承恩由愕然而恍然了。原来究心内典的老朋友最近不是转而搞起修心立命之学来了吗？叫道学先生欣赏、称赞《西游记》，何异清风、明月送人参果给唐僧吃，必然引起"善哉！善哉！""不当人子"的议论了。吴承恩不理睬老友的"婆心"，委婉拒绝，立即提笔回赠一诗，针锋相对：

> 我爱朱郎龙凤种，
>
> 即今诗思逼刘曹。
>
> 玉鞭紫气瞻风骨，
>
> 金殿春云照羽毛。

这是律诗的前两联。捧我是你"心期独有"的人物么？说我应该是"行瑞世"的"大才"么？我也照样回敬。钟嵘评曹植说："陈思之于文章也，譬人伦之有周、孔，鳞羽之有龙凤。"又合评曹植与刘桢说："故孔氏之门如用诗，则公干升堂，思王入室。"因而吴承恩捧朱曰藩说：你是曹植一样的人物，鳞羽中的龙凤种啊！你的诗直逼刘、曹，在孔氏之门，要升堂而入室的了。你不是大悟前非，搞起孔氏后世徒子徒孙的修身立命之学了么，你的诗也很得温柔敦厚之旨，可以向圣人献殷勤了。假如说吴承恩有言外意，似赞而实刺，朱曰藩则看这两句诗是甚为舒服的。读第三、四两句更舒服，老朋友吴承恩说自己有玉鞭紫气笼罩着的风骨哩！金殿春云已照羽毛，下一科一定能考中进士哩！朱曰藩满怀激切心情看吴承恩挥洒出的第三联诗：

> 绝世飞扬人未识，
>
> 致身儒雅道何高。

好哇！吴承恩把朱曰藩所以致身儒雅，所以觉今是而昨非，抛弃潜

心内典之路，与罗洪先等人讲起理学，六经之书，重经手录，各为
纂注，献身儒雅的心底完全揭示出来了。有"绝世飞扬"李太白之
才，无人识货，犹如李太白的赐金还山被弃置不用。这已经是把朱
曰藩捧入云端了，又加上一句理性的结论，朱曰藩之致身儒雅是道
高的表现。吴承恩就差没有把"仰之弥高，钻之弥坚，瞻之在前，
忽焉在后"几句话扣到朱曰藩头上了。说在孔门能升堂入室，诗作
可与曹子建相比匹，就要考中进士为皇帝所赏识，暂时嘛，虽有李
太白之才未被人知，但不要紧，孔夫子也不免为时君不用，不妨其
道高自位置！朱曰藩浸着泪花一再首肯，看起来知我者老朋友也，
并且自己对老朋友不务正业、撰奇文、谩比终军之劝是收到效果
了，老朋友要珍重大才和自己一道致身儒雅准备行瑞世了。且慢！
不要高兴得太早了，吴承恩浓浓地蘸一笔墨，学朱曰藩诗的写法，
来个诗尾见本意，十四个字比前边的四十二个字写得要粗大，横扫
过来，像孙悟空举千钧棒劈头打向牛魔王的模样：

> 投君海上三山赋，
> 　报我花间五色袍。

真是对聋子弹琴，不遇知音。我要到海上去找三神山，献给你一篇
三山赋，而你没有投桃报李，却抛给我一件五色袍子叫我穿，叫我
"珍重大才行瑞世"，也致身儒雅去当官！吴承恩的意思很清楚：咱
们俩道不同不相为谋，你去致身儒雅攀高门槛吧，当孔门的升堂入
室的弟子去吧，上皇帝那儿去披五色袍子当官吧。我呢，我去游荒
域，探异国，写我的《西游记》！朱曰藩瞠目结舌，不知所对。

　　两个人自少友善，又是诗文同道，一个时期还是科举同道，嘉
靖二十一年春初在淮安的这一次会面以不愉快告终。一个志丘壑的
小说家和一个志圣道的理学家闹翻了，各写一诗为赠，各含讥刺，
互不相让。就是为了《西游记》应不应该写闹起来的。要记住，要记
住明代嘉靖二十一年即公元 1542 年，这一年距今四百四十年。当

时吴承恩如果退让，今天我们就看不到《西游记》这样一部好书。朱曰藩虽然算有涵养，也为此次的不愉快会见而不免耿耿于怀。过不几天他写《泾上园即事》诗（《山带阁集》卷九《赠吴汝忠》的下一首）感慨无量地说："老子故情浑约结，人间多事强支离。"大约就是表述淮安尴尬局面自己的心情。朱曰藩对与《西游记》相关的书籍、故事以前是接触过的。约在嘉靖十四年于张诗（字子言，诗人）宅看过《大唐西域记》；嘉靖十五年在南京某友人几上读过元人《大圣降水母》小说。前书是历史上陈玄奘去印度留学对西域各国（主要是印度）风俗人情、宗教（主要是佛教）传播情况的记录；后者是写巫支祁故事的。朱曰藩那时就是这类书的嘲弄者、怀疑者。他看了《大唐西域记》，一方面称书里边写的是"天下奇"，另一方面嘲弄说"喜看居士婚嫁毕，招携同去栖灵寺"，意思是说张诗（子言）读了《大唐西域记》，将要在儿娶女嫁之后，拉家带口出家当和尚去了。他是告诫张诗：《大唐西域记》不是一部值得读的书。当然，诗是朱曰藩"我来看花不得意，五陵年少轻相弃"的会试不得志之际写的（嘉靖十四年乙未是会试年），有消极的赞赏出家之意。第二年他看过《大圣降水母》小说，又是一方面称此书"甚奇"，另一方面据历史上记载的史实（唐贞元壬申泗州大水等）来证明"支祁锁而淮涡平"一说的可疑、荒诞不经。（上见《山带阁集》卷五《张子言书斋看移树因阅案上〈大唐西域记〉戏有此赠》；卷三十三《跋姚氏所藏大圣降水母图》）"子不语怪、力、乱、神"，朱曰藩不同意吴承恩写《西游记》理所当然。即在他"究心内典"时也便不是这类书的赞赏者，也属必然。据封建社会的一般情况，士大夫阶层的多数人是鄙薄通俗小说的，尤其是鄙薄《西游记》一类谈神说怪的小说。至于文化水平低，圣贤书读得不多的城市居民和乡村一些居民，则多是喜闻乐见通俗说部，对《西游记》式的作品更不例外。

关于吴承恩写《西游记》是明确的为社会下层人士阅读，并得到社会下层人士欢迎等情，今天没有直接材料能说明，从后人侧面记载与推断能看到确是如此。清阮葵生说吴承恩写《西游记》"要不过为村翁塾童笑资"（《茶余客话》①），是有道理的。淮安城河下或灌沟的老翁们，在炎炎夏日的茶余酒后，坐柳阴下，挥着葵扇，旁边围坐一堆十多岁的塾童，怡然自乐，讲说具有本地风光的神话传说，真是所在多见的啊！可以推想吴承恩也会在腕酸背乏暂憩之际，参加进茅斋左近欢乐的一堆里去，向翁孺们讲述他正写着的《西游记》的某一个情节，从而赢得不时欢笑。"漫说些痴话，赚他儿女辈，乱惊猜"，正是吴承恩自己摄取的一个镜头。阮葵生又说《西游记》"里巷细人乐道之"，是指作品问世后的情景了。天启《淮安府志》的修撰者说吴承恩"复善谐剧，所著杂记几种，名震一时"。善谐剧著的杂记几种，当主要是指《西游记》（或者再加上《禹鼎志》），所谓名震一时，则是指《西游记》问世后的反响。《西游记》震颤了何等样人的心灵？有朱曰藩一类士大夫的惊诧与反感；更多的是社会下层，即城市、乡村有一定文化水平的读者和乐于听讲神奇故事的老幼妇孺的听者，他们衷心欢迎《西游记》。不仅明代人如此，一直到阮葵生时代，莫不如此。

吴承恩如何写的《西游记》，今天淮安一带还有种种传说。有的说吴承恩是在韩侯祠写的；有的说他到海州对岸孤悬海外的云台山体验了一段生活才最后写成的。后一个传说，今天连云港、海州一带有较比具体的、完整的民间传说，可信与否，勿要管它，"姑妄言之，姑妄听之"可也。谨录连云港文化馆来俊华同志整理的"孙猴子老家"故事（故事见来俊华《花果山游记》，原载《连云港文艺》1977年第 1 期，也见《江苏文艺》1978 年第 1 期），原是一位姓于的护林

---

① 《茶余客话》卷二十一语，孔另境《中国小说史料》与刘修业《吴承恩诗文集》所附录的《吴承恩诗文事迹辑录》，皆有收载。今见通行的十二卷节本《茶余客话》没有收。

老人口讲的：

　　明朝时候，江苏淮安有个穷苦的念书人，名叫吴承恩。他想把唐僧取经的故事，编成一部《西游记》，书里要有个孙猴子保护唐僧到西天去取经。可是猴子一定要住在山上，淮安没有山，不晓得孙猴子的家乡住处是什么样子，没法开头。后来他听人说，从淮安向北二百多里，有座云台山①。他决心去看看，替孙猴子安排个家，便动身上云台山了。

　　他到了云台山，住在一座大庙里，爬上山顶一看，山东头伸向大海里，山西头望不到边，真是一座大山！

　　吴承恩东跑跑，西看看，玩了好几天，也没看出什么名堂。

　　有一天，吴承恩走到一处像个弯弓似的山脚下，只见山上山下，长满了蔷薇和各种花草、果木。他问一个六十多岁的老爹爹，才晓得这里是蔷薇峰。弯弓形的山脚下，有许多山洞，他便请老爹爹带他去看山洞。

　　他跟着老爹爹，穿过桃树林，禁不住瞪眼咋舌：这里简直是一个洞的世界呀！只见小洞、大洞、圆洞、高洞、矮洞，洞靠洞，洞套洞，洞洞相连。两个人走呀走呀，不知不觉走到一处高大的山洞，很像一间大房子，里面有很多又光又圆的石头。

　　老爹爹告诉吴承恩说："我常听老人讲，古时候，这山洞紧靠海边，山上有一只老猢狲成精了，它带着一大群猴子，在山上找果子吃，一找找到这里。猢狲们看了花，吃了果子，开心煞了。老猢狲看看山脚下是一片白浪拍岸的海水，又有一条

_____

　　① 按：云台山在吴承恩时代尚孤悬海外，清康熙年间始与陆地连到一起。今护林老人说吴承恩听人说"从淮安向北二百多里，有座云台山"，是就今天的地理形势说的。要按吴承恩当时情景说，他要像孙悟空求仙访道时一样，或许自编筏子才能飘洋过海的。

水帘从山顶挂到山脚下，不知里面是什么，它叫小猴子下去看看，小猴子却胆小，不敢下去；老猢狲叫了一声，窜了下去。它睁眼一看，水没有了，现出这个大山洞。再一看，上是高山，下是海水，门挂水帘，真是神仙住的地方呀！它便招呼所有的猢狲，都搬到这里来安家，它也就做起猴王来了。

吴承恩问："后来怎样呢？"

老爹爹说："后来海水慢慢退下去了，就不晓得它们哪里去了。"

从这一天起，吴承恩天天到蔷薇峰，山上山下，洞里洞外，走走看看，看看想想，以后他就动笔写书，把蔷薇峰当作孙猴子老家。那山，满山花果，吴承恩就叫它花果山；这洞，门挂着水帘子，吴承恩就叫它水帘洞。头开得好，下边他就好写了。不久，就把一部《西游记》撰写出来了。

吴承恩为了写《西游记》及其主要人物孙悟空，甚至为了写唐僧，去云台山勘查是可能的，因为不仅花果山、水帘洞可以从云台山找到创作源泉，云台山附近也有关于唐僧的传说。从吴承恩诗《赠裴鹤洲晋列卿兼逢初度歌》、《古意》写到的情景，似乎可以说吴承恩不仅熟悉云台山，还隐含地表明他登过云台山。由《西游记》第三回说花果山有七十二洞妖王，前引来俊华《花果山游记》谓相传云台山"最早的时候确有七十二个洞穴，但因年久湮塞，不能游览"，可以认为所谓七十二洞妖王就是从云台山摄取的。① 云台山山脚下有大陈村。传说陈玄奘父陈光蕊就是大陈村人，而陈玄奘是兄弟三人（或四人）。② 吴承恩在《西游记》说陈玄奘"父是海州陈状元"（第十一

---

① 说吴承恩熟悉云台山，较详细的举例分析，可参看我写的《追踪〈西游记〉作者吴承恩南行考察报告》（《吉林师大学报》1979 年第 1 期）中的《到孙猴子"老家"》一节。

② 说唐僧家住云台山脚下大陈村的详细情景，可参看我的《〈西游记〉的地方色彩》（《江海学刊》1961 年 11 月号）和《追踪〈西游记〉作者吴承恩南行考察报告》中的《到孙猴子"老家"》一节。

回），说陈玄奘"乃是唐朝海州弘农郡聚贤庄人氏"（第十四回），也可以认为是吴承恩到云台山踏勘之所得。至于吴承恩何年何月去的云台山，具体情况怎样，今天已无可稽考。民间传说（如来俊华所记）中的东西只能供谈助，不能坐实；而且传说也没有提供具体年月。

五、写完《西游记》再向何处去？

吴承恩写《西游记》的时间内，和官于淮的文人学士以及爱舞文弄墨的武将，也有多方面的交往。如当淮安工部分司主事的陈尧（梧冈），当户部主事督管清江浦运粮的林洙（四冈），当漕运参将、漕运总兵的万表（鹿园）等人，尤其是与万表的交往很密切。万表和陈尧也都算是诗人，各有诗文集子行世，列《明史·艺文志》（万表的《玩鹿亭稿》今存）。这些人士和吴承恩是文墨交，谈诗论文或许是密切的，他们不会关心吴承恩写不写《西游记》。

嘉靖二十六年，校《西游记》的李春芳考中了状元，到皇帝那里"开馆新翻太乙编"去了。因此，说吴承恩《西游记》此时已经定稿，也是合乎事实的吧。《西游记》写完，吴承恩矛盾了，自己将向何处去？呐喊之后，开始了彷徨的序幕。

嘉靖二十八年，与吴承恩有二十年肝胆之交，现已下世的章黼（淮洲）之子章汝隆袭职为淮安卫千户所千户，吴承恩以年家长辈身份，作《赠卫侯章君履任序》，规其始仕。序文不无牢骚地说："夫士之仕也，穷年挟策，尚未必于一官。"似吴承恩作完《西游记》不知由何种思想支配，竟高谈起读书做官事，并且对于知识分子穷年挟策而不能得一官，微露怨气。嘉靖二十九年春淮安府学教授（学博）郑道夫（东窗）辞官回原籍福建，吴承恩代耕叟作《赠学博郑东窗先生东归序》却又说："今之仕者，亦有朝而邂逅，夕而蒙厌者乎？外而饰荣，中而怀垢者乎？而有之，虽任三事，享万钟，既已属之倘来，转盼而尽，而其所谓厌且垢者，盖历事而难夷，其得失何如也？"表现了对仕途"朝而邂逅，夕而蒙厌"，"外而饰荣，中而怀垢"的变幻无常情景，持保留态度，对出仕这条路有疑虑。尽管说赠郑东窗的序是代别人作，表达的是别人的见解，但，言为心声，完全不是自己看法，仅仅代他人立言，是不可能的。嘉靖二十八年对不得为官微露怨气，二十九年春对出仕又有疑虑，夏，反而贡入都，以求由此途进入官场，其矛盾、彷徨的心情灼然可见。吴国荣说吴承恩"为母屈就长兴倅"，如果这也包括其第一步的出贡，那么单纯说只是"为母"才如此，自己没有一点主动性，一点没有出贡的意念，看起来也不符吴承恩的思想实际。

嘉靖二十九年夏，吴承恩束装北上，贡入都，至晚是六月间已抵达北京，开始他另一段的生活。

五　由出贡而太学生

一、贡入都

吴承恩有一首五古，题《古意》，诗曰：

> 日出沧海东，精光射天地。
> 俄然忽西掷，似是海神戏。
> 羲和鞭六龙，能驱不能系。
> 劳劳彼夸父，奔走更何意？
> 余自尘世人，痴心小尘世。
> 朝登众山顶，聊复饮其气。

所谓"古意"，实际是借古感今，阮嗣宗《咏怀》之流亚也。没有今天对现实的某种事情、事理的感受，何必去嘲弄那古神话传说中与日竞走的夸父？岁月云逝，日御羲和只会执鞭驱打着太阳向前奔跑，时光呀，不能留驻片刻。彼与日竞走想赶上时间运行的夸父，劳劳者何意？其结果是什么，夸父他想没有想？尘世中人的自己，全面衡量过其利害得失，追逐日月大半生，似乎厌倦了，疲劳了。然而积习一再催促自己，不免还要去步夸父的后尘。路漫漫其修远兮，吴承恩将上下而求索。

　　《古意》诗不知作于何时，不知是表达的吴承恩何等具体的心情。把它拉来概括吴承恩由贡入都而入太学而重入都谒选这十几年的生活、感受，却很合拍。由南而北（从淮安到北京），由北而南（从北京回南京入南京国子监），再由南而北（去北京谒选），可谓劳矣，更何意而奔走乎？不外是求得一官耳。

　　嘉靖二十九年，四十七岁左右的吴承恩，垂云的玄鬓早已如雪，《西游记》亦已完成，漫漫的修远的人生旅程上，等待自己的是什么？继续驾扁舟跑南京去应举么？此路早已不通，也可能有几次应举之年，他干脆冷眼而对，没有去入场。然而，几个好朋友先后成了状元和进士，高揖公卿，岁登功绩月支钱，自己身体还很健壮，总应该图个衣食之道，求那"三升糠分"，腾那"三分龙性"。这样，吴承恩同意被推贡入都。①

　　吴承恩多次应举不中式，不能逾越，跻甲科之选，由贡而出仕当时不被重视，也难于选得像意的官位②。《西游记》作者北上的心情并不是愉快的。他首途之后，一路之上就怀着彷徨、郁抑、矛盾的复杂心情，他溯运河逆流北行，随着凝滞的小舟，物我相应，看一路水色山光，引不起快感，反而是左一块石头右一个铅锤压抑在

---

　　① 《明史》卷六十九《选举志》："岁贡之始，必考学行端庄，文理优长者以充之。其后但取食廪年深者。"当时有所谓让贡，即挨次到贡，自己可以让予他人。意吴承恩于嘉靖二十九年始贡，恐怕以前曾有让贡之举。

　　② 《明会要》卷四十八《选举·诠选》引《宪章录》，嘉靖十一年，吏部言："顷奉三途并用明旨，诚立贤无方之意。第抚按所荐，进士十之七、八，举人百之一、二，岁贡则绝不齿及。虽欲并用，何由凭据？"编纂者龙文彬就此发议论说："明初三途并用：荐举一途，进士、举、贡一途，吏员一途。正统以后，荐举之途废，进士与举、贡遂分为二途。然进士升于礼部为高选，而下第举人与岁贡使肄业国学，以观其成，本非轻以待之也。内而台谏，外而藩臬，由此迁擢者不少，原与进士并重。迨制科日盛，内外要重之司，皆归之。而举、贡之在太学者，循资待选，年老始博一官，又积久不迁，于是与进士判若天渊矣。虽言者屡请复三途并用之旧，而卒不能行。"

心头。《太白楼》、《杨柳青》两首诗给吴承恩录了音录了像。①

船经运河岸畔的大都会济宁，小事休整，登后人纪念李白而建的太白楼。这座以酒仙命名的楼，游人如鲫，饮者如鲸。疏狂漫浪之士，拓弛如山公之徒，在这里找到安身立命之地。一杯一杯复一杯，一人独酌山花开。举杯邀月酒空满，零乱舞影月徘徊。吴承恩挤开人流，迎着酒香，乘着太白的遗风，飘向楼的顶层。

　　　青莲居士登临地，有客来游兴不孤。

　　　山水每缘人得胜，贤豪多共酒为徒。

有客来游之兴所以没有孤独之感，因为有酒。岂独酒？吴承恩另有所注，他想象中面对的是八百年前长安市上酒家眠，自称臣是酒中仙的李太白。

　　　独倚阑干倾一斗，知君应复识狂夫。

吴承恩避开别的酒客，不占桌面而独倚阑干，矇眬的幻觉中，风流蕴藉，眸子炯然的酒仙走来了。您应该认识我：我和您一样，风尘仆仆长安道，是贡入都的呀！我和您一样，在此酤高楼，壮思飞，要上青天揽月，要抽刀断水，要美酒尊中置千斛，一日须倾三百杯的呀！我和您一样，也是诗文和酒连结在一起，便神思泉涌，上天下地翱翔紫虚的呀！吴承恩从太白楼得到一些慰安、希望，也得一些渺茫、空幻……。

吴承恩对往世的李白发抒过幽情之后，驾舟继续北上，桨声和着水声，又行经十几日，日近神京气渐和，正值春深之候，到达水涨鱼肥，近海多风的天津附近的杨柳青。翘首西北，似乎是琼楼玉宇在望，帝居重门历历；瞬目头低，但见"村旗夸酒莲花白，津鼓

———————————

① 《太白楼》和《杨柳青》二诗是吴承恩去京途中或由京南归途中所作是没有问题的。由《杨柳青》句"故乡回首几长亭"，确知是北上之作，也没有问题。但吴承恩除嘉靖二十九年贡入都外，以后又几次去北京选官，所以不能准确地知道二诗是何时所作，为慎重起见，我的《年谱》中没有约收二诗于何年。细审二诗的情趣，总觉得以北上贡入都途次所作为是。

开帆杨柳青"。吴承恩的心境随着稍为强劲的海风上下浮动。

> 壮岁惊心频客路，故乡回首几长亭。

他思念着自己为了一个举人的头衔，多少次由运河这条南北通路南下应天(南京)的啊！壮岁之人，正是大有作为的收获季节，自己仆仆风尘，频在客路上奔跑，回首乡关，真是有不堪长亭连短亭之哀凄。谁在金貂换美酒？天家为谁剪宫罗？此次北上，捎着岁贡的名色，结果将如何？迷惘之中，他又想到李太白，李太白由浙江剡中被征奔赴长安时的精魂，缠绕得吴承恩太苦了。吴承恩不能奢望待诏金马，天子召见于金銮殿，论当世事，以至赐食、调羹类的殊遇，但是吴承恩却悚然于李白的被贬夜郎，有星命家的预兆感(谁知竟不幸而预言得中，吴承恩后来被投狱，罢官，不比李白更好)。此时此刻涌上吴承恩怀抱的是李白晚年被贬夜郎时作的《与史郎中饮听黄鹤楼上吹笛》诗，诗是：

> 一为迁客去长沙，西望长安不见家。
>
> 黄鹤楼中吹玉笛，江城五月落梅花。

吴承恩反复惦量李白诗的轻重。陇头流水，鸣声幽咽，遥望秦川，心肠断绝。吴承恩把李白淡淡哀愁的四句诗翻为浓愁漫漫的两句：

> 谁向高楼横玉笛，落梅愁绝醉中听！

一个赴京选贡正要发达的人，竟与被贬的李白心心相印，似乎不能使人理解。好吧，登太白楼，你联想李白，找知心的过世友情，"知君应复识狂夫"，通得过；到杨柳青，虽然神京日近而乡关日远，有点思乡之念，"壮岁惊心频客路，故乡回首几长亭"，说得过去；可是为什么又拉上李白，与一名迁客同愁共怨？我们再读一读吴承恩寓京师时作的两首诗(《忆冯雪原时役于京》、《庚戌寓京师迫于归志呈一二知己》)，就会稍稍摸到吴承恩的脉搏。这，或者与"为母屈就长兴倅"的"屈"字联在一起了。

帝城的是好风光，锦绣天街散暖香。晓日旌旗明辇路，春风箫鼓伴诗狂，吴承恩到了北京。

明代嘉靖年间对于岁贡名额的规定是：府学每年贡二人，州学每二年贡三人。县学每年贡一人。出路则少数人即选官，多数人要入国子监读书。嘉靖二十七年（即吴承恩贡入都的前二年）北京国子监祭酒程文德建议：廷试岁贡惟留即选者于部，其余尽使入国子监读书。皇帝批准了这个建议。岁贡诸生联名上了一道呈文，说："家贫亲老，不愿入监。"他们不愿当老太学生，因为凡属岁贡，大都年岁较大，或者生计有问题。礼部帮他们的忙，向上打报告，得到的批复是："从其所愿。"①这样，吴承恩贡入都后，面前可抉择的是三条路：一是即刻选官。这是很难得的机会，恐没有相当门路不能办。二是入监读书。这是大多数岁贡要走的路，长处是可以继续参加科举考试（此点往往是举监所特有），又可以等候时机选择中意的职位。缺点是除国家给些廪饩之资（比府县学待遇高一些），不能任意从事其他职业以赚钱赡家养亲。三是不入监，以贡生名义回家等候，以至自谋职业，也就是说可以借贡生的身份干一切可以干的事，包括巧取豪夺，鱼肉乡民之类。——吴承恩站在三岔口，荷笔捧砚独彷徨。原来时节的选贡与否的矛盾，现在改为三条道路走哪条的矛盾。是自己希望的得不到手？还是拿不定主意走哪条路好？或者两者兼而有之？吴承恩没有留下什么文字记录。一个明显的事实是，他淹留在米贵不能白居的京师，从三月到六月，约三个多月的时间。经济上发生困难，要靠朋友接济；到处卑躬屈节，受人白眼。处境尴尬，心情烦躁。要归去又归不得；要住下去，实在无得好住。他离"官"字尚远，而已逊谢之不迭。吴承恩忆起了自己的一个老朋友冯雪原，寄意于笔于纸，吟诗一首，题《忆冯雪原时役于京》。

---

① 关于岁贡规定等节皆见《明史》卷六十九《选举志》。

> 弹铗归来梦采芝，灯前忆尔醉狂时。
>
> 风尘到处经双眼，丘壑何年借一枝。
>
> 宝带镫球燕市酒，锦囊驴背灞桥诗。
>
> 还家好买西湖曲，万朵芙蓉映钓丝。

看来吴承恩是错误地估计了一些问题。他没有带足够数月盘桓的旅费，他想不到请托人情要受那么多白眼。他食无鱼、出无车的"长铗归来乎"之叹，残杯冷炙的悲辛暗吞之戚戚，虽然有"宝带镫球燕市酒，锦囊驴背灞桥诗"的暂时诗酒乐趣，使得吴承恩仍然要梦采芝，想丘壑，盼还家，任可在淮安西湖之曲去垂钓，再也不愿在繁华而也冷酷的京师当寄人篱下的食客了。六月①，在三岔路口的何去何从费过一番周折之后，似乎可能他有机会留在京师当一个什么小官(?)，被吴承恩拒绝了。他归志已决，将离京师时，作《庚戌寓京师迫于归志呈一二知己》：

> 世味由来已备尝，鸥心宁复到鹓行？
>
> 纵令索米容方朔，未必含毫象子长。
>
> 六月车尘惊客鬓，连宵乡梦绕山堂。
>
> 明珠有赠惭无报，系在罗襦未敢忘。

嘉靖二十九年顷吴承恩在京的友人有李春芳、沈坤、张侃等人。李春芳、沈坤都在翰林院任修撰等太史官，所谓的穷翰林；张侃当刑

---

① 说吴承恩在六月决心回南方，是根据《庚戌寓京师迫于归志呈一二知己》诗中"六月车尘惊客鬓"的"六月"二字为说的。结合《忆冯雪原时役于京》诗最后两句"还家好买西湖曲，万朵芙蓉映钓丝"来看，六月从北京南归，回到淮安已七月(阴历)，正荷花盛开之时。但是，作为律诗，"六月"对"连宵"，则"六月"云者，应是"六个月"的意思。即吴承恩从春深的三月末或四月初到京，住了六个月，该是秋深的九月才回南，从而他在京所穷困到求助帮助，不单纯是当了岁贡后在三岔路口彷徨、犹疑盘费不足造成的，而是发生了特殊的变故使得他要归不得，超过原定的时限，造成经济上的拮据。那就是所谓"车尘惊客鬓"的大变故，由惊而愁到在鬓为之白的八月俺答入围北京事件。如果这样考虑"六月车尘惊客鬓"句意，就可以推测吴承恩在围城中有如何感受等等。因为我取"六月"为"六月份"之意，所以不涉及俺答部围北京事。

科都给事中。诗所称的一二知己当即包括他们在内，尤其是李春芳。吴承恩去京，淮安的一名富商丁忍庵（丁蠹）死了不太久，丁的行状是吴承恩撰述的。由原始状态的一个人身后的"行状"，再有一位较有名气、地位的人物来依据之以作传，死者的名声才算固定下来。吴承恩为感丁忍庵生前的"急公好义"，既为之作行状，又锐身自任，亲自携带丁忍庵行状，借贡入都的机缘，找上太史公李春芳，说："此予所为吾淮忍庵丁翁状也；其人虽隐沦，而义至高，太史氏不可无以识之。"①所以吴承恩在北京受到友情的关照，经济的接济，必然有李春芳，他们是创作、校阅《西游记》的老搭档哩。正因如此，吴承恩对包括李春芳在内的一二知己呈诗感谢时，特意把李春芳的现在职务（太史公）与以前的称号（华阳洞天主人）捏合在自己身上，形成诗篇的第二联（子长即太史公司马迁，索米方朔是号华阳洞主的东方朔）。也或许是李春芳愿意他留北京在翰林院（?）就一个小小的职务的吧，他拒绝了。他的世味备尝与前一首诗说的"弹铗"、"双眼"是一个意思，他的归志已定，待发之际，再向一二知己（主要是向李春芳）剖白心迹。

二、南京国子监读书时的"白下风流"生活

吴承恩怀着与北上时同样的不愉快心情，又由大运河的浩浩洪流送回家乡淮安。回到淮安，他的不愉快爆发成为牢骚与愤懑，可能是因为被分配到南京国子监读书而来的。他拜访了素所敬仰的乡先辈潘埙，倾诉文章憎命，不愿继续在这条路上走下去的衷曲，他说要去西湖曲当个钓者算了。潘埙安慰他、勉励他，说：出处进退自有造化来安排，孔圣人和他的高徒颜渊就是如此的喽。诗文作得

---

① 　见李春芳《忍庵丁翁传》转述吴承恩语。《忍庵丁翁传》载《贻安堂集》卷十。

好还是要得的嘛，怎么能说孔门四科中列于文学的子夏是错了呢？不是文章误人，是时机未到。南京国子监是应该去的，是福是祸，后来见。现在不能断言什么，譬如不入监读书在家闲住就一定好哇？在北京当时立即派个教职啦等等就一定好哇？[①]潘埙把自己的意思凝结成一首《慰吴射阳》八句诗：

> 万丈燕尘不染衣，飘飘征旆过南畿。
> 风云担上诗囊重，星斗光中萤火微。
> 莫把文章争造化，好凭祸福验天机。
> 孔颜亦自钟情甚，智者何云子夏非。[②]

潘埙的劝勉对吴承恩起了作用，他扔下刚拿起的钓竿，又去握笔杆了。他去南京到国子监注了册，戴上了监徽（假如当时南京国子监有监徽的话）。[③]

明代有两所太学。一是北京国子监，通称北监；一是南京国子监，通称南监。南监之设早于北监，它是明建国前的元至正二十五年（1365）乙巳朱元璋进驻南京后建立的。当明成祖朱棣（永乐帝）迁都北京，在北京又设北监，相对的南监便降至次要地位而稍逊于北监。

---

① 吴承恩回淮安拜访潘埙所抒的愤懑和潘埙劝慰、勉励吴承恩的话，都是由潘埙《慰吴射阳》诗推衍出来的。《论语·述而》："子谓颜渊曰：'用之则行，舍之则藏，惟我与尔有是夫。'"潘埙第七句"孔颜亦自钟情甚"指此。《论语·先进》孔子称的四科有文学一科，弟子二人为子游、子夏。子夏序《诗》、传《易》，孔子又以《春秋》属之，他又传《礼》（《史记·仲尼弟子列传》的《索隐》曾概括子夏的序《诗》等事迹），等等。上述即潘埙诗第八句"智者何云子夏非"之所本。

② 诗见《熙台先生诗集》卷八。《熙台先生诗集》是按诗体（古体诗、五律、七律等）分卷，每卷又按写作时间顺序排列的诗集。《慰吴射阳》诗是第八卷的第八十二首。其第七十八首《清口郊行》的诗后跋语明标是庚戌年为天时不正作；其第八十四首则题《辛亥元旦》，乃嘉靖三十年元日作。因此可以肯定《慰吴射阳》诗是嘉靖庚戌年慰吴承恩之作，而诗的第一句"万丈燕尘不染衣"，知吴承恩刚从北京回来。

③ 吴承恩之被分配到南京国子监读书，他已注册等节，他自己的文字和别人的文字都有明确记载。他的《申鉴序》开头就说"吴生读荀氏所著《申鉴》，心欣然若有会焉"。这"吴生"的"生"指国子生（太学生），不是指郡学生。嘉靖三十四年正月潘埙作《淮郡文献志序》称吴承恩为"太学吴子汝忠"；陈耀文称嘉靖三十八年的吴承恩为"吴生承恩"（《花草粹编序》）。

南监(南太学)位于南京鸡鸣山下今成贤街一带,清时为江宁府学,今南京市委及其附近还有经过修葺的清江宁府学的旧房舍。据《明史·选举志》和《南雍志》等书的记载,明代初期的南监很有气派,学规严,要求高,待遇好,出路广。"分六堂以馆诸生,曰率性、修道、诚心、正义、崇志、广业"。"六堂诸生有积分之法。司业二员,分为左右,各提调三堂。凡通四书,未通经者,居正义、崇志、广业;一年半以上,文理条畅者,升修道、诚心;又一年半,经史兼通,文理俱优者,乃升率性。升至率性,乃积分。其法:孟月试本经义一道,仲月试论一道,诏诰表内科一道,季月试经史策一道,判语二条。每试,文理俱优者,与一分;理优文劣者,与半分;纰缪者,无分。岁内积八分者为及格,与出身;不及者,仍坐堂肄业;如有才学超异者,奏请上裁。"在学旁有宿舍,学生都住校,"厚给廪饩。岁时赐布帛、文绮、袭衣、巾靴;正旦、元宵诸令节,俱赏节钱。孝慈皇后积粮监中,置红仓二十余舍,养诸生之妻子。历事生(按:监生在监过一定时期,到诸司习吏事,谓之历事监生)未娶者,赐钱婚聘及女衣二袭、月米二石。诸生在京师岁久,父母存,或父母亡而大父母、伯叔父母存,皆遣归省,人赐衣一袭、钞五锭为道里费。其优恤之如此"。"洪武二十六年尽擢监生刘政、龙镡等六十四人为行省布政、按察两使(按:明初各行省没有设后来的巡抚,所以布政、按察两使便是行省一级的一、二把手)及参政、参议、副使、金事等官。其一旦而重用之至于如此。"(上引原文皆见《明史》卷六十九《选举志》)——上述情况是明代初年的。到了吴承恩的嘉靖时期,国子监(包括南监和北监)已经是每下愈况,九斤老太的模样了。中心问题是出路大不如先。一般的说法仍然是:学校、科目并重,实际上科目(即以考中举人而考中进士)差不多是唯一的能当上优越差事即高官的途径。举监如不获上第,考不上进士(举监可以继续考进士),即使皓首穷经,寒毡坐透，铁砚磨穿，也当不上比知县再大一些的官（海瑞以举人当到巡抚是极其少见的）。贡监就更糟一些。弘治十七年（约即吴承恩降临人世的那一年）南监祭酒章懋奏言："岁贡诸生，始得廪必二三十年而后贡；迨入监，远者十余年，近亦三五年而后拨历；历事又一年而挂选，已及五六十岁；又待选十余年而后得官，则其人已老，多不堪用，因而死亡者亦不少矣。"（《南雍志》卷四）既然业儒者以贡入监读书并没有很美好的前途，为什么当时芸芸儒生还要争抢着希望当贡监，甚至一个时期还有纳资入监的呢？（吴承恩祖父就曾是纳资入监的）那是如前所说，当太学生不仅本人由国家供给廪膳之资（包括衣服和零用津贴）和探家时的旅差费，还有一定数量的家庭津贴，更使家庭有免差役的特殊照顾。另外，也是更其重要的原因，入监读书后的出路虽大不如明初，一县的佐贰之官总可以捞得，顶糟糕还能当个府、州、县的学官。比府县学的生员之官费供给薄，且无出路（大多自找学馆训蒙童），不可同日而语。所以作完《西游记》的吴承恩在彷徨、矛盾之余，还是迢迢数百里，离开家乡、家庭，离别母亲和妻子或许也吻别了儿子，跑到六代豪华今胜昔的南京去入监读书。

嘉靖时在南监注册的学生比明初少得多，只一两千人，实际按部就班读书、坐监者就更少，有时少到不过三四百人。此外的挂名监生，或者名曰请病假，或者名曰父母有病须自己在家照看，纷纷逃学。至于真个父母死亡或祖父母死亡就更有正式理由在家守制了。总之，有口就借，有由便走。他们以太学生的名义回家另谋养家治生之道，甚至东奔西窜的游来荡去。弘治间的礼部尚书倪岳曾说当时的太学生，大都"视教养为虚文，惟知挨日月以拨历；目国学如传舍，但知图侥幸以出身"（《南雍志》卷十六）。吴承恩正是在南京国子监进进出出挨岁月、挂名图出身的老太学生。

吴承恩经常来往于南京、淮安之间。

回家，自然有他的道理。运河连通长江，水路交通捷便；而嘉靖三十年代有一段时间是吴承恩自少友好的沈坤当南监祭酒，吴承恩常常跑淮安，连口都不必借。回淮安，他帮助别人编书，自己也编。潘埙编《淮郡文献志》，他参与"商评校订"，还作《淮郡文献志后序》，这是他刚入太学不久的嘉靖三十二或三十三年事。嘉靖三十八年陈耀文任淮安府推官，编《花草粹编》，吴承恩除借给他词集，也可能对陈耀文的编选工作进行过指点。这期间他也经营一部《花草新编》的编选工作，利用一个暑期把稿子初步编成。后来他在万历初还把这部稿子与陈文烛商订过。① 吴承恩回淮安也不免代人或自作赠人的障词、赠送序文之类的应酬文字。所作障词尤其是代人作障词可能获取一些润笔金，借以补生活之资。②

到南京，国子监果然是个好传舍。吴承恩在那里只是虚应故事，并不好好坐监听什么国子博士们的"业精于勤荒于嬉，行成于思毁于随"的说教，而是常与南京文士诗酒留连，以至按板而歌，等等。有趣的是南京国子监从司业（管业务学习的副太学长）到博士（教授）都有与吴承恩志同道合的人物。他们师生间每逢围席而坐，酒酣耳热，分韵赋诗之际，便把一切监规监法抛之脑后。约当嘉靖三十四年某个风和日丽、气爽天清的一天，吴承恩这位太学生被邀到国子司业朱大韶（朱文石）高明爽垲的司业宅第，与老师朱大韶、南翰林院孔目何良俊、曾为和州学正的文嘉、避倭居南京的黄姬水、太学同学张之象等欢聚，交驰觞酌，分韵赋诗。吴承恩当时作的诗，《射阳先生存稿》失收，今得见何良俊诗，载在《何翰林集》卷三，题及其小序为《朱文石司成坐上分得鸣字。在坐有文文水、吴

———————

① 关于吴承恩的《花草新编》与陈耀文的《花草粹编》之间的关系，刘修业曾猜想陈耀文的《粹编》是就吴承恩的《新编》的稿子改编的（《吴承恩著述考》）。我有不同的看法。我认为今据行世的《粹编》和传世的残抄本（上海图书馆藏。未见原抄本，据辗转抄的目次略知残本的内容）对照，得不出上述的肯定结论。

② 可参看本书第130页注①引段朝端《楚台闻见录》谈到的阎双溪购吴射阳障词的记载。

射阳、张王屋、黄质山诸君。是日，招朱射陂驾部，以事不赴》。
诗云：

> 微风振芳树，爽气流前楹。
>
> 黉宫赫弘敞，广宴罗群英。
>
> 觞酌既交驰，文辨何纵横。
>
> 善降大将幢，解带尽平生。
>
> 风义夙所敦，顿令一座倾。
>
> 我本高阳徒，落魄竟无成。
>
> 申脰忽受羁，牢落滞江城。
>
> 卒岁莫与言，不若且吞声。
>
> 今日是何日？偶与知爱并。
>
> 触目尽球琅，便觉双眼明。
>
> 借君白玉觞，聊以浇不平。
>
> 为欢须及时，无待蟪蛄鸣。

何良俊也仅仅是个岁贡生，入南监，由于有名气，当路者特简拔
他，依蔡羽（比何良俊长一辈分的名士）例用为南翰林院孔目。何良
俊是华亭人，朱大韶的同乡。张之象（王屋）当时也是南太学生，但
也是朱大韶的同乡。文嘉（文水）、黄姬水（质山）都是名士、名家之
子（文衡山、黄省曾之子）。因而国子司业朱大韶招这些位名位不高
的文士饮酒赋诗，毫不奇怪。吴承恩作为朱大韶的门弟子，又无同
乡之雅和通家之好，何以能登上老师的坐席呢？总是他的诗词曲清
雅流利，啧啧在人口，使朱大韶乐意泯除师生界限。朱大韶降下大
将的旗纛，走进一群贡生之中，"解带尽平生"之欢。他对在坐诸人
"风义夙所敦"，颇为尊重，因而出现"顿令一座倾"的觞酌交驰，文
辩纵横的无拘无束场面。吴承恩也有何良俊式的牢骚"受羁"啦，
"吞声"啦，"不平"啦，以至"为欢须及时"的颓废情调。但是，吴承
恩的心境是开阔的，有牢骚也不会在老师和新结交的友朋面前做寒

虫之鸣，他将是"平生不肯受人怜，喜笑悲歌气傲然"(《赠沙星士》)的。

吴承恩离开朱大韶老师就是另外一个样子了。"楼外碧波千顷，正对客心孤迴。远树断云横，帘卷紫金山影。秋暝秋暝；渔笛一声烟艇。"(吴承恩《如梦令》)金陵客秋，在太学的楼外北边正是碧波千顷的玄武湖；转头东眺，郁郁苍苍，紫金山麓有红墙黄瓦的孝陵，更远一些则灵谷寺的塔尖高耸。湖山虽然如此多娇，也不能完全医治客心的孤迴，吴承恩在重阳前夕，主动地也是有点放肆地寄诗给文家二承(文彭字寿承，文嘉字休承)，要求他们举行诗会，摆酒设宴，说："寄语桥西文学士，试排诗酒待重阳。"(《金陵秋日柬文寿承兄弟》)曾在朱大韶宅与吴承恩共过诗酒之会的文嘉执笔赋诗回答说："莫道近来雕敝也，笙歌日日醉重阳。"(《和州诗集·和吴射阳帝京乐》)重阳嘛日日都是，诗酒日日都有，来吧，什么时候来什么时候欢迎！吴承恩当然欣欣喜喜跨到桥西，与文氏兄弟自自在在、无拘无束地饮酒吟诗一通。吴承恩还常到何良俊宅去饮酒赋诗，听小伶弹筝唱曲，同席的除主人何良俊和文嘉、张之象、黄姬水外，还可能有当时南京名士盛时泰(仲交)、周天球(公瑕)。他听了小伶李节弹筝后作诗(他人先有作，吴承恩是和诗)竟向何良俊订约："从今载酒来应数，醉听雏莺和友声。"(《金陵何太史宅听小伶弹筝次韵》)推也推不走，下次还来！他和这些文士诗酒交往中，不免挟妓而游，就不免写赠妓诗或词。今存吴承恩集子里很有几首艳诗、艳词，当多是这个时期在当太学生时在南京所作。由于诗文的同声相求，吴承恩也游于勋臣后裔的徐天赐(东园公)的门下，和更广泛的社会阶层交往。此时的吴承恩有点恢复年轻时的气概了，在徐天赐的面前公然自称"淮海浪士"。

过去被封建文人艳称的所谓"白下风流"，是一批对功名不太重视(或功名上不能得志)，不愁吃穿(甚或有父祖的遗产可供消费)，可以有多余的时间联朋会友，逐胜征歌、耽酒吟诗的文士，风风流流一小群，点缀钟山风雨，妆饰六代豪华。明清两代都有几批这样的角色，吴承恩身在太学，很少和孔孟圣贤之徒谈修身之道，性命之学，总是冲破国子监的大门，跑到社会上加入"风流"的一群。明末钱谦益在《列朝诗集小传》里描述嘉靖三十几年的这批"风流"人物说："海宇承平，陪京佳丽，仕宦者夸为仙都，游谈者指为乐土。……嘉靖中年，朱子价、何元朗（何良俊）为寓公；金在衡、盛仲交为地主；皇甫子循、黄淳父（黄姬水）之流为旅人；相与授简分题，征歌选胜。秦淮一曲，烟水竞其风华，桃叶诸姬，梅柳滋其妍翠。此金陵之初盛也。"（丁集上"金陵社集诸诗人"项）钱谦益在这里没有提吴承恩，吴承恩的名声不高被忽略了，他也是其中的一员，容或不是太积极的分子。所谓"白下风流"，对吴承恩及其一群起的并不是健康的作用。单就吴承恩而言，更多的是精神和思想的腐蚀。他表面上总是笑嘻嘻，心境也有不平，但是面对什么秦淮烟水的风华，桃叶诸姬的妍翠，不免"老郎暂离华胥国"（吴承恩《踏莎行》："老郎暂到华胥国"），去嗅那"好风吹过绣裙香"（《浣溪沙》）。有时又表演穷愁潦倒，以诗酒为隐的风度。此时的吴承恩很少有作《西游记》时节愤世嫉俗、慷慨悲歌的气味和调门。

三、投笔从戎的壮志

恰当此香风阵吹，吴承恩飘飘然的时刻，倭寇侵扰江、浙。外敌临门，对吴承恩有振聋发聩的作用，对南京一批官僚、文士的颓唐，也无疑是打了一支强心针。

倭寇对中国的侵扰，元末明初已经开始。明初的洪武、永乐时期，由于明朝地主阶级政权在灭元之后，还能整饬军备，加强海防，对于来犯的倭寇有足够的力量给予沉重打击。因此，当时的日本执政者尚能对一些浪人入寇者加以约束，倭寇对中国沿海还不敢恣意侵犯、劫掠。到在正统年间，由于明朝政府逐渐腐败，边备废弛，防御力量不足，倭寇遂逐渐猖獗起来。到嘉靖年间达到极其严重的地步。当时中国国内一些汉奸地主和奸商，如汪直、徐海、陈东等人，也因明朝廷的海禁政策限制了他们的生财之道，便招致了许多流氓分子参加到倭寇里边去，给倭寇作引线，伙同劫掠。嘉靖三十二年，滨海千里，同时告警。倭寇与一些中华民族的败类分子，联合起来，长驱直入，攻掠上海、苏州以及江北的南通、泰州等地。嘉靖三十四年七月竟深入徽州、南京，丙辰日直接进犯南京的大安德门及夹冈二日，趋秣陵关而去。前述吴承恩等人在国子监朱大韶家的聚会和在何良俊家听小伶弹筝，就是在城外厉兵秣马，城内尚称安谧的间隙时节进行的。①

> 穷眼摩挲，知见过几多兴灭。红尘内翻翻覆覆，孰为豪杰？傀儡排场才一出，要知关目须听彻。纵饶君局面十分赢，须防劫。（吴承恩《满江红》词上阕）

吴承恩和他的朋友们关在南京城内，总不能闭目塞听，对倭寇攻到城边，不闻、不见、不问，仍然稳坐清溪的广厦之间听小伶弹筝（何良俊家住南京的清溪，清溪在明故宫即今南京博物院东）。《满江红》词上半阕表露的心情应该是吴承恩和他的友好文士们共有的。就《满江红》全词来看，吴承恩表露的心情与倭入寇南京附近没有关系，它的写作时间也不能定。但是，世事翻覆有如戏场的表演，刚到中间，结尾如何不可知；如棋局的暂时胜负，还不能算定局，正

---

① 按：吴承恩等人在朱大韶家的聚会，约在嘉靖三十四年的夏日，因为夏秋之际螽蟖鸣，而何良俊诗说："为欢须及时，无待螽蟖鸣。"也是表明当时节序还没有到螽蟖鸣叫的时刻。其夏，倭犯苏州直至无锡。吴承恩等人在何良俊宅听筝据何良俊诗是在三十四年八月，该月，倭退至溧水、溧阳一带劫掠，南京暂时解警。

是赢的局面，可能有漏洞被敌方伺隙打劫。敌我在战场上刀枪相见，难道还不如此？南京城的表面升平，不也是暗含危机吗？推而广之，嘉靖三十四年的中国，南有倭寇打到陪都南京附近，北有俺答进犯首都北京附近的怀来一带，使京师戒严①，有谁能预测到中国或南京将出现什么情景呢？穷眼摩挲，见过几多兴灭的吴承恩，对此怎能稳坐钓鱼台？他"帘卷紫金山影"的悠闲心情，被"红尘内翻翻覆覆，孰为豪杰"的想干一番事业、挽救家国危亡的志向所代替。

抗倭斗争中吴承恩似曾打算加入胡宗宪幕府做一名幕僚，为抗倭效一臂之力。

明代嘉靖时期鞑、倭交侵，外患比以前的任何时期都严重。这促使当时的知识分子已仕和未仕者，除夙习的文事外，很多人通晓武事，期望能一旦投笔从戎，请缨自效，对国家、民族做出更多的贡献。如有名的古文家、理学家唐顺之（荆川），精心于天文、地理、兵法之学，又练刺枪拳棍，倭寇江浙时，以金都御史巡抚淮扬，竟力疾巡海，卒于广陵舟中。著名的诗人、戏曲家李开先关心边防和武备，罢归后，以不能功名自见而慨叹，作《塞上曲》一百首，又通集古人塞上诗为一编寄托其志。该时的当政者并不重视武备而加强边防，他们害怕拿笔杆子的人又拿起枪杆子，使这批想为国御敌的知识分子不能不望家国之忧而兴叹。吴承恩于嘉靖三十五年作《贺总制梅林胡公奏捷障词》说："某学剑无成，请缨有志，末由叨奉，私幸躬逢。况荷庇于一枝，念猥长于寸管，爰稽故事，用

---

① 《明史》卷十八《世宗本纪二》、《明纪》卷三十四：嘉靖三十四年九月"戊午，（俺答）犯怀来，京师戒严"。是七月倭犯南京，九月俺答犯北京，南北交侵。而该年十二月则发生中国历史上少有的陕西、河南大地震，河、渭大泛溢，死八十三万余人。嘉靖三十四年是明代不寻常的一年。

谱新声。"就是欲抗倭从戎之志的表达，似欲入胡幕而未遂①。胡宗宪在抗倭的嘉靖三十五年，晋升为总督浙江、福建、江西及江南军务实权在握的人物。胡宗宪因为依附严嵩的亲信赵文华、排挤其他的抗倭将领（如张经等），为时诟病，但不能抹煞他抗倭的功绩。胡宗宪破徐海后擒汪直，就是采纳了吴承恩的好友万表的拟议，遣蒋洲用间得以成功的②，可见胡宗宪还是博采众议，择善而从的较比豁达大度的统帅。明代著名的诗人、戏剧家、画家徐文长在胡宗宪幕府，知兵，好奇计，胡宗宪饵汪（直）、徐（海），用间钩致，皆与密议。与徐文长同在胡宗宪幕府的还有沈嘉则秀才，也是有名的诗人。徐文长与沈嘉则都是刚直不阿之士，胡宗宪都能对之优容尽礼。这样，前十七八年拒绝马汝骥（西玄）的辟请的吴承恩（说那是"元瑜书檄负平生"），现在主动叩击胡宗宪的辕门，主动要跻身他的幕府了。有一种思想支配着吴承恩，是可贵的热血沸腾的爱国热忱，他不仅希望能在自己书室里放一张安静的学习、写作的书桌，更希望自己的同胞有一个不受惊的睡觉的床。不知什么原因，他竟

---

①　叶德均《西游记研究的资料》（收在《戏曲小说丛考》卷中）说："吴氏《射阳存稿》卷四《贺总制梅林胡公奏捷障词》说：'某学剑无成，请缨有志，末由叨奉，私幸躬逢；况荷庇于一枝，念猥长于寸管。'……当是吴作以贺胡总制的。按胡梅林即胡宗宪，官浙江总督，曾大破倭寇，此文便是贺胡剿倭大捷的。考《明史》二○五卷《胡宗宪传》奏捷是嘉靖三十三年事，文似撰于此年。所谓'况荷庇于一枝，念猥长于寸管'，是他曾作胡氏的幕僚，虽然他的地位远不及同僚徐渭、沈嘉则，但事实确无可疑。这篇《射阳文存》亦收之，列第七篇，不知《考证》、《年谱》何以都把这点忽略过去。"——按：叶氏谓吴承恩入过胡宗宪幕似未可遽定。"末由叨奉，私幸躬逢"，是吴承恩想去胡幕，而无由达到目的（《论语·子罕》："虽欲从之，末由也已。"末由，无由也），吴承恩因去拜访胡幕的某人，恰好有幸躬逢胡宗宪的奏捷。所谓"荷庇于一枝"乃指胡宗宪"握枢四省"，对江南地方（包括淮安）也是他所管理的而言。叶氏又谓《障词》似撰于嘉靖三十三年，未确。嘉靖三十三年胡宗宪为浙江巡按御史，总督军务的是张经，三十五年二月始代杨宜总督军务。《障词》说："值明公出按之辰，是狂寇贯盈之日。奇功早奏，浩气横飞，旋晋建乎抬台，遂雄开乎制阃。地极东南，总归统御。"正是由嘉靖三十三年至三十五年间胡宗宪的仕履。因此，此《障词》乃三十五年平徐海后庆功所作，刘修业《吴承恩年谱》已指明。

②　擒汪直是根据万表的拟议得以成功事，《明史·胡宗宪传》不载，据《明书·万表传》与《续藏书·万表传》知如此。

没有到胡宗宪那里去。

他回淮安参与了抗倭的斗争。

从嘉靖三十六年开始，江以南倭势稍不振，可是倭人竟伺隙向江以北发展其侵略的爪牙，三十六年打到宝应附近，三十八年打到淮安附近。这两次吴承恩都在淮安。三十六年他接待过宝应的吴曰南和滞于家而不得不避寇于淮的朱曰藩。三十八年四月，吴承恩给沈坤领导的"状元兵"当参谋，取得击败倭寇的大胜利。斯时，身为南京国子监祭酒的沈坤正因母亲逝世守制家居，倭薄淮安，他为了保卫家园组织乡兵，亲自带领队伍与倭寇作战，被称为状元兵。沈坤家住河下的竹巷，吴承恩住打铜巷，相距不远，便于磋商计宜。他们在粉章巷口设瞭望台，踞高临下，监察城外的动静。① 就在这次战役中，淮安一位七十岁老人陈孝勇因为"鸣剑直前，三折鲸鲵之首；搴旗取胜，全张雕鹗之风"斩倭立功，被赏冠带，吴承恩为作《贺松窗陈孝勇冠带障词》，称颂陈孝勇的抗倭为"周子隐射虎斩蛟，一方感德"。吴承恩一洗在南京文士群中沾染上的吟风弄月的污泥浊水，站到时代的前列。"红尘内翻翻覆覆，孰为豪杰?"他虽不能自称自己就是抗倭的豪杰，也总是明确地意识到祖国和乡邦烽烟遍地之际，不能再沉醉到听筝唱曲中了，即或当不上巨人、豪杰，也不能当侏儒、懦夫。作《西游记》时间内，吴承恩光彩四射；南京太学时跻入风流群中之时，黯淡少光；是外敌倭寇使他重新振作精神，焕发青春。

倭寇肆虐，江南北没有一片干净土。此时南京文士群，顾不上

---

① 吴承恩参与沈坤领导的"状元兵"的谋划，没有文献资料记载，是今天淮安人士的传说。这传说是可信的，应该是历史传下的可信口碑。由吴承恩的诗歌《后围棋歌赠小李》看，似吴承恩是知兵法战术的(至少他研究过书面的东西)，诗讲围棋的杀伐策略，用的多是军事术语和历史上的实际战例。又，今天淮安传说谓今天粉章巷口的二帝阁(祀关羽和文昌)是当年沈坤抗倭的瞭望台，嘉靖三十九年沈坤被冤入狱(沈坤之入狱，据淮安志说与抗倭有关)，死，群众舍不得把这瞭望台拆掉，便挪去关帝和文昌，改称二帝阁，以示对沈坤的怀念(大约是表明沈坤有文武才)。

今天授简分题，明日征歌选胜；秦淮一曲，烟水少其风华，桃叶诸姬，梅柳缺其妍翠。于嘉靖三十八年顷，江南稍归平静（江北则正炽烈），这批人便风流云散：何良俊兄弟辞官回松江老家，黄姬水等避倭者也回乡大吉，朱曰藩调任九江知府（四十年死于任所）。原来没有参加文士群但和吴承恩交好的沈坤竟于嘉靖三十九年死于北京狱中。年近六十的吴承恩熬过南京国子监的十年膏火（其实真正熬膏火的时间并不多），资历够了，不知拨过历（拨历指派到政府机关当见习官吏）没有。总之，南京已非可长住之地，吴承恩孑然离开南京国子监去北京谒选。

四、北京谒选

按当时选举制度，国子监生学业期满又经过拨历，并不能立即派任官吏，南监的生员要专程去北京谒见皇帝并到吏部等待时机选官。粥少僧多，官位有限，一般谒选的人没有门路，或者十多年不能得一官。

嘉靖四十一年吴承恩给李春芳父亲的七十寿诞作《元寿颂》（李父时在北京），说自己"谒选来都，又出公之敦喻"。公，指李春芳。吴承恩是说嘉靖四十一年来京谒选，是在李春芳敦促并讲说应该来谒选的理由下，才置舟北上的。这意味着吴承恩之谒选来都，与十多年前贡入都一样，心情不快，有点勉强。由吴国荣说吴承恩"为母屈就长兴倅"（《射阳先生存稿跋》）的话，可以大体知道吴承恩之不愿此时谒选为官，似在一个"屈"字，由贡监而选为县丞一类的官乃属"屈就"。其实，年近六十，也讲不得什么"屈就"之类的话了，时不我待。吴承恩大约在嘉靖四十年就已来都了。①

---

①　吴承恩代人作（或即代李春芳）《明堂赋》称"圣天子嘉靖万年，今方第四十载"，可推断赋乃嘉靖四十年作，若是，吴承恩至少在嘉靖四十年便到北京谒选了。

　　先是不愿来都谒选，受老友敦喻勉强来了，这勉强之中，也便渗透着改变初衷对出仕产生的兴趣。因此吴承恩谒选在京时节，碰到原淮安龙溪书院老同学汪自安（汪云岚）由岁贡选为湖南巴陵县学训导（由岁贡而选为县学训导，似没有经过太学），为作《忆昔行赠汪云岚分教巴陵》诗，一方面为老同学巴陵之任壮行色，一方面借机发抒自己之情，夸赞当官的好处，说年岁大了当官也值得。他说："丈夫功名未可必，时运到时终俯拾。处世还须算晚来，逢人且莫夸畴昔。""奉亲传道两不恶，高揖公卿未为薄。岁登功绩月支钱，未仕何如此行乐？送君动我昔年心，付与长安曲米春。"吴承恩直言不讳说自己送君也动昔年心，在北京谒选正为此哩！吴承恩此时可能是依李春芳而居，李春芳敦喻老友来京谒选。自然有承担生活费的内容，也会有政途上扶持一把的心照（李春芳于嘉靖四十一年任吏部左侍郎，是诠选官吏的实权人物）。然而李春芳以不徇私著称①，他不肯因亲故知交自破诠选制度，他没有利用职权使吴承恩早日选出。他只是怂恿吴承恩在当朝大佬的面前显扬自己的文才，表露自己的治才，以陈情自荐。吴承恩代李春芳作的《明堂赋》和《寿师相存斋徐公六十序》②，就都是李春芳的巧妙安排。历史上曾多有文士通过代笔的方式以达于天听或权势者之目，而发达起来的事例。李春芳请吴承恩代自己作赋、序献给皇帝和宰辅，目的绝不仅是为了给自己装饰门面，主要恐怕倒是为了借机揄扬代笔者。被称为"铿然金石"（陈文烛语）的《明堂》一赋，如果皇帝真个加以青睐，对赋欣赏、夸赞，李春芳就会在御前推荐吴承恩的吧！《寿师相存斋徐公六十序》对徐阶的知人善任特加吹捧，见得出李春芳与

---

　　① 咸丰《兴化县志》卷八《李春芳传》说："春芳恭慎，不以势凌人。居政府，持论平，不事操切。且廉浩自持，馈遗请属，一无所受，而推毂贤士大夫。举朝称其长者。"

　　② 《明堂赋》与《寿师相存斋徐公六十序》没有明证是代李春芳作。《明堂赋》称"歌颂德业，儒臣事也。臣斋心述赋，以模写天地万一"。嘉靖四十年李春芳任礼部右侍郎，掌翰林院事，正是所谓的儒臣。赋或是四十年的预作。《徐公六十序》则很大可能是代李春芳作的。

吴承恩是商量好了表演的双簧。"寿序"说徐阶对人才"周详委曲，随其分而尽其能，爱护于向成，而搜罗于未达，引之而使近，而措之而使安，挽之力不阻于势之疑，谅之真不嫌于见之独"。可以想象，徐阶被吹拍得骨软筋酥之际，顺便问起作者，李春芳便有机会引荐吴承恩，使吴承恩早日选出并得到满意的差缺。结果呢？皇帝和宰辅未屑一顾，妙文胜语，付之沟壑，空把时光浪费，吴承恩仍在吏部挂选。

嘉靖四十二年、四十三年吴承恩回了淮安。吴承恩没有选出而回淮安，殊怅怅，仍然是汲汲于谒选的那颗心。他借着作《开府介川毛公德政颂》把自己的为官之道缕述一番，考民瘼，定官箴。吴承恩提出四项灾交频仍的年景，由于为官不善所造成的弊端。第一，"曰民有赋，矧敢不供，负欠逃亡，缘彼困穷"。第二，"曰兵有饷，实济民防，征调多岐，民乃被殃"。第三，"曰邮有传，奸极牛毛，横索豪侵，四境告劳"。第四，"粤惟马政，军国攸先，欺隐因循，伤民病官"。这样的四害，怎么解除？吴承恩认为当地方官的想除民害，纾民困，要像漕运总督毛恺那样：第一，民赋是要征的，可是百姓困穷而"负欠逃亡"，就应"抗疏上闻，蠲逋减额"。第二，养兵要有兵饷，是天经地义的事情；饷从民出，也是自古已然。怕的是"征调多岐，民乃被殃"。为官的则要"多方节损"，"悉意斟量"，不要使民负担过重。第三，有邮有传以便利通讯和交通是好事，被奸人横索豪侵，不免好事变成了坏事。那就应"载清载革"，以"内则纾民"，而使"外无淹客"。第四，马政之事，关系军队作战的成败，由于民牧制度不完善，以致出现欺隐堕驹等事，既伤民又病官，所以官府应该善为定画，以"有裕时须"，使"永无愆忒"。——综观上述，吴承恩是用候补官吏的眼光来体察民瘼、民隐，并提出改变方案的。如何征民赋，如何筹军饷，如何整顿邮递驿传（交通、通讯），如何搞好军队后勤工作等等，都是地方官应当管理的大事，谁知道再过多久自己就要亲手处理这些事呢？迨天之未阴雨，彻彼桑土，绸缪牖户；及官位之未得，预作筹划，补苴罅漏。吴承恩的心情是可以理解的。吴承恩暂时待选回家的心境又不只是想当一个地方官搞点什么措施进行改革，他还有更远大的目标，他倾注身心体察书史与现实治道的联系。本年代漕刑钱之选给漕督王南岷（王廷）选辑的《两汉书抄》作序，称王廷摘抄"两汉书"的语录"措之政治，可运于掌也"。他盛赞书为我役，从而握其机，半部有以定天下；要之极，一言可以行终身的立身行政规范。吴承恩像作《开府介川毛公德政颂》借歌颂毛恺的名色讲自己的政见一样，《两汉书抄序》里也是借题发挥半部《论语》定天下的志向，岂是小小地方官能范围得了的？[①]

蹲在淮安等不来官，一年岁月过去了。嘉靖四十三年秋天吴承恩又买舟北上去北京。十月左右他也洒泪、失声怀着不可名说的感情，代人给有"渊源之学、经济之才"的翰林院编修孙世芳（孙淳斋）不幸逝世作祭文，未收时英，翻丧国宝的痛切，也应该是吴承恩在北京焦灼等待的懊恼思想表露。嘉靖四十四年下半年有转机，十一月他为淮安同乡裴天祐升大理少卿兼逢寿诞作《赠裴鹤洲晋列卿兼逢初度歌》，调子欢快，"长安雪后瑞云暖，笑对梅花倾玉瓯"；"擎瓯信口当筵歌，载侑南山一杯酒"。大约此刻吴承恩的官星已经明亮，或者已被选为长兴县丞正办理手续，准备赴任的了，心情当然愉悦，一洗愁容，放声为老友的升官而引吭高歌。

吴承恩从嘉靖四十一年（或四十年）到北京谒选，足足等了四五年，这中间在北京留连的时间也不下两三年。为了一个县丞的八品官啊！至少吴承恩有李春芳的扶持，不能被别人挤向后，由此见得出当时出身国学谒选的人之多，乱哄哄、闹嚷嚷，吏部的大门每年

[①]　关于《开府介川毛公德政颂》和《两汉书抄序》的写作，在《年谱》第67页注①有辨。

不定被挤坏多少块。吴承恩在北京期间如何生活的，是单纯依李春芳当食客？还是另有谋生之道(譬如这中间有录《永乐大典》副本之举，身为礼部侍郎的李春芳是可以挑选吴承恩去当誊写人员的)？今天都只能答曰："弗得知。"

嘉靖四十五年吴承恩已被任命为浙江省长兴县丞。吴承恩找到了生活道路的新起点。试问吴县丞，太阳运行不息，时光流逝，"劳劳彼夸父，奔走更何意"？对此问，嘉靖二十九年他贡入都时或许困惑、迷惘，现在他可以毫不犹疑地回答："当官!"似乎在吴承恩面前已展现一幅山花烂漫、生机盎然的画图！

吴承恩要到长兴去当县丞了！

六　作吏向风尘

一、先到杭州谒候上司

　　嘉靖四十五年，吴承恩约六十三岁，他走向官场。他拿着官凭先到杭州上司衙门去谒候。大约当时官场规矩，凡属县丞之类的官，虽然不必像清代末年那样（如《官场现形记》所写）要到省里再候选一通，由省人事部门（藩台）挂牌再去到任，却须到省的上司衙门谒见，等候训示，再去府，然后才到任所。小小县丞，能谒见到巡抚之类的大官是相当难的，并非一递手本便能立即被召见。谒候官员须找一个临时住处，日日上辕门，挨班等候谒见。日久天长小住为佳，如吴承恩式的文士者流，不愿住旅店，去住寺观，既清静又节省开支（《西厢记》的张生说："有僧房借半间，早晚温习经史，胜如旅邸内冗杂，房金依例拜纳。"吴承恩或亦如是也）。

　　吴承恩住到玄妙观。玄妙观在吴山（城隍山）脚下的石乌龟巷（通称十五奎巷），是唐代就建立了的有名道观，明正德时节又加重建。观的规模颇称宏敞。观后有石洞，阴寒，夏日可用以避暑。旧时代迷信的人还用观中的蕉花来占卜休咎。现在玄妙观已大部改为民居，其一部分在市委党校范围内，石洞就在党校后院（1978年情景）。现在看到的石洞洞门横镌"清霞洞"三字，不知何时镌书。吴承恩住到玄妙观，不是为到清霞洞避暑，也不是来修真养性，他为了以此作为歇脚地而趋拜上司。他每天一早便急急忙忙束带去上司衙门点卯、参见，归来吃早饭时霜尚未退，沾得鞋湿脚冷。而这时玄妙观的道士刚刚起床打开山门，悠闲自得地遥望晴云背松而立。一忙一闲：一为微禄到处陪小心，强做笑脸；一则无思无虑，欣赏大自然的风光。吴承恩对此不禁勾起自己往日厌薄官场的心情，无限感慨。他在道院的粉壁上题了一首绝句：《书道院壁》。诗云：

> 束带出门趋府急，归路靴沾草霜湿。
>
> 日高道士启山扉，遥望晴云背松立。

日间欣羡道士日高方起，打开山门遥望晴云背松而立的悠闲，晚上便形诸幻梦。吴承恩在梦乡遇见一名道士，长身美髯，喝得醉醺醺，牵吴承恩的衣服说：“为我作《醉仙词》。”于是吴承恩应其所请作了十首《醉仙词》，醒了之后只记得四首云云。文人狡狯，今天看到载于《射阳先生存稿》的四首《醉仙词》，是吴承恩假托的梦游之作，借以发抒困守道院时的胸臆而已。其第二首是：

> 有客焚香拜我前，问师何道致神仙？
>
> 神仙可学无它术，店里提壶陌上眠。

所谓醉仙，应该是李太白一流人物，虽然不是“长安市上酒家眠”，“店里提壶陌上眠”也差不多了。嘉靖二十九年吴承恩贡入都，北上途中经济宁、杨柳青，都联想过李太白，表现他走岁贡的路子的矛盾、彷徨心理。奇怪的是，事经十几年，从贡入都而入监读书而选为县丞，路就是这样走过来的。事实证明，必须这样走。又何必将去县丞任却讲“店里提壶陌上眠”呢？

事情有正面也有反面。壮年的思想沉滓刚一泛起，也就不得不赶忙收罗回来。已许仕途的人，自己不能任意支配自己了，名缰利锁，官场行情，指引着吴承恩。吴承恩不肯扳援附丽，耻于向上官折腰，上官有文笔之责，新谒的属下总该代劳，借此算奉送给上司的一份晋见薄礼吧。他给提督军务巡抚浙江的刘畿代作了《诸史将略序》。代作而能合刘督抚的意旨，说不定吴承恩受到面谕了的。假如真个如此，吴承恩是否受宠若惊了呢？天知道。

二、吴县丞在长兴

长兴当时属湖州府。境内除县城附近较平衍外，大都是起伏的丘陵，靠近太湖一带也大体如此。县城跨苕溪的支流，其县衙北靠城墙。吴承恩丞长兴二年，他生活的治理的就是这样一个县分，比他的家乡淮安还不如。

差不多和吴承恩同一个时间到长兴任知县的，是明代有名的散文家归有光。归有光，江苏昆山人，字熙甫，号震川。他没有考中进士时的文名便很高，但是，嘉靖十九年举人中式后八上春官不第。嘉靖四十四年，归有光约六十岁，第九次去北京，始成进士，派长兴知县。归有光未中举人时，也曾以贡生入南京国子监就读（当时吴承恩还没有去南监）。

知县是一县之长，县丞是副手。知县，正七品，年禄米九十石。掌一县行政、司法大权，举凡财政收入、支出，征税、征实和劳役分配，以及教育、教化、公安、审判等等，都由知县负总责。县丞，正八品，年禄米七十八石。辅佐知县并具体管粮、马（马政）之事，如知县短时间不能理事，可临时代行其职（如较长时间离职则须由上级委署任官）。

吴承恩丞长兴的政绩，今天一无所知，只由两首诗能稍窥其案牍劳形，一天天簿书满案，等候处理，上边催，下边又推不动，压得喘不过气来的情状。第一首题曰《春晓邑斋作》：

> 悠悠负凤心，作吏向风尘。
>
> 家近迟乡信，官贫费俸金。

> 林香闻早花，窗曙报新禽。
>
> 感此融和候，搔头得暂吟。

第二首题作《长兴作》：

> 风尘客里暗青袍，笔研微闲弄小劙。
>
> 祇用文章供一笑，不知山水是何曹。
>
> 身贫原宪初非病，政拙阳城自有劳。
>
> 会结吾庐沧海上，钓竿轻掣紫金鳌。

吴承恩把一行作吏称作是"悠悠负夙心"，他的"夙心"是什么呢？回答说："会结吾庐沧海上，钓竿轻掣紫金鳌。"很显然，这是"中岁志丘壑"后的"老年志丘壑"啊！吴承恩"官贫"、"身贫"，当县丞没有在经济上求得特殊收益（贪污受贿）的欲望；负心作吏，结庐沧海，在政治上不是积极上进（朘削穷民以求升转）的姿态。从作为一名封建官吏的角度来要求，吴承恩是不及格的。《长兴作》里提到的"身贫原宪"和"政拙阳城"两个人，其贫其拙，正是封建社会里"清官"的标志。吴承恩以原宪、阳城自许，我们从中看到《西游记》作者仍然是二十多年前那颗头颅，对青史而无愧。

孔子弟子原宪被说成是个不求财货，甘于贫困，言行如一的人物（或许真如此的吧）。历史文献多有记载他和子贡（端木赐）的一次交往谈话，如《庄子·让王》："原宪居鲁，环堵之室，茨以生草，蓬户不完，桑以为枢而瓮牖。二室，褐以为塞，上漏下湿，匡坐而弦。子贡乘大马，中绀而表素，轩车不容巷，往见原宪。原宪华冠縰履，杖藜而应门。子贡曰：'嘻！先生何病？'原宪应之曰：'宪闻之：无财谓之贫，学而不能行谓之病。今宪贫也，非病也。'子贡逡巡而有愧色。原宪笑曰：'夫希世而行，比周而友，学以为人，教以为己，仁义之慝，舆马之饰，宪不忍为也。'"——吴承恩说自己"身贫原宪初非病"，是为官不在俸金之外苛敛人民以肥私囊，故而无财身贫。自己言行一致，说而能做，学而能行。

阳城是唐代中叶王叔文变法前一个有名的地方官吏。他在道州当刺史禁止买卖奴隶，解放矮民，和阳城同时的大诗人白居易《道州民》（《新乐府》中的一首）特美而颂之，说："民到于今受其赐，欲说使君先下泪。仍恐儿孙忘使君，生男多以'阳'为字。"阳城还很不积极向老百姓征催赋税，以至在这个问题上和上司对抗。《旧唐书》一百九十二卷《阳城传》记此事云："赋税不登，观察使数加诮让。州上考功第，城自署其第曰：'抚字心劳，征科政拙。考下下。'观察使遣判官督其赋，至州，怪城不出迎，以问州吏，吏曰：'刺史闻判官来，以为有罪，自囚于狱，不敢出。'判官大惊，驰入，谒城于狱曰：'使君何罪?! 某奉命来候安否耳!'留一二日未去，城因不复归。馆门外有故门扇横地，城昼夜坐卧其上。判官不自安，辞去。其后又遣他判官往按之，他判官义不欲按，乃载妻子行，中道而自逸。"一个朝廷的命官，竟在征收赋税问题上站到百姓一边，说：我在抚爱人民方面是劳碌的，但我拙于征科，所以作为官吏，我是第九等（下等之下）。这名官吏任可自囚于狱，也不积极征赋。像阳城这样的官吏在封建社会确是少见。吴承恩身为县丞，正主管征赋，而以阳城自比。就是说他自认为自己之为政，一方面抚字心劳，对老百姓体会他们的疾苦；一方面政拙征科，对长官不必听他们急征快敛的命令。他任可得下下的考语以至受处分。关于"政拙阳城自有劳"的铭箴，吴承恩在当官的准备阶段就存有这种思想了，此次丞于长兴把思想变成为实际的行动。嘉靖四十年在淮安任知府的范槚，对此土此民"哀轸水潦之余，解息兵戎之后，感将迎之费巨，兼征调之岐多"，便"驰词执礼，亢当涂岂啻再三，节用爱民，减旁郡几于八九"。而范槚本人则"一介不取诸人，乃其余事；万钟何加于我，肯负平生。疲癃悉纳之怀中，得失久置于度外"。结果呢？"班定远言论平平，志存安辑；阳亢宗考书下下，政拙催科"，被上官参奏夺去一级，不得不退职回家（吴承恩《赠郡伯养吾范公如京改秩障词》)。吴承恩在彼时便对范楷之一心为民不为上官所喜的境遇，怀愤愤之情。他明确地说范楷的行径"实获我心"。吴承恩是说：您，范公养吾的作法，我百个赞成。您的节用爱民，一介不取诸人，政拙催科等等，都和我心心相印。由此，吴承恩在《障词》中用最美好的词形容范楷为万民所仰，如"岁旱连天三日雨，雪空万里三秋月。更矻然砥柱立中流，坚如铁"。时过五六年，吴承恩当官了，他用"政拙阳城自有劳"一句诗把自己心迹和当官的行径概括出来，使我们从侧面了解到吴承恩在长兴干些什么和怎样干的。

由《春晓邑斋作》与《长兴作》两首诗，我们还看到吴承恩之公务颇为劳苦。连吟一吟诗的闲头脑都少有，"感此融和候，搔头得暂吟"耳。风尘仆仆，下乡上山，到处奔跑，连欣赏一下长兴山水的心情都没有了，批文件，发指示，"笔研微闲"才有机会去"弄小舠"，舒散舒散胸襟。和当秀才、当贡生坐监时节的散澹逍遥，不可同日而语。

当然不能说吴承恩丞长兴将近两个年头，总是簿书满案，等待批转处理；总是上山下乡，为抚字百姓而心劳；总是接擎上司的催逼，被申斥为"政拙催科"的无能之辈。他没有携家带口来长兴，没有回过淮安探家，公余之暇，他也有个人友朋间的交往。据今知，吴承恩与知县归有光的关系还算可以；与邑绅徐中行的关系就更其密切。

归有光是有名的散文家，也会作诗；吴承恩的诗作得很不错，散文作得也不弱。归有光被称为是有明一代唐宋派古文(散文)的优秀继承者，吴承恩则"书记碑叙之文，虽不拟古何人，班孟坚、柳子厚之遗也"(陈文烛语)。"而文在宋与庐陵、南丰相出入"(李维桢语)。说明两个人的散文风格还比较接近，他们之间不会在文风问题上有摩擦。归有光据说是个比较古板的人，吴承恩似乎比他较活泛一些，却诚实、正直，因此，两个人也不会在性行上有什么龃齝。1949 年全国解放后在长兴发现隆庆元年十月归有光撰、吴承恩书写的三块石刻：《圣井铭并叙》、《梦鼎堂记》（现皆存长兴立舫亭）、《长兴县令题名记》（十年动乱中毁）。① 据此推想，一个撰作文章，一个书写上石，知县和县丞的合作共事，应该很不错。合理的估计，他们间的诗文往还也不会少，只是由于后来发生的事件（吴承恩被诬投狱牵连归有光）的明显原因，他们各自的诗文集里便不收双方互赠及其他有关的诗文了。本来他们的工作间的关系也不会坏，后来发生了问题，归有光才极力摘脱他们间共事的一致方面，硬说他们的意见和具体工作措施并不合拍，云云。

徐中行，字子与，长兴人，是明代诗坛上有名的"后七子"之一。徐中行在嘉靖四十二年任河南汝宁府知府，由于不会俯仰世事，得罪上官，被京朝大察（天下官吏普遍大考核）评为"下下"，撤职回乡。在家住了二年的光景，听母亲的切谕，去北京吏部，选为长芦转运判官，又迁为瑞安府同知。四十五年秋，母亲逝世，十月

---

① 据刘修业《吴承恩年谱》隆庆元年项，说"按长兴县最近发现了隆庆元年十月十日归有光撰吴承恩书的两个石刻：一是《梦鼎堂记》，一是《圣井铭并叙》。……"1978 年 5 月我去长兴，只见到《圣井铭并叙》，长兴文化馆夏星南同志告诉说：文化馆原登记的两块吴承恩书写的石刻是《圣井铭并叙》和《长兴县令题名记》，《题名记》在十年动乱中毁。我在《追踪〈西游记〉作者吴承恩南行考察报告》（《吉林师大学报》1979 年第 1 期）中据此说："解放后五十年代在长兴发现隆庆元年由归有光撰文吴承恩书写的两块石碑，过去认为是《圣井铭》和《梦鼎堂记》（见刘修业《吴承恩年谱》隆庆元年项下），实地踏勘，始知是《圣井铭》和《长兴县令题名记》。"1978 年 10 月（或说 12 月）《梦鼎堂记》又见天日。黄福根、谢文柏《长兴县所藏赵孟頫、吴承恩书写的碑刻》（《文物》1979 年第 5 期）说"《梦鼎堂记》则是 1978 年 12 月由于建造宿舍，在县衙门旧址距地面约 1 米处发掘出来的"。似《梦鼎堂记》石刻早已沉埋地下，1979 年出世才为人知的。夏星南《吴承恩在长兴县书写的两块碑文》（《吉林师大学报》1980 年第 2 期）则说《梦鼎堂记》碑"原树长兴旧县衙门梦鼎堂东面墙壁内，六六年以后拆此堂屋被埋入泥中，去年十月因施工破土又重新发现"。——综观上述的记叙，知吴承恩在长兴时为归有光撰文而书写上石的碑文共三件：《圣井铭并叙》解放后被学术界发现得到载录，且一直保存在长兴文化馆。《梦鼎堂记》也曾被学术界记录在案（刘修业《吴承恩年谱》非误说），在 1966 年重被埋入地下，1978 年又重见天日。《长兴县令题名记》则因剥蚀特甚，未被学术界齿及，十年动乱中被打碎，所以仅在长兴文化馆底簿上登记，在当时接触到石刻的同志（夏星南）有记忆，没有留下拓本或照片。

左右奔丧回长兴，以后便守制在家。吴承恩丞长兴，正是徐中行守制在家的时间。吴承恩与徐中行都是诗人，诗的精灵把二人联到一起，吴承恩常常是徐家的座上客，诗酒酬唱，往来最稔。徐中行对吴承恩知之最深，后来吴承恩被诬，徐中行在友朋间为之辩诬，称之为"高士"，特意介绍给陈文烛，希望陈文烛"设榻待之可也"。路过淮安，与已卸任家居的吴承恩饮酒韩侯祠内论诗论文不倦。

三、吴承恩被"诬陷"

吴承恩丞长兴不到二年。他是怎样离开长兴县丞任的？同时代人说吴承恩在长兴"又不谐于长官，是以有荆府纪善之补"（吴国荣《射阳先生存稿跋》）；"以彼其才，仅为邑丞以老，一意独行，无所扳援附丽，岂不贤于人远哉"（李维桢《吴射阳先生集选叙》）；稍后的天启年间修淮安志的人则说吴承恩"数奇，竟以明经授县贰，未久，耻折腰，遂拂袖而归"（天启《淮安府志》卷十六）。由上述简单的但也是明确的叙述，可以知道吴承恩之离开长兴是他在职期间不肯扳援附丽，不肯在长官面前阿谀奉承、随声附合，一意独行，并且耻于为五斗米折腰向乡里小儿，懒于送往迎来等等，被上司嫉视，于是便拂袖而归了。仔细研究归有光的《乞休申文》和《又乞休文》，会知道吴承恩之离开长兴，并非是那样轻松的"拂袖而归"，或者自己说一声"安能折腰向乡里小儿"，便主动解印绶而去。而是铁索银铛被投入狱，说他是贪污受贿分子哩！然后以"事出有因，查无实据"的口实释放出来，又悄悄补他一个荆府纪善，把吴承恩撵出长兴。这样，我们才恍然，怪不得万历初年（可能是万历二年或三年）编的《湖州府志》不载吴承恩在嘉靖末隆庆初任长兴县丞，而这个时间前后的县丞为谁某都揭载不漏。吴承恩离长兴距编撰《湖州府志》才七八年啊，怎会是编者不知那个年份的县丞为谁而漏载的呢？很明显，就是因为吴承恩被诬，地方上有嫌言，府志作者们故意略去。

看起来，吴承恩就是由于不肯扳援附丽，一意独行，早已不谐于长官。在他所管的征赋中只知"抚字心劳"，一味为老百姓着想，"政拙催科"，完不成长官给予应收的指标。长官忍无可忍，把二恨合而为一，捕风捉影编造出一个长兴县丞吴承恩贪污受贿的瞎话，借长兴县署印官赃私案子，把他连带逮捕投狱。

明代自朱元璋洪武年间起，把农村按一百十户编为一里，以丁粮多的十户为里长（每年由其中一户当值为实任里长）；其余百户则每十户编为一甲，共十甲，甲有甲首（甲长）。征粮时，每征万石粮之数的户数，以其中田多者一人为粮长。从而形成该办税粮时，粮长督催里长，里长督催甲首，甲首催人户的督催系统。最后由粮长总收解纳给封建国家，州县（县的直接负责任人便是县丞）负监收之责。到嘉靖、隆庆时期，农村逃户渐多，税粮不能按原册籍的数字收缴上来，封建官府就唯粮长是问，应限敲朴粮长，逼令追缴。过去当粮长很有权势，是优差、美差，他可以押解税粮进京，有被皇帝接见的机会（"晋谒"），一语投机，皇帝可以特擢录用当政府官吏。粮长在政治上享受特别的待遇。朱元璋曾亲下谕旨给御史台："自今粮长有杂犯死罪及流徒者，止杖之，免其输作，使仍掌税粮。"（直同于给开国功臣的誓书铁券了）御史台言："自今粮长有犯，许纳铜赎罪。"（使稍稍别于功臣的誓书铁券）制："可！"（《明会要》卷五十一引《通纪》）另外，粮长解税粮上京，一切花费都由里甲各户负担，其中饱、勒索等项当为不成文法所允许，自不待言。因此，大户、富户争充粮长。嘉靖、隆庆时期情况变化，老百姓很多逃亡，税粮征榷不继，当粮长已是劣差、苦差，不仅有被敲朴之虞，并且真个收缴不足还要赔补不足之数，人们争避当粮长。归有光、吴承恩令、丞长兴时，粮长名目改称里递，任务完全同于过去的粮长。既然当里递有那样的苦楚，原来例由大户、富户充当之举，自然受到大户、富户的抵制，他们极力规避而推给贫穷的小户去充当。长兴里甲凋敝已极，原有十户（或十一户）的一甲有七八户逃绝（有的逃到太湖或山中托庇于起义者，甚或与起义者合流），所剩只有二三户，还大都是贫难下户。贫难下户有的干脆没有土地，给别家当长工；有田的也多是田五亩而已，多到二十亩田的人便算作上等户，要当里长的了。其中有没有真正的大户呢？有。他们如果不是免丁粮官宦之家，便是能勾通官府，在户口上搞鬼的狡黠之家。狡黠的大户搞孙悟空式的分身法，表面使家庭析居，一个大户变几个小户；把土田分散开（"花分田"）。于是名义上的析居、分田，一个大户的丁、粮在分开的户名下数量都少了，借以逃避充当里递的职务。最后，里递这一份劣差、苦差都落到真正贫穷的小户身上，挨打受罚，倾家荡产赔补税粮的，尽是贫难下户。卖儿卖女，上吊投河，比比皆是（《聊斋志异》里的《促织》反映的就是这类情景，成名之被报充里正以及儿子被逼死等皆是）。把贫难下户逼到头，也只有逃亡。当时身为知县的归有光见这样下去，将要无税粮可征，便来个折中办法，以缓和矛盾，救燃眉之急，即以大户分出去的子户充里递之职。这样一来，引起了大户的强烈反对，迫使归有光特意发布一个告示，一方面说明自己这样办的道理，一方面安慰大户。《长兴县编审告示》（《震川先生别集》卷九）说："当职为民父母，岂不欲优恤大户，而专偏重小民？特以俱为王民，尔等大户享有田宅童仆富厚之奉；小民终岁勤苦，糟糠褴褐，犹常不给。且彼耕田，商贾大户又取其租息，若刻剥小民，大户亦何所赖？况大户当粮长，不过损毫毛之利以助县官，若小民一应役，如今之里递者，生计尽矣，如之何不为之怜恤也！当职为此惓惓告谕尔等大户：各思为子孙之计，毋得仍前侥幸剥害小民！"

隆庆元年冬与二年春，归有光暂时离职去北京朝觐明穆宗朱载屋，由上司派来一位署印官（称署印、署官、摄令）临时署知县职。这时正春征时节，署印官便与县丞吴承恩一起搞征粮工作。这位署印官刚开始督税粮时，受到地方豪强的压力，同时又收受他们的贿赂，与被拘役的大户李田等串通为一，想改变归有光、吴承恩已经定下来的里递一职由大户的子户充当的办法。此事一更改，穷户便更陷入绝境，走死逃亡，以至卖妻鬻子，跳井上吊。署印官慌了手脚，又往回改，重又改为由大户的子户充当里递（《长兴县编审告示》："署官虽已更变，亦自悔其非"）。如此反反复复，惹恼了大户，浙江察院接受了大户和县中一个恶吏叫作沈良能的所谓告发，理由大约是：在里递选择问题上署印官贪赃枉法。察院正是无风也叫它起三尺浪的地方，征税粮之际，正是他们所谓的劾察官吏的良机。何况税粮迟迟催不上来，察院老爷也急得火冒三丈呢。他们受理了此案，把长兴署印官逮捕归案（据说是署印官主动到湖州知府面前投案），对吴承恩也是一拖而去，也说他贪赃枉法。[1] 吴承恩作为协助署印官搞征粮事的县丞，处于很尴尬的地位。如前引"政拙阳城自有劳"诗句所示，他至少对催征税粮一事态度是消极的。谁当里递问题上横生枝节，大户、富户大吵大闹，穷户、小户投河上吊，知县不在，来个署印官想从中一把一把地捞。真使一个只会耍笔杆子的县丞，哭又不得哭，笑又不得笑！事情弄到察院那里，察院老爷早就怪吴承恩一意独行，不肯阿谀奉承，对他老大不悦。他被牵进贪赃案去，实属必然。因为此案也牵涉到归有光，所以归有光特有两篇申辩文字，具体写到案情的大概。《乞休申文》云：

> 署印与丞之以赃败也，由其发狂自宣露，囚服跪首于太守

---

① 关于明代征粮、粮长和长兴征粮、里递以及署印官等情况，略见于《明史》卷七十八《食货二》、《明会要》卷五十一，归有光《震川别集》卷九收载的《长兴县编审告示》、《乞休申文》、《又乞休文》等文。对吴承恩在其中的活动、态度未见记载，是出于合情合理的推测。如归有光主持实行的里递一职由大户分出的子户充当，估计当时身为县丞的吴承恩一定也是这样主张的，从吴承恩嘉靖四十二年作的《开府介川毛公德政颂》能得出这样的结论。

之前。昨有岁贡自京还者，言京师皆已知之。今被访逮，即其发狂，乃职尚在北河时也。今府中藉藉归咎于职，若然，则察院不当访人耶？又因缘其所访之自，而欲扳以为仇耶？今二怨与里递大户及近所治恶吏，结构为一。被访官不自服罪，而欲甘心于职；里递大户不肯服役；恶吏被申不归狱，而反肆行于外。群不逞，藉藉欲谋咋啮，则一身无余矣。

《又乞休文》云：

> 署印官与县丞被察院蒙访逮，职前入觐在途，彼事已败，特以察院访单委悉，疑以谓县中有言，恨之切骨。浙中新行里递职，拘集小民，俱系贫难下户。又谓以里递收粮如散钱不能成缗，使小民督大户如以羊将狼，实有难行，因取大户花分诡名者充里递应役。而变更职所定以造小民之怨者，实署官为之，其事败亦以此。大户李田等①被拘役者，因投入署官衙内，与之为一。又小吏沈良能，不轨乱法，数拒捕，依广德大猾，职因具申各上司。良能故署官所用为腹心者，因自诣府，绚履袨服，出入府门，复与之为一，以此结约诸恶少告诈。县中人同时响应，皆承署官之风旨，考掠无不承者。微文巧诋，中伤之计实行于其间矣。所以为国家大体、地方风俗者，官自被访而妄行扳害，则君子小人，邪正清浊之源，不可辨也。

归有光的申辩文字矛头针对署印官，说署印官勾结坏人把事情弄糟，是署印官扳害自己。也联及县丞（即吴承恩）。归有光认为：第一，署印官与县丞一起都是以赃败，而所以被揭发，是由于发狂自宣露。第二，署印官与县丞之被察院访逮，另一个罪状是造怨于小民，而所以造怨于小民，是因为署印官变更归有光原定的以大户子

---

① 归有光《又乞休文》中提到的"大户李田"字样可以有两种理解：一是大户姓李名田，一是大户两家，一李一田，我采用的是第一种理解。

户当里递的决定。在这里对署印官、县丞没有正面的区分。

由归有光的讲法，是吴承恩贪赃枉法罪已成定案，这是值得认真对待的。四百年后人讨论此事，信谁呢？既不能感情用事认为《西游记》作者就一定不能贪污受贿，又不能轻信归有光的一时激动之词。须寻找客观的证据来审议此案。

吴承恩自己说自己在长兴清廉而爱民，是"身贫原宪初非病"，是"政拙阳城自有劳"。他的乡人如吴国荣、天启《淮安府志》的作者以及给他的诗文集作序的李维桢，都夸奖吴承恩清廉正直（如前所引）。——假定说这一些都不能作为直接的有力的根据，因为都是吴承恩自己说法及其投影（吴国荣等人是从吴承恩那里直接或间接听来的）。可是徐中行这个证人总该是客观的可信的吧。吴承恩丞长兴的整个过程徐中行都在家守制，吴承恩的一切行为，当是徐中行所亲见亲闻。徐中行对吴承恩的整个看法、评价是相当高的，当吴承恩已离长兴回淮安的隆庆四年至万历二年陈文烛任淮安知府期间，徐中行特意给陈文烛写信，称吴承恩是"高士"，说"咄咄仲举，设榻待之可也"（《山阳志遗》卷四）。万历元年徐中行过淮安，与陈文烛、吴承恩饮酒韩侯祠内，论诗论文。① 徐中行这是把吴承恩看作是东汉的高士周璆了。《后汉书》卷六十六《陈蕃传》，谓陈蕃，字仲举，为乐安太守，"郡人周璆，高絜之士，前后郡守招命莫肯至，唯蕃能致焉。字而不名，特为置一榻，去则县之。璆，字孟玉，临

---

① 据《山阳志遗》卷四，徐中行给陈文烛写信说："二吴高士（注云，其一谓射阳），咄咄仲举，设榻待之可也。"陈文烛《书婆罗树碑后》则记载徐中行写信乃是在隆庆四年或五年事。陈文烛《花草新编序》则说："长兴有徐子与者，嘉隆间才子也，一见汝忠即为投合，把臂论心，意在千古。过淮，访之。谓汝忠高士，当悬榻待之，而吾三人谈竹素之业，娓娓不厌，夜分乃罢。"前半段指吴承恩与徐中行在长兴的交往；后半段指徐中行过淮时的过从，与《吴射阳先生存稿叙》所说的呼酒韩侯祠论诗论文是一件事。因而徐中行说吴承恩是高士，希望陈文烛要悬榻待之，是万历元年的事了。但不管徐中行的话是隆庆四年（隆庆五年）或万历元年说的，都证明徐中行对吴承恩的人格、品行评价是高的，都是他在长兴与吴承恩交往时对吴承恩有深刻了解的准确评价。

济人，有美名"。① 请想，周璆式的高洁之士，素有美名，怎么会当县丞时贪污受贿?! 徐中行这样的看法，自然有自己与吴承恩交往中的体察，以及自己当汝宁知府时被京朝大察撤职回家的切身感受，由己及人，深知吴承恩被加以的种种罪名是"莫须有"之类。同时要看到徐中行对案情真象是旁观者清的，他会从长兴老百姓士大夫的口碑中探知更多的案情真实情况（内幕），确知吴承恩被诬的原委。由此，徐中行才敢于对因贪污受贿罪名投过狱的吴承恩，给予"高士"的桂冠戴。陈文烛恐怕主要是受徐中行的影响，信服徐中行对吴承恩的公正评价（他也能听到过吴承恩自己的说述，只能做参考的吧）。今天我们见到陈文烛有两处文字或隐或显地为吴承恩申辩、昭雪。隆庆五年归有光逝世，陈文烛为之作《墓表》，叙归有光令长兴时事，所据即归有光的《乞休申文》和《又乞休文》，但归有光自己的两次文字都联提署印官与县丞被访逮（如前引），到在陈文烛手里，把县丞二字抹掉，变成"又议革粮长，用里甲，先生调停，大豪规避，与摄令者媒孽其短，先生几危。转顺德通判"②（《二酉园续集》卷十九《归震川先生墓表》）。陈文烛没把吴承恩算进去，他认为吴承恩被牵连冤屈。尤其是吴承恩死后，丘度要出版吴承恩编选的词集《花草新编》，陈文烛作序，说吴承恩"且也，平生恬淡自守，廉而不秽"，"廉而不秽"四字，就是明显的为吴承恩丞长兴时的冤狱辩冤。

---

① 《后汉书》卷五十三《徐稚传》说徐稚（孺子）在陈蕃为豫章太守时，"以礼请署功曹，稚不免之，既谒而退。蕃在郡不接宾客，唯稚来特设一榻，去则县之。"王勃《滕王阁序》有句："人杰地灵，徐孺下陈蕃之榻"，即指此。但徐中行是把周璆比吴承恩，不是徐孺子。

② 今天常见的关于归有光的传记材料，都不像陈文烛《归震川先生墓表》较具体地写到归有光离长兴的过程而摘掉吴承恩。较详如王锡爵《明太仆寺寺丞归公墓志铭》也只是讲因归有光"取大户所分子户为里甲，因以充粮长，小民安居自如，而豪宗多怨之。有蜚语闻，将中以考功法。公卿大臣多知熙甫者，得通判顺德"。由是可以想到陈文烛之具体写有署印官（摄令）在其中搞鬼，却把归有光原来文字中提到的"县丞"字样抹掉，不是为行文简洁，而是有意识去取。

徐中行是直接证明人，又有陈文烛为之声冤，吴承恩生活后期一段极不愉快的经历，其冤，其隐恨，可以对千古而昭雪、洗刷。进一步我们由当时官场的所谓举劾，也可以稍窥吴承恩被冤的奥秘。吴承恩同时代的名古文家唐顺之(荆川)曾一矢破的地说："今日某巡按举劾奏至矣，仆不问而知之矣。何也？其所举者可不问而知其必藩臬方面大官也，其所劾者，可不问而知其必通判、县丞小官也。"(《答李中溪论举劾书》，《皇明经世文编》卷二百六十一)可知那时的巡按御史为了每年必须举劾官吏以塞责，被抛出的牺牲品(被劾者)当然要包括那些不肯扳援附丽，不肯阿谀奉承而且是小官如通判、县丞之类。吴承恩便是这样被裹拖而去的。署印官无疑问是个坏东西，借署印征粮机会要大捞一把；豪民李田和黠吏沈良能等当然也不是好人，欺上压下的地头蛇。署印官与李田等人既勾结又斗争，勾结的同时便可暗中算计以至出卖对方。上述情景归有光已经有虚线的描述了。但是，归有光把察院说得公正无私，似乎是站到了小民一边与赃吏做斗争，当是归有光不得已之言。至少，巡按御史之逮系吴承恩，乃是报私怨(吴承恩不肯对他扳援附丽)、完公事(例行的弹劾官吏)，一举两得。对吴承恩，归有光有可指责之处。他本来和吴承恩的共事关系较好，对吴承恩的官品和私行都了解，只是因为自己被牵连，在南归后，不做调查研究，心慌意乱地为开脱自己，据既成事实，在两次乞休文中，把署印官与县丞并提，笼统地谓之都是因贪赃被访逮。于是使吴承恩有了蒙受诬枉的记录而留传至今(从客观效果说是好事，否则吴承恩的这段历史将沉而不彰)。后来归有光在一处文字记录中，较比能冷静地分辨是非了，把《乞休申文》中提到的"发狂"者是署印官与县丞两个人，改为只是署印官一个人。《与周淀山》(《震川先生别集》卷八)云："此中事殊异常。摄县者日欲中伤，一日忽发狂，自系太守前，殆若有神。吴兴人喧传其事。"(据此说，真有署印官精神病发作，主动去

知府处投案，自承贪赃枉法事）

事情的结局当然是无罪释放，因为紧接着吴承恩便有荆府纪善之补。

四、荆府纪善之补

隆庆二年的下半年或隆庆三年的上半年，吴承恩的案子已结清楚，而有荆府纪善之补。结案的理由是什么？按当时的官场习惯，是不可能坦率地承认搞错了，予以彻底平反的，总不外"莫须有"之类。事出有因，查无实据，逮捕有理，放的应该。由结案后并不官复原职，却补荆府纪善一节即可知上官的逻辑是如此的。隆庆四年，第二副首相（三辅）陈以勤在《披哀献议少裨圣政疏》一文谈到赃吏时说赃吏"即有败露者，又以宽纾容忍为良，曲意回护以树私恩。其载在考语及奏劾疏中，未尽其十一。吏部据其词而议惩创之，轻者改调，或升王府官属；重者褫其职任。如此而已"（《皇明经世文编》卷三百十）。吴承恩正是被说成是赃吏之轻者，所以改王府官。什么叫补官呢？是说某官位有阙，选官以补之。吴承恩结案后不见得恰好荆府纪善一职出阙，必须一人去补；可能恰恰因为吴承恩不能任长兴县丞了，但要有个级别相当的官位（应该是王府的官），不管荆王府的纪善职是否出阙，也要叫他挂这个虚衔，作为一种必然的安置。明代各王府的纪善是正八品，同于县丞。王府长史司的纪善所有两名纪善，"掌讽导礼法，开谕古谊及国家恩义大节，以诏王善"。"凡宗室年十岁以上入宗学，教授（按：王府教授为从九品）与纪善为之师"（《明史》卷七十五《职官志》）。可见名义上纪善是管理王本人和宗室子弟政治思想的，实则王的政治思想工作岂是一个八品官能做得了的？纪善只是个名誉职称，借之安排闲员而已。某人可以有纪善职称而不必到任视事，多一名少一名大约也无甚关系的。

荆府的全称为荆宪王府。第一个荆宪王是明仁宗朱高炽(洪熙帝)的第六个儿子朱瞻堈。隆庆时荆宪王叫朱翊巨，四年死，次子常泩嗣。荆藩所在地隆庆时是湖北蕲州。如果吴承恩真的到了蕲州荆府视事，所侍的王便应是朱翊巨以至朱常泩。但是今天找不到半点吴承恩在荆府纪善任内活动的印迹，他的诗文也没有在湖北或由南京上溯长江经过安徽、江西的记载。陈文烛是湖北沔阳人，李维桢是湖北京山人，他们分别在万历十几年与万历四十几年给吴承恩的《射阳先生存稿》与《花草新编》作序，都只提吴承恩当过长兴县丞，而未涉及在自己家乡的省份当过荆王府纪善。陈文烛的《花草新编序》明确说"忆守淮安，汝忠罢长兴丞，家居在委巷中，与不佞莫逆"，"汝忠脏肮①终身，仅以贡为长兴丞"。是陈文烛于隆庆四年任淮安知府接触吴承恩时，吴承恩仅是罢长兴丞，家居委巷中，没有当什么荆府纪善；在陈文烛了解，吴承恩是仅以长兴丞终其身的。似陈文烛头脑中根本没有补荆府纪善事。吴承恩逝世后不太久(三十多年)修的天启《淮安府志》卷十六"吴承恩小传"也只说吴承恩"数奇，竟以明经授县贰，未久，耻折腰，遂拂袖而归，放浪诗酒，卒"，不及为荆府纪善事(以后的一切府志、县志也都只说吴承恩官长兴县丞)。为什么偏偏通家晚生吴国荣校刻《射阳先生存稿》为之作《跋》说吴承恩在长兴县丞任因"不谐于长官，是以有荆府纪善之补"呢？不难理解，吴承恩在结案后是被补了荆府纪善的。吴承恩对仕途早已绝望，年岁老大，又何有于八品官之任乎？名誉稍得补偿，聊可自慰，干脆没有去湖北，便申请退职，得到批准而回家乡淮安了。吴国荣是吴承恩的通家子弟(吴从道子孙？吴醴泉子孙？)，

---

① 明天启刻本《二西园续集》卷一收载的《花草新编序》，"脏肮"二字做"髒骯"，"髒"乃"脏"的繁体字，可不论；"骯"非"肮"的繁体字。"骯"，按《康熙字典》，"骯"音 wān 完，意同"骫"、同"骼"(胳)。但"脏肮"或"肮脏"乃表示一个人婞直样子的形容词，《后汉书》卷八十下《赵壹传》引其《刺世疾邪赋》，有句云"抗脏倚门边"，"抗脏"即"肮脏"。因此，《花草新编序》的"髒骯"之"骯"乃是"肮"字误刻，引此文时径改为"肮"。"肮"音 kàng 抗。

在丘度指导下校刻《射阳先生存稿》，对吴承恩生平细节了解得详切，所以在跋语里记录了吴承恩虽未到任，却有此任命的行实，为后人探索吴承恩冤狱后的安置情况，提供了珍贵的历史资料。

吴承恩早有预见，早就预知世事扰攘的红尘里很不安宁，自己在里边挣扎不会有好结果。嘉靖二十九年贡入都，便有"风尘到处经双眼"的苦闷；丞长兴，是"作吏向风尘"了，是"风尘客里暗青袍"了，情况大不妙！又孰知事实比想象的更糟糕，赃官的帽子扣上了，监禁的苦味尝到了。虽然最后稍事修补，名誉稍得补偿，可是精神上的创伤能很快平复吗？难！吴国荣说吴承恩"归田来益以诗文自娱"，天启《淮安府志》说吴承恩归后"放浪诗酒"，就透露了个中的消息。"自娱"和"放浪"正是心境郁闷的两个侧面反映啊！

七 吴承恩的晚年和身后

一、寂寞的晚年

隆庆三年或四年，约六十六七岁的吴承恩解职归田。他这时"颜色虽殊风格在"，但是，免不了"一痕水月昏黄"（《临江仙·题红梅》）。——吴承恩咏过的红梅，现在成为归田后自己精神面貌的写照。吴国荣形容吴承恩晚年的生活情趣说："归田来益以诗文自娱。"天启《淮安府志》则说他由长兴回来，"放浪诗酒"，以至终其生。

所谓"益以诗文自娱"，或者说"放浪诗酒"，意思都一样，就是说以前吴承恩用诗文和酒做过娱己的工具，老年归田越发这样干而且是没有节制的放浪于其间了。青壮年时节吴承恩放浪诗酒，主要是傲世，老境到来益发放浪诗酒，主要是心境苍凉、寂寞，借以娱己的反映。它也包含吴承恩"达人知命"的唯心观点在内。就在隆庆四年夏秋之交，他作《贺笛翁太丈七十寿词》，说叶笛溪平生之节有三变：少年时期，"志意所向，云兴电飞"，"人则羡其豪"；中年时期，"谢遣故常"，"横长笛，撰小词，寻奇春雨之亭，避俗水西之馆"，"则又豪而变为逸"；到了老年，"及夫世事改矣，凤心灰矣，目前万幻，付之云烟。于是木鸡独全其天，刍狗泛观乎物，我忘冠裳，冠裳忘我；人劳机械，机械劳人，嗒然一室，不知孰为是耶？孰为非耶？则又逸变而为达"。叶笛溪的三变，由豪而逸而达，吴承恩愧不如，由于环境、条件不同，他没有如是的三变，明显的他没有逸的阶段；吴承恩晚年也进于"达"，则也是"世事改矣，夙心灰矣"的结果，"达"之中容或有不达的内容。正如放达的祖师爷阮籍那样，表面的放达，隐藏着一股不可解释的悲愁，否则他为什么要穷途痛哭呢？吴承恩归田是因为在官场栽跟头，这使他自然与阮籍心有灵犀一点通了。另外，他的家庭状况也叫他垂老之年不能不苦笑的吧。他没儿没女，连个近枝本家都没有。① 老妻如长寿，可以夜灯共话破寂寥，可惜今天还没有材料可以证明老妻叶氏一定在吴承恩归田后近古稀之年仍在世（也没相反的证明）。从各方面情况考察，吴承恩晚年的活动大约是：

第一，用很大一部分时间和精力教育表外孙丘度。吴承恩的姐姐吴承嘉嫁沈山，沈山与吴承嘉生的女儿嫁丘岚，丘岚与沈氏生三个儿子：丘度、丘康、丘应。丘度从小学举子业。吴国荣说丘度于吴承恩"亲犹表孙，义近高弟"，就是说丘度的学问（制义文字等）是从吴承恩那里传承来的，差不多等于是吴承恩的高足弟子。吴承恩自己老于明经，却能以其绪余教授高弟连捷，丘度于万历五年举人中式（四十岁），六年进士中式（四十一岁）。由隆庆三年、四年到万历五年的七八年间，吴承恩以诗文自娱的同时，倾全力教育表外孙，当也是另一种形式的自娱。另外，沈山和吴承嘉有孙名沈森，

---

① 吴承恩《先府宾墓志铭》叙家系云：高祖吴鼎、曾祖吴铭、祖父吴贞、父吴锐。吴承恩无弟兄，父亲吴锐也无弟兄，这是肯定的了。至于再往上的祖父吴贞无亲弟兄，当也可肯定。因祖父丧于仁和教谕任内，祖母梁夫人挈父吴锐归山阳，因是否读乡学的问题梁夫人叹曰："吴氏修文二世耳，若此耳，斯孤弱奈何？"孤弱云者，包含没有亲叔、伯。曾祖吴铭有否亲兄弟就不好说了。所以，第一节《家世和家庭》中我说"似乎是意味着高祖吴鼎、曾祖吴铭、祖父吴贞都是孤枝单传，终鲜兄弟"，并不十分肯定就是如此的。即使曾祖有亲兄弟，到在吴承恩这一辈，同辈弟兄也已疏得不能再疏了，仍然是没有近枝本家。

是吴承恩的表孙①，万历中诸生，不知他年龄大小，是否吴承恩也在晚年教授过他举子业？如果沈森在万历初已十几岁，吴承恩自然也教授他而自娱的。

第二，此间吴承恩不仅作有自娱的诗文，仍然像过去一样，还给别人作障词，或者代别人作文（包括障词），数量不少，且用此换过衣食之资。段朝端（笏林）《楚台闻见录》（淮安图书馆藏稿本）说淮安大商人阎双溪用高价购过吴承恩作的锦障词。今《射阳先生存稿》收有《贺阎双溪令嗣登科障词》，据一些资料推测是万历元年或万历四年作②，如是，这篇障词便应是阎双溪用高价购买的了。他于此间还代人作有《贺邑侯念吾高公擢南曹障词》、《寿苏山陈公障词》、《寿贾百松障词》，是否都得一些润笔之资呢？此间他还代人写过寿启（《寿师相中玄高公启》）、墓志铭（《封通议大夫太常寺卿兼翰林院侍读学士双松丁公墓志铭》）、序文（《赠郡伯古愚邵公报政序》），颂文（《德寿齐荣颂》）等等，是友情相托代笔，还是也求得一点金钱或物资的收益呢？总之，吴承恩晚年家居确实用笔赚过报酬。

第三，与官于淮的陈文烛、邵元哲的交往，尤其是与陈文烛交

---

① 吴国荣《射阳先生存稿跋》说"丘子汝洪亲犹表孙"，此"表孙"即指沈山与吴承嘉之孙如沈森。吴国荣意谓丘度虽是吴承恩的表外孙，与吴承恩之亲近程度，如同表孙一样。

② 《贺阎双溪令嗣登科障词》说"仲嗣□君，精神贯斗，羽翼昂霄。……适遇秋之闱启，遂谐月殿之登"。是贺阎双溪第二个儿子举人中式。据光绪《淮安府志》卷二十二《贡举表》，嘉、隆、万时阎姓进士、举人、贡生计七人，其进士、举人皆标山西榜（贡生未标）。《障词》说阎双溪是山西人（"三晋高资"），因此这山西榜的举人当即有阎双溪仲嗣在内。列其举人的姓名和年份如下：

阎国魁　万历元年举人
阎士望　万历四年举人
阎国桢　万历十年举人
阎国宠　万历十三年举人
阎会春　万历十六年举人
阎世科　万历三十八年举人

一般认为吴承恩于万历十年逝世，因此阎双溪的仲子举人中式只能是万历元年（阎国魁）或万历四年（阎士望）两次中的一次。

莫逆，是吴承恩晚年生活图画的主要画面。吴承恩二十几岁时，就受到官于淮的唐龙、葛木、孙继鲁等人的器重，唐、葛、孙是父师，吴承恩是后生晚辈，是门下士。随着年龄的增长，和当地官府的关系也在变。现在官于淮的陈文烛、邵元哲，还有知县高时等人，从年龄上看都是吴承恩的晚辈，如陈文烛生于嘉靖十五年，比吴承恩小三十多岁。很自然，他们要把吴承恩当作地方先辈来看待，尊礼有加(至少是平等关系)。此时吴承恩仍住河下打铜巷的老屋，陈文烛时时登门造访，陈文烛记此种情景云："忆守淮安，汝忠罢长兴丞，家居在委巷中，与不佞莫逆，时造其庐而访焉。"(《花草新编序》)他们除诗酒酬洽，还出所撰述商评校订，陈文烛说吴承恩就曾把他编选的《花草新编》拿出和自己商订过。陈文烛印象最深的他们之间的一次聚会，是徐中行过淮，三人者饮酒韩侯祠内以论诗论文。陈文烛生动地记叙此次聚会有两次，先在《花草新编序》："(徐子与)过淮，访之，谓汝忠高士，当悬榻待之。而吾三人谈竹素之业，娓娓不厌，夜分乃罢。"后在《射阳先生存稿叙》："往陈子守淮安时，长兴徐子与过淮，——汝忠往丞长兴，与子与善，——三人者呼酒韩侯祠内，酒酣，论文论诗不倦也。汝忠谓：文自六经后，惟汉魏为近古；诗自三百篇后，惟唐人为近古。近时学者，徒谢朝华而不知畜多识，去陈言而不知漱芳润，即欲敷文陈诗，溢缥囊于无穷也，难矣。徐先生与余深韪其言。"陈文烛与徐中行都是当时文坛的名人，又都与吴承恩情投意合，亲密无间，所以当酒酣耳热之际，兴致勃然，发宏论，抒卓见，无所顾忌。吴承恩此时一扫心境上的阴霾，恢复了青春活力，也有点年轻时在淮安酒家与朱曰藩纵谈高论的气概了。多数时间内他未必总是这样开朗的。陈文烛离开淮安，继任知府是邵元哲，陈文烛同科进士(也是归有光的进士同年)。或者就是陈文烛把吴承恩介绍给邵元哲，邵元哲与吴承恩交往密切程度，不下于陈文烛。邵元哲对吴承恩的表外孙丘度的器异，也是从一个侧面表示对吴承恩的敬重。吴承恩《送郡伯古愚邵公擢山东宪副序》说："初，公之始临淮也，都试郡士，首拔度千百人中，更器度异度，馆而饩之有加礼。度，承恩之表外孙也，自爱自藏，抑然于侪辈之后，承恩虽知之，而不敢必人之我同也，而况敢得此于公哉？盖度平生之所遇，未尝有先于公；而公之待士，亦未尝有加于度者，非一时偶然之合之遭也。"由是，郭次甫到淮安，邵元哲在招隐庵招待他，特意邀吴承恩作陪。郭次甫是诗人，夙为陈文烛敬佩的隐逸之士。吴承恩参加邵、郭的招隐庵的饮宴，已没有饮酒韩侯祠内的风发意气。《邵郡公邀同郭山人饮招隐庵》诗，结联云："多幸山公怜病客，许陪高逸侍清严。"是万历五年时的吴承恩已疾病缠身，西风不禁，秋气实多的了。前引送邵元哲的序文（万历六年作）除颂邵元哲器度异度，很多篇幅规丘度之初仕，提出五点为官之道（向邵元哲学习的重点）：第一，"不畏强御"；第二，"不避谤毁"；第三，"灾眚患难不待人之渴赴也，而汲汲以先之"；第四，"惩恶以福善，无所顾虑"；第五，"服疏啖素，而裕民之衣食"。上述五项官箴，可以说是吴承恩对自己短暂为官的"美好"回忆。尤其是前两项，正是他被诬陷的根子，事隔八九年，他仍然执拗地陈列出来，借以颂扬邵元哲，并且告诉丘度如此如彼的干下去，不要回头！其颂邵规丘中寓着自己的悲愤内容。由序文谈今之士风表露得最明显："淮敝极矣，匪独天数也，人亦与有责焉。世道由于士风，近世之风，余不忍详言之也。以度之沉静笃善，一旦得志，宜其难谐也。"近世士风如言之当是什么样子呢？与"沉静笃善"相对立的是"浮躁诡诈"，也就是《贺学博未斋陶师膺奖序》所说前三十八年（嘉靖十九年）时学校之习的"手谈眼语，诪张万端，蝇营鼠窥，射利如蜮"等驵侩行径。吴承恩对此不忍详言之，这"不忍"便隐藏着无限的感慨，是他晚年历尽坎坷的特殊心境啊！而三十八年前他大声疾呼，戟指骂詈。吴承恩晚年气概大不同于青壮年时期，他没有孙大圣要闹一闹天宫的壮志了。《寿潘母杨孺人六袤序》①也看出如是的心情，"承恩夙被翁（按：指潘埙）知，三子者（按：潘埙孙蔓、蕃、苞）又不余耄也，得无言乎?"为人作寿序，申言自己老耄，恐不仅因自己老大才如此说的，盖心境之老，精神的疲惫、衰颓，满溢于内而形诸外也。

吴承恩归田以来的十多年的经济生活不算富裕，也还过得去。虽住委巷，居舍不至十分湫隘，否则无法多次迎接知府陈文烛的来访。又，知府陈文烛、邵元哲有客邀他做陪，知府过访，总不至不献一饭，酒馔之办，对吴承恩来说，也不应时见难色。陈文烛记他的家庭状况说："家四壁立。所藏名画法书颇多，人谓汝忠于王方庆之积书，张弘靖之聚画②，侔诸秘府者可十一焉。"如前文中《家世和家庭》一节所说，从陈文烛眼睛看，吴承恩家不富，与一般士大夫比，能叫作"家四壁立"，无长物；可是，还宝藏有那么多名画和名法书，珍贵程度有可侔秘府者十之一，没有斥卖换米，足见吴承恩的生活满过得去。

吴承恩生命途程的最后几年的状况，今天知之甚少。只知他于万历七年作《瑞龙歌》，是今见吴承恩诗文有年份可查的最后遗笔。他什么具体时间又是怎样与世长辞的，就无可告语了。大约是在距今（二十世纪八十年代初）四百年前的万历十年（1582）左右，近八十岁的《西游记》作者以老寿终于家乡淮安。无子女，老妻叶氏已下世，谁来经办他的丧事呢？丘度正为官在外（户部主事，榷九江关），合理的推测是由丘度的父亲丘岚和丘岚另外的两个儿子丘康、

---

①　《寿潘母杨孺人六袤序》的潘母杨孺人是潘埙儿媳，潘采妻，潘蔓母。序文说"而况乎违背所天，已逾三纪，而熙翁遗世，又且十余年矣"，潘采逝世时间不明，潘埙卒于嘉靖四十一年。此云"十余年"，则序文是万历初年作。

②　《新唐书》卷一百十六："〔王綝（王方庆）〕家聚书多不减秘府，图画皆异本。"卷一百二十七："（张弘靖）家聚书画侔秘府。"

丘应主持办理①。当年吴承恩父吴锐逝世，吴承恩亲作墓志铭。现在吴承恩的墓志铭由谁来作？到底有否墓志铭？他的遗体葬到哪里了？估计总带有冒险性，不过，估计丘度会找人给舅外祖作墓志铭，以及吴承恩的遗体也会葬在灌沟吴家先茔，等等，不具有冒险性，只是吴承恩的墓志铭今天没有寻找到而已。② 谁知哪一天人们会在灌沟(今石塘公社二堡大队)地下或地上，像发现《先府宾墓志铭》那样，发现《西游记》作者的墓志铭呢？当年吴承恩铭父之言曰："乌乎！苍者天乎？黄者泉乎？吾父于此潜乎？"吴父未能永潜而不显，因为有吴承恩作的墓志铭载于《射阳先生存稿》，并于今日(1975年1月)重现人间。吴承恩自己的最大丰碑是《西游记》，别人作的墓志铭即或永远潜而不显于世，又何有于吴承恩哉！人的肉体可以永潜地下与草木同朽，吴承恩的声名，他所塑造的典型人物的魅力，将永世长存，永远光照人间！

二、并不寂寞的身后

吴国荣给吴承恩诗文集《射阳先生存稿》作的跋说："昔人谓：'生前富贵，死后文章。'先生所值，一何奇也。"吴国荣的意思是说吴承恩生前既无富贵，死后由于"绝世无继，手泽随亡"，诗文得不到及时搜集、整理、刊布以至流传，因此呢，吴承恩的遭际多么不幸！吴国荣立即又说由于丘度"从亲交中，遍索先生遗稿，将汇而刻之，庶几存十一于千百"，为吴承恩"图不朽"。于是，吴承恩生前虽无富贵，死后却有文章可以传世，不幸之中又有幸了。总观全

---

① 据丘度撰《敕封江西南康府推官文林郎先考丘公合葬墓志铭》，丘岚卒于万历二十年，丘应亦卒于该年，丘康则犹在大以后。所以吴承恩逝世时，丘岚等皆在世。

② 1981年确认过去吴承恩墓被发掘过，其墓即在吴菊翁墓旁边。已征集到吴承恩棺材档板一块，有"荆府纪善"字样。又重新掘出吴承恩的头颅骨，但无墓志铭，现在墓地已修复。

貌，吴承恩是大幸而特幸的，如果他生前考中进士，当了高官显宦，既富且贵矣，文章自然更能刻出，然又何有今天如是的传世？或者连《西游记》也创造不出来，——如果他青年得志的话。

吴承恩的可以传千百代而不朽的杰作《西游记》，在他生前就应刊版广为流行了。我们今天见到的最早刻本万历二十年(1592)金陵世德堂《新刻出像官板大字西游记》，只能是翻刻本的一种，不是原始刻本("新刻"相对于旧刻、原刻；"官板"相对于坊刻、私家之刻)。以后在明代还有万历三十一年(1603)闽建书林杨闽斋刻本和天启间所谓李卓吾批评的刻本。① 上述三种本子今天都有传本。这类刻本都是书坊自行翻刻发行(所谓"官板"也如此)，不列作者姓氏，与原著者的版权无关。如是的刻版流传，证明《西游记》为人们喜闻乐见，这些书坊对《西游记》是有功绩的。天启《淮安府志》记载了《西游记》的作者是吴承恩(卷十九《艺文志·淮贤文目》)；到了清代，《西游记》刻本愈多，流传愈广，淮安乡人把《西游记》的著作权考证得越发清楚(吴玉搢、阮葵生、丁晏)，使吴承恩头上的明珠越发璀璨夺目。在明代，《西游记》即已不胫而走，撞入社会各阶层人们的心灵中。《西游记》之前的小说(如《西游记平话》)、戏曲(如《西游记杂剧》)在社会流传多年，人们多少是熟悉唐僧、孙悟空、猪八戒的；吴承恩《西游记》崛起后，关于唐僧取经以及孙悟空、猪八戒的故事，便被它垄断，舞台上演出的和说话人演述的西游故事，要

---

① 《西游记》的明刻本今天能见到的(全帙或残本、残叶)当是五种。万历二十年本今已有人民文学出版社 1980 年排印本。万历三十一年闽建书林杨闽斋刻本藏日本内阁文库(《中国小说史料》引傅惜华《内阁文库访书记》)。天启间李卓吾批评本国内有两套，分别藏中国历史博物馆和河南省图书馆(《文学遗产》1980 年第 2 期蓼南《国内发现明刊李卓吾评〈西游记〉》)。日本也有藏本(《中国小说史料》引傅惜华《内阁文库访书记》)。另外，据说今传世德堂刻本(北京图书馆藏有摄影胶卷)"其中'料字第十六卷'(从第七十六到八十回)，书页上就印明是用较晚出的'书林熊云滨重锲'的本子补的；第九十一回至第一百回皆为'金陵荣寿堂梓行'"(1979 年 10 月人民文学出版社编辑部关于世德堂《西游记》的整理情况说明)。似"书林熊云滨重锲本"与"金陵荣寿堂梓行"本也是两种明刻。

以吴承恩《西游记》为依据以改编从前流行的西游故事。今天能看到的明末出版的《四游记》，其《西游记》就是以吴承恩《西游记》为蓝本加以节缩成书①，而没有把元人现成的《西游记平话》(篇幅较短，当时可能尚传世)拿来编入。崇祯年间董说作《西游补》，按《西游记》三调芭蕉扇以后补一段孙悟空化斋，为鲭鱼精所迷入幻境的故事。又有《后西游记》、《续西游记》，都是明末或清初由于吴承恩《西游记》深入人心的续作品。于此可见，吴承恩《西游记》之啧啧载人口碑，不仅村翁塾童以为笑资，也为一般士人所欣赏、乐读，且被他们掂量轻重，作为创作素材以改易和补、续。文人学士还加以引述、评骘。明万历间谢肇淛《五杂俎》卷九，说"置狙于马厩，令马不疫。《西游记》谓天帝封孙行者为弼马温，盖戏词也。"其《文海披沙》卷七："俗传有《西游记演义》，载玄奘取经西域，道遇魔祟甚多，读者多嗤其俚妄。余谓不足嗤也，古亦有之。神农尝百草，一日而遇七十毒；黄帝伐蚩尤，迷大雾，天命玄女授指南车；禹治水桐柏，遇无支祁，万灵不能制，庚辰始制之；武王伐纣，五岳之神来见，太公命时粥五器，各以其名进之。至于《穆天子传》、《拾遗记》、《梁四公》又不足论也。《西游记》特其溢觞耳。"谢肇淛是袁中郎(袁宏道)的好友，他们都爱好通俗小说。谢肇淛曾借读袁中郎的抄本《金瓶梅》，久假不还，袁中郎写信索取："仁兄近况何似？《金瓶梅》料已成诵，何久不见还也?!"(《袁中郎尺牍·与谢在杭》)由此，说《西游记》也是谢肇淛、袁中郎等万历间著名文人的谈论资料，当不为空想、谬说。天启间短暂的当过首辅的朱国桢《涌幢小品》卷九："尉迟鄂公、韩蕲王，不但忠勇，兼有谋略，晚年俱谢客

---

① 鲁迅《中国小说史略》论"一百回《西游记》盖出于四十一回本《西游记传》之后"。郑振铎《〈西游记〉的演化》论证了《四游记》的《西游记》是吴承恩《西游记》的节本。后来鲁迅在《〈中国小说史略〉日本译本序》中肯定了郑振铎的意见，说"这是可以订正拙著第十六篇的所说的，那精确的论文，是收录在《痀偻集》里"。

学道，保其身名。韩复能作小词，自号清凉居士。此其人似皆得道而去，真《西游记》所谓战斗佛也。"战斗佛（斗战胜佛）即齐天大圣孙悟空，他已经活在人口，可以为人们任意拿来作为比喻的典型人物。明末冯梦龙《古今谭概》卷三十三："万历壬辰（按：万历二十年）间，一老人号醒神，自云数百岁，曾见高皇、张三丰；又自诡为王越至今不死。又云：历海外诸国万余里。陈眉公曰：'听醒神语，是一本活《西游记》。'"陈眉公名继儒，隆万间名士，吴承恩逝世时他已二十多岁，说听醒神胡诌是一本活《西游记》时三十四岁，已焚儒冠隐居。陈眉公平生对稗官小说家言是很热衷的，由他的一段话看得出他对《西游记》的故事相当熟透。《西游记》更为一些通俗小说作家取法，除前述《四游记》的《西游记》、《西游补》、《后西游记》、《续西游记》直接以它作蓝本节缩、补、续西游的故事外，如《封神演义》、《三宝太监西洋记通俗演义》、《韩湘子十二度韩昌黎全传》等一批讲神魔故事的说部，从故事的化用到具体文字的套袭，都有《西游记》的印迹。烟霞外史序《韩湘子十二度韩昌黎全传》（天启三年），似乎是第一次把《西游记》与《水浒传》、《三国演义》、《金瓶梅》并列，开后来所谓明代四大奇书的先声。他说《全传》"有《三国志》之森严，《水浒传》之奇变；无《西游记》之谑虐，《金瓶梅》之亵淫"。序《二刻拍案惊奇》的睡乡居士（崇祯五年）郑重其事的对《西游记》的艺术进行了细致的分析："文自《南华》、《冲虚》，已多寓言，下至'非有先生'、'冯虚公子'，安所得其真者而寻之？不知此以文胜，非以事胜也。至演义一家，幻易而真难，固不可相衡而论矣。即如《西游》一记，怪诞不经，读者皆知其谬。然括其所载，师弟四人，各一性情，各一动止，试摘取其一言一事，遂使暗中摹索，亦知其出自何人。则正以幻中有真，乃为传神阿堵。"《西游记》问世不到一百年，那时还只有人们对《水浒传》做过艺术上的分析，给予较高的评价，不意竟有睡乡中的居士有如是清醒的头脑，对

《西游记》塑造人物的艺术特点的钻刺一针见血，真使九泉之下的吴承恩要发出愉快的笑声，一扫寂寞之感了。可惜的是，大约睡乡居士并不知道《西游记》的作者是射阳居士(也是居士)吴承恩！

吴承恩的诗文集《射阳先生存稿》和他编选的词集《花草新编》，都由丘度主持先后刊版行世，都署上了吴承恩的名字。这一点，比《西游记》的命运好多了，今见的几种明版《西游记》就都没有作者的名字，到了清代，由于无知的误解，竟叫元朝的一个道士长春真人丘处机把长篇通俗小说《西游记》的著作权攘夺了二三百年。

吴承恩逝世不久，他生前已编好(有定稿，写了序言)的《花草新编》便由"亲犹表孙，义近高弟"的丘度，在九江予以刻版问世。可惜印本今天还没有发现，只留有一个残抄本(残有三、四、五卷，疑有卷二的后一部分共四册，入藏上海图书馆)。陈文烛的《花草新编序》叙其刻版情况云："汝忠既没，计部丘君抱渭阳之情，深宅相之感，奉使九江，捐俸梓行。遇不佞，语曰：'吾舅氏有属于先生否乎?'忆守淮安，汝忠罢长兴丞，家居在委巷中，与不佞莫逆，时造其庐而访焉。曾出订是编而幸传于世，汝忠托之不朽矣。"介绍、评介《花草新编》云："夫词自开元以逮至正，凡诸家所咏歌与翰墨所遗留，大都具备。乃分派①而择之精，会通而收之广，同宫而不必合，异拍而不必分，因人而重言，取艺而略类，其汝忠所究心者与! 拔奇花于玄圃，拾瑶草于艺林，俾修词者永式焉。"由《花草新编》有刻本今天未发现的事实，使我们抱有《禹鼎志》也可能有刻本的想法或不至落空，说不定何时《花草新编》与《禹鼎志》的刻本会显现于世。

---

① 天启《二西园续集》卷一所载《花草新编序》原刻此字刻作"泒"，《康熙字典》收此字引《字汇补》："与沠同;"又收"沠"字，引《玉篇》："古文流字。"是"泒"即"流"字，本句即"分流而择之精"。我在《年谱》嘉靖三十八年项下全文抄《花草新编序》此句作"乃分派而择之精"，意亦可通，但"派"字恐误。

《射阳先生存稿》也主要由丘度的努力得以刊版问世。出版吴承恩的诗文集比出版他的《花草新编》要难，《花草新编》吴承恩生前已编好，只须有人张罗并有印刷费用即可；他的诗文集在生前本人没有自订成稿，死后要由别人到处搜罗遗篇，找人修订、排比。这也就是在吴承恩死后差不多有十年的时间才编成而刊布的原因。丘度专管组织工作和出钱，具体搜集遗文和编选、校对则请别人担任。《射阳先生存稿》今知编选、刊刻了两次。第一次即吴承恩逝世后差不多十年光景的万历十七年或十八年，陆遥负责搜集遗文，张清溪、马竹泉也参与了这项工作；请陈文烛作序；请吴承恩的同乡后学吴国荣、张以衷、蔡翰臣任校对（蔡翰臣，字世卿，在万历元年曾校过朱曰藩的《山带阁集》，今原本《山带阁集》有"淮阴门人蔡翰臣校"字样）。由校对者都是淮安乡人推测，这个原刻《射阳先生存稿》是在淮安鸠工梓版的。今天见到的《射阳先生存稿》则是万历四十年至四十三年间的第二次刻本。① 这个刻本是丘度在万历十八年以后又搜集以前刻本"所未及录者"，找李维桢校删，然后捏合万历十八年刻本另行刊刻。《射阳先生存稿》既然是吴承恩逝世后遗稿散失情况下，费多人之力搜集起来的，为什么还要请人加以删削，仅刻搜集到的诗文的一部分呢？那是遵照吴承恩的遗训才这样办理的。吴承恩曾对编刻个人诗文集一事发表评论说："近之刻者，类博而不精"（吴国荣《射阳先生存稿跋》），他不满意博采而不精选的坏现象，所以丘度、吴国荣等人便敬依吴承恩的生前教导，请当代名家（陈文烛、李维桢）予以选删编次，取精而不务博了。②

---

① 《射阳先生存稿》两次刻本的考证、辨析，见《年谱》万历十八年项下。

② 《射阳先生存稿》删掉吴承恩诗文例，可以用《古逸先生传》作代表。《古逸先生传》原文载潘氏"家乘"（家谱），潘埙据之收入嘉靖三十四年编辑的《淮郡文献志》里，当丘度等编《射阳先生存稿》时，可以顺手拿走，可见是被李维桢等人给删削掉了。今《淮安路医学教授古逸先生传》全文揭载于《年谱》嘉靖三十四年项下。是一篇没有一点精彩之处的文字，野史氏曰的一段颂语，也是没有情感色彩的套语。

先后两位给《射阳先生存稿》作序的陈文烛、李维桢，也便是最先对吴承恩诗文成就的评价者。陈文烛评价吴承恩诗文格调和各种诗文体裁的渊源时说：

> 今观汝忠之作，缘情而绮丽，体物而浏亮，其词微而显，其旨博而深。《明堂》一赋，铿然金石。至于书记碑叙之文，虽不拟古何人，班孟坚、柳子厚之遗也。诗词虽不拟古何人，李太白、辛幼安之遗也。盖淮自陆贾、枚乘、匡衡、陈琳、鲍照、赵嘏诸人，咸有声艺苑，至宋张耒而盛；乃汝忠崛起国朝，收百代之阙文，采千载之遗韵，沉辞渊深，浮藻云峻，文潜以后，一人而已。

李维桢则把吴承恩的诗文结合当时文坛现状来评价：

> 嘉隆之间，雅道大兴，七子力驱而近之古，海内翕然向风。其气不得靡，故拟者失而粗厉；其格不得逾，故拟者失而拘挛；其蓄不得俭，故拟者失而糅杂；其语不得凡，故拟者失而诡僻。至于今而失滋弥甚，而世遂以罪七子，谓李斯之祸秦，实始荀卿。而独山阳吴汝忠不然。汝忠于七子中，所谓徐子与者最善，还往倡合最稔，而按其集独不类七子友。率自胸臆出之，而不染于色泽，舒徐不迫，而亦不至促弦而窘幅。人情物理，即之在耳目之前，而不必尽究其变。盖诗在唐与钱刘元白相上下；而文在宋与庐陵、南丰相出入。至于纽织四六若苏端明，小令新声若《花间》、《草堂》，调宫征而理经纬，可讽可歌，是偏至之长技也。大要汝忠师心匠意，不傍人门户篱落，以钓一时声誉，故所就如此。……人情好名而酷欲中人之好，从来久矣。天下方驰骛七子，而汝忠之为汝忠自如。

给别人诗文集作序，总要说作者成就较高，多多称誉，有时大而无当，陈文烛未能免此；李维桢则是较比具体地指出吴承恩诗文特点，不是浮论虚声，评骘大体允当。① 也许正因为陈文烛、李维桢的称论，《射阳先生存稿》刊版流传后，立即受到文学界的重视。万历四十三年李本纬从明代几百家诗集中选出《昭代选屑》三十卷，其卷三选有吴承恩《金山寺》诗四句(中间两联)。到清代则明诗选本中有名的朱彝尊《明诗综》和陈田的《明诗纪事》都选有吴承恩的诗。最应使人注目的是吴承恩的诗东传日本，被彼邦人士重视。日本天保七年丙申(相当于清道光十六年)米莽河辑的《墨场必携》，是一部专为书法家书写对联准备的中国诗联语，其卷之三"夏类"十四字项，录吴承恩《杨柳青》诗"春深水涨嘉鱼味，海近风多健鹤翎"联(第三联)；《田园即事》诗"黄鹂紫燕声上下，短柳长桑光陆离"联(第三联)。清俊的吴承恩诗句为日本人士视作可与李杜诗句并列，应传神笔墨，吴承恩生前做梦也不会梦到。②

　　上述情况是仅就吴承恩的著作在他死后刊刻、流传角度做的探索(主要限于他死后不太久的明代末年)，作为文学家的吴承恩，幸与不幸也只能从这方面考察。没有后嗣，生前没有大名，死，就是一生的终结。文笔千秋，供后人评说吧！

---

　　① 李维桢看到过陈文烛的序，说"汝忠善吾郡人陈玉叔，玉叔行其集，盛有所称引"，而没有评价称引的当否，没有采引一点陈文烛的说法。陈文烛说吴承恩词"辛幼安之遗也"，李维桢说吴承恩"小令新声若《花间》、《草堂》"。很明显，李维桢的说法较合乎实际。论诗的情况也如此。后来天启《淮安府志》修志人说吴承恩的诗词"清雅流丽，有秦少游之风"(原说诗文，具体说有秦少游风，当指诗词，尤其是词)，与李维桢同。由是可见陈文烛称引的不当，随便拉人比配。钱牧斋评陈文烛诗："烦芜剽拟，王、李之下流也。"大约陈文烛也不理解吴承恩诗文真谛。

　　② 《墨场必携》引吴承恩诗句的两首诗，都见于朱彝尊编选的《明诗综》。所以，米莽河可能便是从《明诗综》抄录去的；但也不排除当时日本有《射阳先生存稿》(抄录《明诗综》)的可能性大。又，所见日本明治十三年(相当于清光绪六年)线装本(铅印)《墨场必携》，两联诗下署吴承恩，后来印的一种平装本(洋装)误为"吕"承恩。

附录：吴承恩家乡淮安的一个轮廓

　　吴承恩的老家淮安(山阳)，它的县城在今天的苏北灌溉总渠北一公里许，濒临大运河，明时属南京淮安府①，淮安也就是府治和山阳县治所在地。吴承恩生于斯，长于斯，最后又是归魂于斯，近八十个年头，他基本没有离开这里。就是韩信受过胯下辱，窦娥冤屈以死，宋公明埋身蓼儿洼之地，有着历史名人现实活动印迹和文学作品人物斗争幻想的淮阴——→楚州——→淮安，是吴承恩生活、活动的舞台，又是他文学创作的摇篮。

　　中国的十六世纪，即明代的正德、嘉靖、隆庆时期和万历初年，虽然它的后半段已有资本主义的萌芽，但仍然是一个完整的封建社会。这样的社会里既然有地主和农民的阶级斗争，国内各民族集团间的斗争，统治阶级内部各派间的斗争和中国各阶级、阶层团结起来对付外部侵略的斗争，也有人类对大自然的斗争。这样的社会里还有幻想的神话、传说的飞翔和虚妄的宗教、神灵观念的传播。现实的东西(物质的)左右着当时各阶级、各阶层人们的思想、生活，幻想的虚妄的东西(精神的)作为现实的补充同样对人们有深

---

　　① 明时于各省设巡抚(视需要有的省或联省设总督)。淮安在政治上大多数情况下属总督漕运兼提督军务巡抚淮、扬、庐、凤都御史管理(个别时期分设总督漕运都御史与巡抚淮、扬、庐、凤都御史两员)，但在大的区划方面仍属南京，所以淮安举子乡试都在南京，称应天试。

重的影响。由于交通不发达，封建生产方式及其经济活动带有地方性，全国范围的脉搏跃动固然对任何地方都有制约作用，但是地方与地方的差别是存在的，地方性的特点在任何较小的区域也都是明显的。一个和外地接触不多的少年人、青年人，特殊的地方色彩，对他的思想、感情的影响要更直接而深切。淮安这个地方的具体情景对吴承恩说来，是他最初对世事认识、理解的母体。述淮安的方方面面，对于了解吴承恩不是没有意义的。

一、商业城市的淮安

吴承恩时代的淮安比之今天的淮安重要得多。它是苏北的政治中心，漕运总督衙门设在这里，和各省省会处于同等地位。它是淮河流域的经济中心，四方商贾云集，各地物产在这里集中起来又分散开去。它是当时全国交通的枢纽之一。运河像人身的一条大动脉，贯通南北，京汉、津浦两条铁路干线没有通车的时代，南粮北运舍此莫由。江、浙、闽、赣等南方各省和冀、鲁北方各省的商旅行人，也要走大运河这条捷径。淮安当运河中游，像一把锁，扼南来北往的孔道，地位大体与武汉相当。

> 淮水风吹万柳斜，高楼飞燕识繁华。
>
> 波翻漂母投金地，海近仙人泛斗槎。
>
> 日观千樯通贡篚，云旌双郭引清笳。
>
> 明珠不博枚皋赋，尊酒茅堂岩桂花。

上引是吴承恩《秋兴》诗的第二首，前六句把淮安的形势，做了三方面的勾画：从历史的古老来看，它是漂母饭韩信之地；从城市的形胜来看，它有旧、新二城，城中高楼栉比，街市繁华；从交通方面来看，既有淮河诸水与东海相通，更有运河之日观千樯，南来北去，南方各地的物产运往京师。吴承恩对家乡淮安所做的艺术描绘基本是实际的，没有更多的艺术夸张，比起他的乡先辈蔡昂（鹤江）的《淮阴曲》（《山阳艺文志》卷七）形容商业都市淮安的繁华，要朴实一些。《淮阴曲》开头四句说：

> 淮浦高楼高入天，楼前贾客常纷然。
>
> 歌钟饮博十户九，吴歈不羡江南船。

高楼之高没有高入天，就是镇淮楼这最高的楼（今天仍然矗立在旧城）不过有四层洋楼高，但是贾客常纷然于楼前则是千真万确。镇淮楼前的中长街，是旧城的中心，是最繁华的一条大街。歌钟饮博来必达到"十户九"，但是，吴歈楚讴杂秦腔晋调的荡激淮水和豪饮呼卢的狂欢当也是事实。淮安不像当时江南的南京、苏州、杭州、湖州、松江等地，那些地方除了商业发达之外，还有许多手工业工厂（主要是丝织业工厂），它们不是单纯的消费城市，还是生产城市。淮安仅仅是因为扼南北交通要冲，才发挥了四方的物资交换和集散的作用，它主要是消费性的城市。商人、赌徒、歌妓等等倒不一定比别处多，由于手工业工匠以及其他成分人比较少，这类人的喧嚣吵闹就显得突出了。

淮安这地方"民惮远涉，百物取给于远商，即有行贩，自粱秫菽麦腌园蔬水鲜之外无闻焉。若布帛盐醝诸利薮，则皆晋徽侨寓大力者负之而趋矣"（《古今图书集成·职方典》卷七四八《淮安府风俗考》）。所谓"晋徽侨寓大力者"就是指历史上有名商贾帮口山西帮和徽州帮。淮安的贾客各省人多有，掌握当地商业命脉的则是晋徽侨寓的大力者。吴承恩就给"三晋名家"、"三晋高资"的人们作过障词，这种人大都是"师计然而得术，宗胶鬲以驰名"（吴承恩《贺阁双溪令嗣登科障词》）的大商人。蔡昂所说的贾客纷然和歌钟饮博情景，正说明各地贾客赚得巨额利润之后，花天酒地无所不为的现实。淮安可以说是封建时代冒险家的乐园。然而也不能说淮安本地人便被动地受晋徽大商人拨弄，不起而望风追影。吴承恩时代的淮安两名状元之家都是商人。沈坤的父亲沈炜"自少事贾"。"屡贾于吴"（吴承恩《赠翰林院修撰儒林郎沈公合葬墓志铭》），是个搞长途贩运的"投机"商。丁士美家曾中落，父亲丁儒有撑持奋起之志，果然"前客安东，徙盱眙涧溪，以道生财，家复振"（吴承恩《封通议大夫太常寺卿兼翰林院侍读学士双松丁公墓志铭》）。丁家原本淮安府清河县，客安东（安东亦淮安府属县），又徙盱眙涧溪（属凤阳府），这中间"以道生财"是什么意思呢？既非偷非盗，又非务农，当然只能是从事商贾贩运活动从而发了财的。由此可见淮安确乎是个不薄经商重经商的地方。商人沈炜因为有个状元儿子而被赠为翰林院修撰儒林郎；同样，商人丁儒被封为通议大夫太常寺卿兼翰林院侍读学士。商人和官僚结合到一起了。要知道，吴承恩的父亲也是商人啊！——这样，封建时代的商业城市活现在人们的面前了。

二、人民的苦难

一方面是商人、官僚、地主的歌钟饮博，尽情享乐；一方面便不免是穷苦人民的流离失所，啼饥号寒。前引《古今图书集成·职方典》的《淮安府风俗考》具体地介绍了淮安的穷苦农民受地主的地租剥削和官府的赋税诛求，以及地主、商人的高利贷盘剥，外加土地兼并的情景："民多穷徙，岁丰则偿称贷不足，租税从而迫之，稼甫登场，室已悬磬。盖膏沃之亩，多入富豪之室；盖藏之积，率充子钱之家。此务农作苦，无怪逐末（指从事商业）之多耳。"《古今图书集成》是康熙年间编辑的，其《职方典》中关于淮安的部分是抄撮天启《淮安府志》而成。前述情况大体就是吴承恩时代的。可注意的是：民多穷徙者，系因稼甫登场，室已悬磬，而这是"岁丰"之年啊！那么荒歉之年又将如何呢？在农民，荒年称贷，丰年偿称贷又迫之以租税。总之，荒年、丰年一个样，都是把劳动所得（多或少）

几乎全部送（!）到地主、官僚、高利贷者的腰包里边；自己一年到头累折了腰，反而不能糊口，只有走逃荒的一条路。这一切的根本原因，据淮安地方志的编撰人的分析是：第一，"盖膏沃之亩，多入富豪之室"，就是说好田地都被大地主兼并去了，农民势必沦为他们的佃户，每年要把劳动成果的四成、五成、六成、七成甚至八成以上作为租税，奉献给地主和官府。第二，如果奉献给地主、官府之后，丰年时节尚余有几成，那么春耕前向地主或者商人借的高利贷，便要被逼债打息。我们知道，当时编淮安地方志的人并非人民的知识分子，他们不是站在人民立场上讲话，只是稍有尊重事实的精神，便已作出这样的揭示，其实际情况当然要比已作出的揭示严重得多。吴承恩同时代人也有从某一个侧面进行更深地揭露的。前引蔡昂《淮阴曲》在描写商人"歌钟饮博"之后，用十二句诗写了萧条的淮安和官吏诛求无厌、农民不安于农桑的淮安：

> 迩来寂寞居人少，韩侯城下生春草。
>
> 力尽难供官长求，大室将焚无宿鸟。
>
> 老人向我分明语，地有官仓谁适主。
>
> 积粟翻为腐鼠谋，当涂又见横豺虎。
>
> 虎哉虎哉尔勿狂，地官分义明秋霜。
>
> 镇压会须虎戢翼，尔民从此安耕桑。

蔡昂的观点当然有局限性和片面性。他认为农民不安于耕桑而流入城市，只是由于个别坏官吏（豺虎）当道，借官府名义把农民生产的粮食搜刮来，像鸱鹰攫得一只腐鼠似的[1]，吞入自己腹中，造成了淮安的萧条、荒凉。蔡昂开的治疗药方是：使管官仓的上级官吏——户部曹郎如秋霜之清白和严冷，他镇压这批豺虎一样的坏蛋

---

① "积粟翻为腐鼠谋"句的"腐鼠"当出《庄子·秋水》庄子斥惠施语，后多以"腐鼠"代不值得羡慕的官爵。因此这句诗也可以解作积粟翻而为谋取官爵的人做了侵吞的对象。说积粟被鸱鹰像攫腐鼠一样吞入腹中，也是体《庄子·秋水》意做的解释。

使之知所收敛。蔡昂认为好官能解民之倒悬。于此蔡昂也道出了一条基本事实，就是官吏的豪横使人民穷困，官逼民从农村流入城市，城市里另一批坏家伙又加重压榨、剥削，使流入城市的农民更加穷困，无生路。

农民被迫离开土地流浪到淮安城去"逐末"，去谋一线之生，然而正如前引《淮安风俗考》所指出的，这个当时著名的大城市淮安对流浪者是冷酷的。"巧黠者托迹于公门"，充当衙役。这类差事虽受制于官吏，却可以站在普通人民头上称王称霸，摆威风，榨油水。他们是对穷苦农民的背叛，在当时是个别的。其次，"驽钝者肩佣以自给"，即当挑夫，卖苦力，打短工，以换取没有保障的极其微薄的衣食之资。这是比较普遍的，大量的。此外还有第三类情况，"若执艺之营生而擅奇绝技者稀"。就是说男子手工业技术工匠虽然并不少，擅奇绝技能赚得比一般技术工匠多几倍工资的人是极个别的。例外现象是："惟女红巧手针蒲履舄之外，更工麻枲丝蚕织袵也。"大约淮安有的手工业组织很需要妇女作为辅助劳动力，因而妇女可以较多地投入劳动力市场发挥她们的特殊技能，能有可观的收入。不过，正如前述，由农村流入城市"逐末"的本地人敌不过外来势力，他们总属小商贩和个体有一技之长的劳动者，无组织，无雄厚的物资后盾，所以在"水陆之冲，四方辐辏"的淮安，"百工居肆，倍于土著"。

由上述情况可以看出，吴承恩时代的淮安，官僚、地主、大商人互相勾结，以至合二为一、合三为一，对农民以及对手工业工匠、个体体力劳动者进行压榨和剥削，过着荒淫无耻的生活。尤其是外省、外地来淮安经商的大商人，他们拨弄市场，攫取超高额利润，显得突出，惹人注目。穷苦农民则把自己生产的大部分物资财富（粮食等）无偿地奉献给（从客体方面讲是掠夺）官府、地主和高利贷者，使自己纷纷破产，盲目流入城市。个别人托迹公门，大多数人出卖劳动力，或受雇于人，或当小商小贩，仍然过着吃不饱、穿不暖、并不比在农村好一些的困苦生活。

三、自然灾害

如果说淮安地方的阶级和阶级矛盾状况与当时中国其他地区没有本质差别，并不显得特殊，那么淮安的自然灾害就须另眼相看了，尤其是水灾，淮安处于特殊地位。清咸丰五年(1855)以前黄河正从淮安不远的清江浦(今清江市)身边流过；淮河在清江浦西边的清口与黄河相会，叫作黄淮交会之冲，凡黄淮泛滥，都对淮安有深重危害。

吴承恩经历的正德、嘉靖、隆庆和万历初年，淮安地方是旱灾、水灾轮流肆虐，对人民的生产、生活威胁相当严峻。根据历史记载，正德三年，因前二年大旱和水灾，淮安饥；十三年又饥；十四年大饥，人相食。这很大程度是明武宗朱厚照(正德帝)所谓南巡几次在淮安及其附近地方肆意征索、责收于民的恶果。以后连续五年(从正德十五年至嘉靖三年)水、旱为灾，其中的嘉靖二年竟是夏旱秋水，从而酿成瘟疫蔓延，人相食，"赤地千里，殍殣遍道"(《古今图书集成·庶征典》卷九十二)。明年(嘉靖三年)又大饥，"父子相食，道殣相望，臭弥千里"(《明史》卷三十《五行志》)。我们知道，由正德十三年到嘉靖三年的七年间，正是吴承恩约十五岁到二十一岁的青年期，他没有离开过淮安，前述水、旱之灾以至饥馑食人等情景，都所目见耳闻(他家不至挨饿)。嘉靖二年的岁大侵，暴尸盈野，人相食的时节，淮安大商人丁忍庵把剥削来的一部分钱拿出来买一点棺木加以敛瘞，后来吴承恩作丁忍庵行状，把这叫作急于行义，备加奖赞①，足见这一年（也是整个七年）的灾伤对吴承恩有很深刻的记印。

从嘉靖六年到二十九年的二十四年间，淮安沉陷于旱魃横行的漩涡之中。根据历史的零星记载，二十四年当中就有九年大旱。嘉靖十年和十五年，旱蝗并兴。二十几年时期旱灾极其严重，它给人们带来的患害和正德末、嘉靖初那几年水旱灾没有两样。对此，在淮安当漕运总兵官的万表（吴承恩的文友，号鹿园）曾有记述："夫孝妇含冤，三年不雨，鄙夫结忿，六月飞霜。是以一人之气，足以干天和以致变，有如此者。而淮之人，自杀自缢者甚众，所司申报，殆无虚日；其有司匿不报者，又不知其几。则怨忿之气，上干天和者多矣。今淮灾患频仍，岁屡不登，未必不由此者。""今淮土地荒芜不治者十之六七，虽膏腴亦弃焉。岂淮民果皆逐末所废耶？抑或有欲治而弗遂者？……若抚其流亡，劝其耕耨，苦中（二字疑误）若器，若食若种，均量给贷，以助不给，则荒芜渐辟，而民生必有赖矣。"（《策问三条》，《玩鹿亭稿》卷二）万表另一篇文章谈到军弁的生活状况说："此去遗弃父母妻子在营，正遇年岁凶荒，财（柴）米价高，有役过操运，老疾废残，不能动履者，有饿损染患瘟疫时病将死者。众口嗷嗷，缺食救命，老弱饥馑，日夜悲啼，不能觅讨，全家委实不能存活，惟望月粮济度。"（《淮大二卫告缺月粮行巡抚都察院》，《玩鹿亭稿》卷七）——万表记述的是嘉靖二十五年左右的情景。据沈坤嘉靖二十一年《漕抚王公遗爱碑》（《淮安艺文志》卷三）说淮安"频岁赤旱"，但"年亦不至大祲"。吴承恩嘉靖二十三年《大中丞白溪张公归田障词》："楚玉流光，自息氛祲之气。"是说天虽旱，由于白溪张公的德政，也还未出现大的饥荒。时至嘉靖二

---

① 吴承恩的《丁忍庵行状》今佚，李春芳的《忍庵丁翁传》（《贻安堂集》卷十）是根据《丁忍庵行状》而作的，《传》说："嘉靖癸未（按：二年），大水侵，暴尸盈野，公为买棺敛瘗焉。"或许这段话便是《行状》原有的，至少是《行状》里的原意。

十五年左右便积久而有如万表所言的：每日有自杀自缢者，土地荒芜十之六七，虽膏腴的土地也废耕等现象。甚至出现运粮军弁有的饿损染患瘟疫，其家庭众口嗷嗷，缺食救命，老幼饥馑，日夜悲啼的情景。

从嘉靖二十九年起，淮安大水，连年不断，隆庆年间则是六年五潦。隆庆三年己巳，"惊浪动天，覆舟倾屋，人畜流尸相枕"。"城中水深七尺，烟火尽绝"。隆庆四年庚午，"河淮水又大发，较己巳又加三尺，黄浦决"（胡效谟《淮安大水纪略》，光绪《淮安府志》卷四十）。万历初年也几乎年年有水灾，水灾后果往往是"漂溺男妇无数"，"居民结筏浮箔，采芦心草根以食"（同治《山阳县志》卷二十一）。吴承恩万历五年曾说"淮之患莫甚于水"（《赠郡伯古愚邵公报政序》），即就嘉靖二十九年以后的嘉靖后半段和隆庆间，以及万历初年这一段三十年左右的比年水灾而言的。此段水灾之在淮安比过去之旱灾为害更甚，使得许多老百姓不得不离开家乡逃到外地去当流民，造成"十室九空"（吴承恩《贺邑侯念吾高公擢南曹障词》）的严重局面。①

自然灾害并不是淮安农村凋敝、百姓逃亡的唯一原因，也不应是主要原因。同样，自然灾害本身也不单纯是天时不正、淮安地理位置特殊造成的，一般情况是人祸促天灾。正德末嘉靖初的父子相食、暴尸盈野，是明武宗朱厚照一手造成的，史有明文，熟为人知，不必讲它。嘉靖二十几年的天旱，岁屡不登，而所以百姓逃亡甚多者，地主阶级政权实行的朘民政策实有责。万表在《淮大二卫告缺月粮行巡抚都察院》一文中指出："有司不重农桑，淮安各州县地土荒芜者多，而人民逃亡者重。盖人民之逃亡者日重，则地土荒

---

① 关于淮安水旱灾的历史资料，我在《年谱》的"附录四"《正德元年至万历十年淮安水旱表》与嘉靖二十一年项下考证吴承恩撰写《西游记》中，多有较具体的征引，可参照。

芜者日多。且如一里若干户，其一户逃亡，则一户钱粮概里为之陪
纳；逃亡两户，则陪纳两户。逃亡渐多，陪纳渐重，陪纳渐重，逃
亡渐多，地土岂不荒芜?"至于河、淮之为灾，自古如此，历代统治
者有的谋画治理，暂时稍纾民困。有的只知借治河名目敲剥百姓，
不顾灾情，甚至使小灾变大灾。吴承恩时代的水灾，固然有雨水较
大较频，带动河、淮泛溢的大自然原因，另外方面官僚们治河，互
相掣肘，迟迟不能收效，也促进了灾情。如嘉靖四十四年朱衡是工
部尚书，督理河漕，潘季驯是河道都御史，这一年河决沛县飞云
桥，分为数十股溃入昭阳湖，运道淤塞百里。如何解决? 朱衡与潘
季驯意见不合，各有看法。朱衡主张开新河，潘季驯主张浚旧渠，
本来潘季驯的主张对，因朱衡是尚书，官大，按他的馊主意开了新
河。结果山水涨溢，新河决，坏漕艘数百，一塌糊涂，人民的生命
财产被夺又不知凡几。当时的宰辅也是吴承恩的好友李春芳总结教
训说："位轧则相忌，权分则不专。"(《中丞江公治河底绩承恩序》，
《皇明经世文编》二八一卷。按：万历七年作，李春芳已致仕)官僚
们争权，直接受害的是广大劳动人民。

四、淮安人口减少看出的问题

据清同治《山阳县志》卷七《民赋·户口》，制成明代淮安地方户
和口的情况一览表：

年　份	户　数	口　数	户·口增减（与上一统计年份比）
景泰三年 （1452）	16,760	155,700	
天顺六年 （1462）	16,716	158,640	户　－44
			口　＋2,940
成化十九年 （1483）	15,650	156,848	户　－1,066
			口　－1,792

年 份	户 数	口 数	户·口增减（与上一统计年份比）
弘治五年 （1492）	22,324	135,544	户 ＋6,674 口 －21,304
正德七年 （1512）	21,115	142,768	户 －1,209 口 ＋7,224
嘉靖元年 （1522）	22,323	136,087	户 ＋1,208 口 －6,681
隆庆元年 （1567）	21,573	123,033	户 －750 口 －13,054
万历元年 （1573）	23,349	121,522	户 ＋1,776 口 －1,511
天启四年 （1624）	23,830	128,983	户 ＋481 口 ＋7,461

由上表可以看出明景泰、天顺、成化年间山阳县人口要比后来的人口多，户数少，说明当时社会较安定，生产形势较好，每个家庭成员多（析居为小户的少）。后来（弘治以后）由于官府诛求加剧，水旱灾频繁的情况下人民离开土地逃荒外地，并花分细户以逃避差役，因而人口渐少，反而户数增多。就是吴承恩时代，问题表明得最清楚，从正德开始，人口逐年渐少。正德七年（吴承恩约九岁）至万历元年（吴承恩约七十岁）共六十一年，按正常的自然增殖率，人口满可以增加不止一倍，反而减少两万一千二百四十六人。锐减的主要原因是两条。第一，人祸促天灾，官僚、地主、高利贷者的剥削加上水旱灾，人口大量外流逃荒；第二，水旱灾中淹死、饿死以及瘟疫流行造成的大量死亡。正德七年至嘉靖元年只十个年头，人口减少达六千六百八十一人之多，很明显是和武宗朱厚照游江南直接连在一起的，人民大批逃亡。嘉靖元年至隆庆元年共四十五年，人口减少一万三千零五十四人，正是整个嘉靖年间旱灾、水灾迭相肆虐的直接后果。"逃亡渐多，陪纳渐重；陪纳渐重，逃亡渐多"，互相促进，使一万多人（或几万人，因四十五年中人口的自然增殖

总该多些）离开家乡逃到外府县去了。至于隆庆元年至万历元年只六个年头，人口之所以激减，当然是因"六年五潦"了。

封建时代户口的统计并不准确，留下的资料也少，由上述零星的户口资料与当时天灾、人祸结合起来观察，也很能说明一些问题。

五、人民的斗争

吴承恩时代的淮安人民在封建统治阶级的压榨、剥削下，经历着自然灾害的涤荡，被迫弃本逐末，或至逃荒到外省外府就食，进一步便是挺身立起向统治阶级冲锋了。斗争的最高形式是武装起义。"天下老鸹一般黑"，从淮安逃荒到别处遇到的统治者也不会比淮安的统治者善良一些。因而流民的集中地区，流民受到新压榨，便易于一夫作难，万夫云集而响应，斩木为兵，揭竿为旗，组成起义队伍。这样的起义队伍往往要在大的起义形成后希望有所归属。正德初刘六、刘七起义于河北，迅速扩展到山东而进入苏北，正德六年四月，"淮安盗起"，"自畿辅迄江淮楚蜀盗贼杀官吏"（《明史》卷十六《武宗纪》）。正是淮安的起义者胜利地迎接了起义军杨虎部进入淮安府境，十一月攻陷淮安府属的宿迁，活捉了敢于与起义军为敌的淮安知府刘祥，灭了封建统治阶级的威风，长了人民的志气。后来起义部队别转他处，没有深入淮安府腹地。刘六、刘七起义失败，淮安的响应者也暂时消声匿迹。嘉靖、隆庆以至万历初年，即吴承恩青壮年和老年时期，全国农民起义处于低潮阶段，小股起义间或有之，有的地区较大股的攻城略地也有之，联成一片声势浩大的起义没有了。淮安连小股的起义都无。只有嘉靖四十年朱厚熜（世宗）的第四个儿子朱载圳（景王）出藩湖北德安，水路经淮安，有"大盗"谋劫事件，勉强算平静湖水中掀起的小波澜吧。谋劫未成，被淮安知府范楷镇压下去。大盗谋劫，也算不得人民的斗争。范楷并不是封建官僚中的坏家伙，他后来没有因此功升迁，反而不知为什么却被劾罢职了。

淮安人民对封建统治阶级的斗争，经常的办法不是揭竿而起。唯有了正德初年的揭竿而起，才能从大量的平静的背后看见隐藏着的愤恨和骚动。

六、无支祁的传说

淮水自古为患，几千年前原始社会时代的人们就为了它安流入海进行了多方面的不懈的斗争，在此基础上产生治淮的神话传说及其英雄人物。据唐李公佐传奇小说《李汤》引所谓《古岳渎经》（实际是李公佐的拟作）云：

> 禹理水，三至桐柏山，惊风走电，石号木鸣，土伯拥川，天老肃兵，功不能兴。禹怒，召集百灵，授命夔龙，桐柏等山君长稽首请命。禹因囚鸿蒙氏、章商氏、兜卢氏、黎娄氏，乃获淮涡水神名无支祁，善应对言语，辨江淮之浅深，原隰之远近。形若猿猴，缩鼻高额，青躯白首，金目雪牙，颈伸百尺，力逾九象，搏击腾踔疾奔，轻利倏忽，闻视不可久。禹授之童律，不能制；授之乌木由，不能制；授之庚辰，能制，鸱脾桓胡木魅水灵山袄石怪奔号聚绕，以数千载，庚辰以战逐去，颈锁大索，鼻穿金铃，徙淮阴之龟山之足下。俾淮水永安流注海也，庚辰之后，皆图此形者，免淮涛风雨之难。

无支祁无疑是一只神猴，或者是长得像猴子似的妖神。就是这个无支祁，据说在唐末有一个渔人发现了淮水中的铁锁，当时的楚州刺史李汤（或李阳）大集人力，从水底把铁锁拉出，无支祁跃出水面跑

掉（或又潜入水底）。故事后来演变为观世音菩萨伏无支祁。① 这个
无支祁在上述神话传说中被认为是使淮水泛滥的祸根，而它便是淮
水的水神。过去时代人们对自然灾害没有科学的理解，不能制服
它，就往往把灾害幻化为可敬畏的神。不是从心底产生的敬，是从
畏生发出来的不得已的阿谀。无支祁在神话传说中已被大禹命庚辰
锁在龟山脚下，然而淮水仍然泛滥，所以有无支祁又跑掉了的说
法，人们就得照样敬畏它，不得不立庙奉祀之。封建统治阶级中个
别人不愿承认所谓淮水之神便是猴子无支祁。唐龙其人在嘉靖八年
正任漕运总督，是淮安的地方长官。他作《淮渎庙碑记》说："距泗
之盱眙东北三十里，龟山隆而起……山有淮渎庙，不知祀者何神。
《经》云：禹治水，三过桐柏，获水神巫支祁，形犹猕猴，力逾九
象，命庚辰扼而制之，锁于龟山之足，淮水始安。夫神岂庚辰欤？
抑公羊子曰：山川有能润泽百里者则秩而祭之。淮润不啻百里，可
知矣，无亦委诸淮水之灵哉！或有曰：支祁之宫在是尔。夫山妖水
怪直惟驱之而已，岂可宫耶？其诞明矣。"（《古今图书集成·神异
典》第二十六卷）很明显，唐龙是能翻古书《古岳渎经》（他看的当然
是《太平广记》）的少数人之一，他知道有个庚辰锁过无支祁，硬说
淮渎庙里的神应是庚辰。一般人只知道有个被锁的无支祁（或者知
道锁无支祁的是观音大士），淮水泛滥是他搞起来的，怕他；淮渎
庙里需要有个神，那就应该是无支祁，庚辰云者代替不了。如前
述，无支祁在唐末已跑掉，其神就更其神了。宋代当过泗州录事参
军的大画家李公麟据传说画了无支祁故事的连环画"变相种种"；元
朝则有人作了《大圣降水母》小说（李公麟画"变相种种"和《大圣降水
母》小说的载录，见吴承恩好友朱曰藩《跋姚氏所藏大圣降水母图》，

---

① 南宋的朱熹《楚辞辨证》、罗泌《路史》卷九、王象之《舆地纪胜》卷四十四都记载和辨
证俗传僧伽伏水母或无支祁事。《宋高僧传》、赵孟頫《重建大圣寺灵瑞塔》碑记均谓僧伽是观
音化身；明末《梼杌闲评》第一回明确说观音大士锁水怪支祁连。

《山带阁集》第三十三卷）。至于明人根据《古岳渎经》绘的"庚辰锁无支祁"十数丈长的长卷，则是根据记载离开当时神话传说的主体随意描摹的。① 民间传说不受限制，无支祁在淮水流域历久不衰。据清人刘献廷《广阳杂记》卷三，明弘治末淮水泛溢，人们传言是无支祁跑出来作怪。正德四年无支祁又跑到淮河上游的两个重要支流——涡河、颍水，以致二水干涸。在淮安，认为锁无支祁乃在大圣堂中的古井，称龙窝云②，淮水流域的无支祁被搬到淮安城里来了。

七、围绕云台山的传说

明代淮安府领二州九县，二州之一即海州。明时海州城濒海。今天在海州东二十多里处耸立内陆的云台山及其附近，那时与海州城隔海相望，是孤悬海外的岛屿。据说云台山尚是孤岛时，周亘二百余里，其主要部分的云台山被称为是海内四大灵山之一。山的最高顶名青峰顶（今天地图标高 621 米），万历中某人写的《游东海青峰顶记》碑，说青峰顶"海上秋冬之候，草凋木落，独此山居翠微间，延袤数里，皆茂林修竹，四时常青"（嘉庆《海州直隶州志》卷二十八）。青峰顶上有水帘洞，明人朱世臣咏水帘洞诗云："半壁飞泉今古流，水晶宫阙景悠悠。仙机点断人间巧，织就珠帘不用钩。"（《古今图书集成·职方典》第七百五十一卷）所谓海内四大灵山，都

---

① 平步青《小栖霞说稗·大禹治水小说》："有友以明人绘《庚辰锁无支祁卷》来售，长逾十数丈。其中神天诡怪，山川稠叠，鱼龙变幻，见之惊悸。"

② 道光年间的淮安优贡生范以煦作《龙兴寺塔缘起》（《山阳艺文志》卷五）说淮安城内的大圣堂"乃僧伽建，使寺僧慧慈住持者。下有古井，上立堂台。因僧伽有泗州大圣之号，故名大圣堂。……乃误以大圣为庚辰，以甘泉井为通海，名其地为龙窝（龙窝自在盐邑），则附会甚矣。"今人丁志安《淮安的无支祁传说》（淮阴师专《活页文史丛刊》第二十六期）据老辈传说，说龙窝巷的"大圣堂里有一口井，井底下锁着水怪（有人说是'水神'，即无支祁）；如门开怪出，必有大水之灾。所以栅门终年深锁，无人敢开"。

是道教的圣地，于是道教中人便穿凿附会，编造种种迷信说法，他
们把道书上写的所谓三元大帝搬到云台山，说三元大帝始生海州。
又不知怎么回事，三元大帝竟与陈玄奘挂上钩。嘉庆《海州直隶州
志》卷二十九载明万历二十四年张朝瑞《东海云台山三元庙碑记》：
"世传三元之先家东海，今大村盖有陈子春遗冢。子春者，名光蕊，
实始诞三元。"卷十一载清姚陶《登云台山记》对此有更详细地记叙：
"小村，为唐宰相殷开山故里。殷有女赘陈状元光蕊为婿，生三子，
即三元兄弟。盖世俗相传之说也。……北望青峰顶，绀宫巍焕，即
三元殿也。……夜半呼仆夫，乘月登山观日出。由殿东石径上一里
许为水帘洞，洞中石泉极浅，冬夏不竭，泉甚甘美，云为三元弟兄
修真之所。"道光年间编的《云台新志》卷八载谓云台山有团圆宫，
"内肖三元大帝、三藏法师像，盖其昆弟四人也"。——水帘洞与三
元大帝兄弟联到一起；三元大帝是陈光蕊的儿子，又与三藏法师是
弟兄，皆陈光蕊子；陈光蕊又是唐宰相殷开山的赘婿，等等。这类
传说的初始形态，至少在吴承恩时代就有了的。更有趣的是今天人
们去云台山，会了解到其附近的民间传说，谓云台山即花果山，是
孙猴子老家，而吴承恩曾游云台山受到启示，而以之写花果山水帘
洞，云云。①

---

① 关于淮安地方的无支祁传说和云台山的传说与《西游记》的联系，我写过《〈西游记〉
的地方色彩》（《江海学刊》，1961 年 11 月号）和《追踪〈西游记〉作者吴承恩南行考察报告》（其
中第三个题目为《到孙猴子"老家"》），可以参照。

传略后记

在《年谱》的基础上作《传略》。

《年谱》在于钩稽、考辨事实，以事系年；《传略》在于融会贯通，以吴承恩的个人经历为序列，记叙他的活动事迹，显示他的思想发展脉络，尽可能描绘出他的"形象"。两者有区别又有联系。《年谱》里对他的某个活动事迹或诗文写作的具体时间有详细地考辨、论证，到在《传略》里就只剩下结论了。如对《西游记》和《二郎搜山图歌》的写作时间，以及吴承恩选贡的年份等就是这样处理的。吴承恩的活动事迹与诗文写作，有的具体年头不能确指，只有大的历史阶段可以肯定不误，《年谱》就不能系，《传略》可按历史阶段捏合进去。如吴承恩在南京国子监读书时的一些诗文则按此加以叙述。又有的诗文连大体的写作时间也不能定，如说《太白楼》、《杨柳青》诗可能是吴承恩贡入都时作，反映他对贡入都矛盾、彷徨心情；说《答友人》诗是辞马汝骥征聘时答友人以明心迹的诗简等，都系想当然地推测。但考虑到这总不至歪曲吴承恩，拉来给贫乏的吴承恩生平涂一点色泽。

有一个"附录"，名为《吴承恩家乡淮安的一个轮廓》。大量地引据文献资料考证而论议，不是《传略》的必有之题，它是对吴承恩及其《西游记》研究者提供一点背景资料，勾一勾吴承恩的具体生活环境，或许对了解、理解吴承恩及其《西游记》有点用处。

　　《传略》的第二节《幼少年时代》写起来较比顺手一些，因为有几项具体事例留下来了。吴承恩自己记有几则，尤其要感谢陈文烛，没有他的《花草新编序》，吴承恩幼少年时代的传不会像现在这样壮实、丰满。我花气力多却可能不讨好的是第四节《吴承恩的中壮年时期及写作〈西游记〉》和第六节《作吏向风尘》。这两节的主要内容，即吴承恩写《西游记》是他的中壮年时期，具体说，嘉靖二十一年左右他正在写《西游记》或者已完成初稿；吴承恩任长兴县丞是嘉靖四十五年，而不是嘉靖三十二年，离开长兴乃因被诬投狱而罢官。我在1962年写的《关于〈西游记〉的几个问题》（《文学遗产增刊》十辑）已把上述两个问题提出并进行多方面的论证，后来写《吴承恩年谱》又有补充。自以为颇有根据或较有根据。

　　一般说法认为吴承恩作《西游记》是在他晚年，有什么根据？没有。似乎过去的小说家作小说必须在晚年，已成通例。因而有人这样推论，便被人们不加思索地接受下来，你也这样说，他也这样说。曹雪芹作《红楼梦》是晚年，年纪呢？三十岁刚过到四十多岁（俞平伯最后的意见认为曹雪芹开始作《红楼梦》为乾隆九年，曹死于乾隆二十七年或二十八年，约四十八岁）。吴敬梓作《儒林外史》是晚年，年岁呢？四十九岁已脱稿（一般见解如此），五十四岁死。蒲松龄作《聊斋志异》就不是晚年了，七十六岁死，四十岁大体已完成（路大荒《蒲柳泉先生年谱》）。据我的看法，吴承恩是三十九岁正在写《西游记》或已完成初稿。请看！谁叫曹雪芹、吴敬梓不幸短命死矣，弄个晚年写小说的话柄？中壮年搞小说创作，比从长兴罢官回家已六十多岁的精力充沛得多，曹雪芹、吴敬梓、蒲松龄皆如此。我还有好几条另外的根据，不是从中壮年才应该作小说的推论。

　　吴承恩任长兴县丞乃在嘉靖四十五年，本是过去的通说，非我发现。三十二年任县丞说系后出。我的新论证自认是坚实的。至于吴承恩之因被诬投狱罢官，自以为事实总是事实，不因为是吴承恩便不应有此不愉快的经历，我的证据自认也颇有力。

《传略》最大的缺憾是既未树起吴承恩的"形象"，又未把吴承恩的思想脉络理清楚。尝羡一些好的文学家传记，直是一部好的传记小说，言行都有据，没有虚构什么，又把文学家写得活灵活现，呼之欲出。我之吴承恩，模模糊糊，若明若暗。资料不足是原因，文笔太拙涩也不得辞其咎。

作"年谱"似难实易，作传似易实难。我深有体会。

1981. 3

趁《传略》再版的机会，我把原印排错的字尽可能订正过来，也改正了我自己原来的一些误笔。至于内容，基本没有更动，只是根据近三年来对吴承恩的新发现和新论证（有我自己的，也有别人的）做了点染订补，在此未一一说明，读者对照旧新两版，自然知其订改之点。

去年，有著文怀疑吴承恩是百回本《西游记》小说的作者，我认为这不值得考虑，所以仍然同意再版我的《传略》。

1984. 3

《吴承恩谱、传》合印赘记

先父苏兴(1923—1994)于上世纪五六十年代开始研究和搜集《西游记》作者吴承恩的相关资料。至七十年代初，逐步形成了"年谱"和"传略"的规模。并于"文革"后不久的七十年代末，向北京人民文学出版社正式投稿，那时即将书名定为《吴承恩谱传略》。而人民文学出版社复函云"仅能出版'年谱'部分"。先父想到多年的付出终于有出版社应允出版了，机会难得，出于无奈，便同意将"年谱"、"传略"分开。接着又把剩余的"传略"部分在八十年代初转投天津百花文艺出版社，很快也被定下来可以出版。那时"文革"刚结束不久，百业待兴，出版界也是刚刚恢复学术著作的出版，况且那时先父在学术界还没有太大的影响，而其学术研究成果能被肯定并确定出版，当然是喜出望外的事。待到两部书分别出版以后，很快便受到了学术界的重视。甚至在台湾与大陆还没有更多学术交流的时候，台湾一家名为"国际文化事业有限公司"的出版机构，竟然不打招呼地盗印了"传略"，更名为《吴承恩传》，且署名"朱兴"出版发行。然而，先父并没在意此事，也没有停止对吴承恩研究的继续。又将逐步获得的一些新资料补充进"年谱"中，随手写在原书天头地脚或字里行间中，对原文多有修订和删补。而"传略"在出版三年后，又再版过，先父也多少有所修订。先父去世后，我也在"年谱"中补充了个别资料。时隔三十余年，今东北师范大学文学院要编辑出版一套经典文丛，商之于我，说要将《年谱》和《传略》收入该文丛。我欣然同意此举，并着手编辑、校理文本。作为子嗣，我有必要把这两部书出版的经过交代一下，昭示世人知晓，因此缕述如上也。岁在甲午四月中，辽宁昌图苏氏后人铁戈，叙于长春寓所无陋室，时年六十有一。